Ernst Basler / Stefano Bianca
Zivilisation im Umbruch

Ernst Basler/Stefano Bianca

Zivilisation im Umbruch

Zur Erhaltung und Gestaltung des menschlichen Lebensraums

Mit 20 Abbildungen und 18 Figuren

Verlag Huber   Frauenfeld und Stuttgart

ISBN 3-7193-0485-X
© 1974 Verlag Huber & Co. AG, Frauenfeld
Satz und Druck: Huber & Co. AG, Frauenfeld
Printed in Switzerland

Inhalt

Die mathematischen Hilfsmittel im Anhang sind unabhängig vom vorangegangenen Haupttext des Buches. Ihr Verständnis wird nicht vorausgesetzt, doch gestatten sie dem mathematisch interessierten Leser, die in den Teilen I, II und III gemachten zahlenmäßigen Aussagen durch eigene Berechnung nachzuvollziehen.

Einleitung

Das vorliegende Werk, das auf dem im gleichen Verlag erschienenen Buch «Strategie des Fortschritts» von Ernst Basler aufbaut, sucht die vieldiskutierte Umweltproblematik auf möglichst ganzheitliche Weise darzustellen. Neben den wissenschaftlich feststellbaren Umweltschäden sollen auch die psychischen und sozialen Lebensbedingungen ins Auge gefaßt werden. Dabei soll der Akzent weniger auf eine vollständige Betrachtung von Umweltbelastungen gelegt werden als auf die Richtlinien für das notwendige Umdenken und für die wünschbaren gesellschaftlichen und individuellen Verhaltensänderungen, die allein den dauernden Bestand eines menschenwürdigen und naturgerechten Lebensraums gewährleisten können.

Unsere Tätigkeit als Raum- und Langfristplaner weist uns oft darauf hin, daß die physischen, naturwissenschaftlich meßbaren Umweltveränderungen ihre Parallele im psychischen Bereich des Menschen finden. Ein verödeter Lebensraum, welcher dem Bewohner die gefühlsmäßig notwendigen Bedingungen von Geborgenheit, Sicherheit, Verwurzelung, aber auch Anregung und Erlebnisfülle nicht mehr zu vermitteln vermag, ruft nur allzu oft nach noch mehr Wohnraum, mehr Erholungsraum, mehr Fahrzeugen, mehr zivilisatorischen Behelfsmitteln. Dadurch kann der Lebensraum noch weiter degradiert werden, was wiederum zu einer noch intensiveren «Flucht nach vorne» Anlaß gibt. Diesen verhängnisvollen Kreislauf ins Bewußtsein zu rufen, ist uns ein um so stärkeres Anliegen, als hier die tieferen Wurzeln der Umweltbelastung gesehen werden können. Auch vermag diese Betrachtungsweise den Zusammenhang zwischen ökologischen und raumplanerischen Problemen herzustellen, der in unserem Zeitalter der Spezialisierung oft vernachlässigt wird. Freilich sind viele Erscheinungen, deren verhängnisvolle Auswirkungen wir heute mit wissenschaftlicher Strenge zu beschreiben lernen, schon früher intuitiv erkannt worden. Viel uneigennütziger Einsatz und hervorragende Leistungen auf dem Gebiet des Natur- und Heimatschutzes, gelte er der Erhaltung von Landschaften und Ortsbildern oder dem Schutz von Wald, Tieren und Pflanzen, sind von Menschen getragen wor-

den, welche die langfristigen Folgen eines unbedachten Fortschrittsstrebens vorausempfunden haben. Ihr Einsatz wiegt um so
mehr, als diese Aufopferung früher wenig oder gar keine gesellschaftliche Anerkennung fand.

Der Titel unseres Buches möchte als Hinweis auf die Wandlungen verstanden sein, die heute in der Einschätzung der zivilisa-
torischenTätigkeiten und Werte teils schon im Gange sind, teils noch
notwendig sein werden. Auf solche Fragen des Umdenkens und ge-
wandelter Wertvorstellungen wurde im abschließenden fünften Teil
des Buches besonderes Gewicht gelegt. Denn es zeigt sich immer
deutlicher, daß dem sogenannten Fortschritt, also dem Trieb zur
zunehmenden zivilisatorischen Ausstattung und Veränderung
unserer Umwelt, tiefsitzende gesellschaftliche Zielvorstellungen zugrunde liegen. So werden auch keine entscheidenden Kurskorrek-
turen ohne eine Umschichtung von bisher unangezweifelten Wertvorstellungen und Prioritäten zu erwarten sein.

Realistischerweise müssen wir uns allerdings eingestehen,
daß eine menschliche Gesellschaft kaum in der Lage ist, auf Grund
der bloßen Vorausschau wesentliche Verhaltensänderungen zu
vollziehen. Der ideale Zustand von «Vorbeugen statt Heilen», so
vernünftig er auch erscheinen mag, ist ein schwaches Lenkungs-
mittel angesichts der Macht und der Trägheit alt eingespielter Kräfte.
Dieser eher resignierenden Feststellung gegenüber darf aber die
hoffnungsvollere Beobachtung nicht verschwiegen werden, daß
auch die Kräfte der Erneuerung zunehmen, je größer die Notlage
ist. Erst so erwächst innerhalb unserer gesellschaftlichen Vielfalt
eine genügende Übereinstimmung, und nur daraus kann eine
demokratisch gewählte Regierung ihre Legitimation zum ener-
gischen Handeln schöpfen. Aus solchen Erwägungen heraus haben
wir der «Kunst der Vorausschau» ein spezielles Kapitel gewidmet
und Fragen dieser Art größeren Raum gegeben. Als Planer haben
wir immer mehr die Überzeugung gewonnen, daß sich die Fahrt
in die Zukunft um so ruhiger und menschenwürdiger vollzieht, je
besser weise Vorausschau und sanfter Zwang sich ergänzen. Je
extremer die Notlagen werden, um so heftiger sind auch die Steuer-

ausschläge, die damit verbundenen Spannungen und Freiheitsverluste und die Gefahr einer Überkorrektur mit nachfolgender Gegenreaktion.

Unser Buch verdankt seine Entstehung nicht zuletzt der beruflichen Beschäftigung mit Problemen ökologischer und raumplanerischer Art. So sind wir vor allem den Mitarbeitern in unserem Ingenieur- und Planungsbüro zu Dank verpflichtet. Ohne die vielen Ausbildungsgespräche mit der Gruppe für Orts- und Regionalplanung und dem Erfahrungsaustausch innerhalb der interdisziplinären Gruppe für Langfristplanung wären manche Gedanken weniger realitätsbezogen und viele Teilbereiche unbeleuchtet geblieben. Besonderen Dank möchten wir dabei unserem Mitarbeiter Dr. Christian Schuster (Forstingenieur) aussprechen, der die zusammenfassende Darstellung ökologischer Grundbegriffe beigetragen und den Inhalt des Buches aus ökologischer Sicht überprüft hat.

Zollikerberg bei Zürich, im Juni 1974   Ernst Basler Stefano Bianca

I. Teil: Zur Einschätzung des zivilisatorischen Fortschritts

1. Die Evolution der Natur im Vergleich mit der menschlichen Entwicklung

Gefahr und Tragik des kriegstechnischen Fortschritts sind in den Jahrzehnten seit dem Zweiten Weltkrieg vielfach erörtert und einem Großteil der Menschen bewußt geworden. Neu und für viele immer noch unbegreiflich ist jedoch die Tatsache, daß der Mensch auch mit seiner *zivilisatorischen* Tätigkeit, also mit dem Pflug und nicht mit dem Schwert, seine Überlebenschancen zu bedrohen beginnt. Nun kündigt sich diese Gefahr allerdings nicht mit der Sturmglocke an, sondern viel unauffälliger, durch eine unmerkliche, unspektakuläre Veränderung unserer Umwelt. Darin liegt die Chance, daß wir die «Zeichen an der Wand» erkennen, lokale Überlastungserscheinungen richtig deuten und rechtzeitig vorbeugende Maßnahmen ergreifen. Aber es besteht auch die Gefahr, daß unser Streben nach kurzfristigem Gewinn, gepaart mit menschlicher Vergeßlichkeit, das Naheliegende dringender und wichtiger erscheinen läßt als das Fernere, das auf weite Sicht das strategisch Richtigere ist. Aus diesem Grunde wird man keine grundlegenden Aussagen über die Gefahren der Umweltbelastung und Lebensraumverknappung machen können, wenn man sich nicht gleichzeitig über die Dynamik, die Wucht und die Geschwindigkeit des sogenannten Fortschrittes und seiner Richtung Rechenschaft gibt. Eine erste Vorstellung davon kann uns ein Vergleich der zivilisatorischen Entwicklung mit der Evolution der Natur geben, die dem Menschen seine Lebensgrundlagen verschafft hat.

In einer Zeit, wo wir Gefahr laufen, jede Veränderung und jede Beschleunigung der Entwicklung an sich schon für erstrebenswert zu halten, ist das Verständnis für die langsamen Veränderungen im Prozeß der evolutionären Entwicklung geschwunden. Statt des Hegens und Pflegens der Natur suchen wir eine Beschleunigung der evolutionären Entwicklung in Richtung eines höheren Ertrages. Daß es dadurch zu Unverträglichkeiten kommen muß, wird ersichtlich, wenn man den fundamentalen Unterschied zwischen der natürlichen und der menschenverursachten Veränderungsgeschwindigkeit betrachtet. Da der menschliche Erfahrungsbereich und das Erinnerungsvermögen nur kurze Zeiträume umfassen, soll anhand eines *Modells* versucht werden, die letzten 170 Millionen Jahre der Erdgeschichte zu einem einzigen Jahr zusammenzuraffen. In dieses verkürzte aber unverzerrte Drehbuch des Fortschritts werden die von Menschen verursachten Veränderungen zeitgerecht hineinprojiziert:

Im Januar unseres Modelljahres finden wir die irdischen Festlandkontinente bereits von einer dichten Vegetationsdecke überzogen, und es beginnt die Evolution der sogenannten Säugetiere. Im März treten die ersten Vogelarten auf, im Mai neue Laubbäume wie Feigen, Magnolien, Pappeln. Der Juli bringt den Höhepunkt in der Entfaltung der Riesenreptilien, aber gegen September sterben sie aus, auch die Dinosaurier. Im Oktober setzt die Entwicklung der Primaten ein und in der zweiten Novemberwoche diejenige der Menschenaffen. Zwischen Weihnachten und Neujahr erscheinen unsere aufrecht gehenden und Steinwerkzeuge benützenden Vorfahren. Am 31. Dezember, abends 22 Uhr, stirbt die Neandertalergruppe aus. 30 Minuten vor Mitternacht beginnt etwas noch nie Dagewesenes, eine entscheidende Schwelle wird überschritten: Eine irdische Spezies, nämlich die Gattung des Homo sapiens, beginnt mittels der Agrikultur die naturgegebene Erdoberfläche erstmals aktiv zu beeinflussen. Sie läßt die Stufe der jagenden, sammelnden und passiv erntenden Wesen hinter sich.

Diesem Menschen erschien die Erde unendlich groß, unbezwingbar und gefährlich. In ihr zu überleben, sie zu erobern und zu kultivieren, auf ihr beweglicher zu werden, unabhängig von den Launen der Natur, von bedrohlichen Elementen und wilden Tieren, war für hunderte von Generationen das unbestrittene Ziel der zivilisatorischen Anstrengungen. So folgen sich die technischen Leistungen, Entdeckungen, Erfindungen in immer schnellerem Rhythmus, alle mit dem Ziel, die Umwelt zu nutzen, die Natur in des Menschen Dienst zu stellen.

18 Minuten vor Mitternacht wird das hölzerne Wagenrad erfunden, 3 Minuten später die Bronzelegierung. Blitzableiter und

Dampfmaschinen werden erstmals 36 Sekunden, Automobile 13 und Flugzeuge 12 Sekunden vor Mitternacht konstruiert. Das Schädlingsbekämpfungsmittel DDT wurde vor 5 Sekunden entdeckt, die phosphathaltigen Waschmittel sind vor 4 Sekunden auf den Markt gebracht worden, und heute, also punkt Mitternacht, am 31. Dezember unseres Modelljahres, haben wir eine Fortschrittsgeschwindigkeit erreicht, die alle vier Sekunden die gesamte bisher vom Menschen geschaffene Menge von Zivilisationsgütern verdoppelt.

Anhand dieses Modells zeigt es sich, daß der vom Menschen erzeugte Fortschritt sich heute rund eine Million mal schneller vollzieht als die Evolutionsgeschwindigkeit der Natur. Der industrialisierte Mensch ist im Begriff, innerhalb von 30 Sekunden – um wieder in Einheiten des Modelljahres zu messen – alle fossilen, flüssigen und gasförmigen Brennstoffe zu verbrauchen, welche die Natur während über einem Jahr stetig angereichert hat. Er baut Erzlagerstätten mit einer Geschwindigkeit ab, die sich durch ähnliche Größenverhältnisse von den geologischen Epochen ihrer Entstehung unterscheidet. Er rottet Tiere und Pflanzen innerhalb von wenigen Sekunden aus, während es in der Entwicklungsgeschichte einiger Monate bedurfte, um diese Arten hervorzubringen.

Aus dem Vergleich der natürlichen Evolutionsgeschwindigkeit mit den vom Menschen verursachten Veränderungen innerhalb unserer Biosphäre wird klar, wie wenig wir im ungestümen Fortschritt auf das Veränderungsvermögen der natürlichen Umwelt Rücksicht nehmen. Immer häufiger tritt die Situation ein, daß der Mensch technische Vorgänge auslöst, die die Kräfte der Natur übersteigen, wodurch das Gleichgewicht zwischen den natürlichen und den zivilisatorischen Prozessen gefährdet wird. Auch in früheren Epochen unserer Zivilisation war diese Übereinstimmung nicht immer gewahrt. Doch hielten sich die Folgen in bescheidenem Ausmaß, denn die geringere Bevölkerungsdichte und die geringeren technischen Möglichkeiten jedes Einzelnen ließen die Reserven und die Regenerationskräfte der Natur in solchem Maße überwiegen, daß kein Anlaß zur Besorgnis war. Trotzdem ist es lehrreich, die Übernutzungserscheinungen zu betrachten, welche bereits die antiken

Kulturen im Mittelmeergebiet hinterließen. Sowohl in Griechenland wie in Italien gibt es heute Ödland, Karrenfelder oder magere Weiden, wo noch vor zweitausend Jahren ein guter Boden eine reichhaltige Vegetation trug. Schäden wie die Erosion einer pflanzentragenden Humusschicht können innerhalb weniger Generationen auftreten, ihre Rückwandlung kann aber ganze geologische Epochen beanspruchen.

Solche nicht wieder rückgängig zu machende Fehlentwicklungen von vornherein zu vermeiden, vorbeugen statt heilen zu müssen, gehört zu den vornehmsten zivilisatorischen Zielsetzungen, wenn wir uns nicht wie eine Parasitengemeinschaft verhalten wollen, die den Wirt vernichtet, von dem sie lebt. Zwar sind wir gegenüber früheren Zeiten insofern im Vorteil, als uns gerade durch die eingetretene Notlage die Augen geöffnet sind. Neue Wissenschaftszweige vermögen uns Einsicht in die Zusammenhänge zu geben; den Willen zum Lernen und die Verantwortung zum Handeln nimmt uns freilich keine Forschungsgruppe ab. Auch sind die Veränderungsgeschwindigkeit und das Ausmaß der zur Verfügung stehenden Kräfte sehr viel größer geworden, so daß Fehlentwicklungen immer weniger als Experimente innerhalb eines Lernvorgangs hingenommen werden dürfen. Außerdem hat der früher begonnene Zivilisationsprozeß bereits große Teile der Erdoberfläche erfaßt, so daß auch die Pufferzonen und die darauf beruhenden Möglichkeiten zur Selbstregulation beeinträchtigt sind. In der unerschöpflichen Umwelt unserer Vorfahren genügte es noch, den Tagesbedarf, später den Jahresbedarf vorauszuplanen. Heute sollte sich diese Vorsorge über entsprechend längere Zeiträume erstrecken, wenn sie zu dem viel größeren Umwelt- und Wachstumsanspruch der modernen Zivilisation in einem angemessenen Verhältnis stehen will.

2. Die Geschwindigkeit des zivilisatorischen Fortschritts

Die Unvernunft der menschlichen Eingriffe in die naturgegebene Umwelt wird erst dann erkennbar, wenn es uns gelingt, Überblick über ihre zunehmende Häufigkeit und ihr wachsendes Ausmaß zu gewinnen. Betrachten wir deshalb, nachdem wir den Vergleichsmaßstab der natürlichen Evolution gewonnen haben, den Lauf der zivilisatorischen Entwicklung des Menschen aus größerer Nähe: Homo faber, der erfinderische Mensch, der sich seine eigenen Werkzeuge verschafft hat, ist ein Spätkömmling der Erdgeschichte, der in wenigen Sekunden des Modelljahres die natürliche Umwelt stärker verändert hat als je ein anderes Lebewesen vor ihm. Diese Veränderungskraft hat ihre Voraussetzungen in seinem Denkvermögen, das ihn zum Kulturschaffen und zur Zivilisation befähigte. Im neuzeitlichen Europa hat dieses Denkvermögen eine einseitige Zielrichtung angenommen, die sich der Natur als eines Objektes der wissenschaftlichen Erforschung und Nutzung bedient. Ihr folgerichtiges Ergebnis war ein Aufschwung der Wissenschaften und der Technik, wie er innerhalb der alten Kulturen des Erdkreises einzig dasteht.

Die Vorherrschaft der *Naturwissenschaften*, wie sie unsere Neuzeit geprägt hat, begann mit dem Zeitalter der Entdeckungen, mit der Hinwendung des abendländischen Menschen zur Eroberung der Natur. Denker wie Kepler, Galilei, Descartes und Newton sind erstmals von jahrtausendealten Vorstellungen abgegangen und haben das Zeitalter der Aufklärung vorbereitet. 1662 wurde die «Royal Society of London» gegründet, mit dem Ziel, die naturwissenschaftlichen Kenntnisse zu mehren. Mit ihren «Philosophical Transactions» ist damit auch die erste wissenschaftliche Fachzeitschrift entstanden. Seither sind die Naturwissenschaften systematisch gefördert worden. Recht anschaulich läßt sich das zeigen, indem man die Menge der wissenschaftlichen Zeitschriften als Funktion der Zeit aufträgt (Figur 1). Ihre Zahl hat sich während der letzten zwei Jahrhunderte alle 15 Jahre verdoppelt *(1)*. Bezeichnenderweise

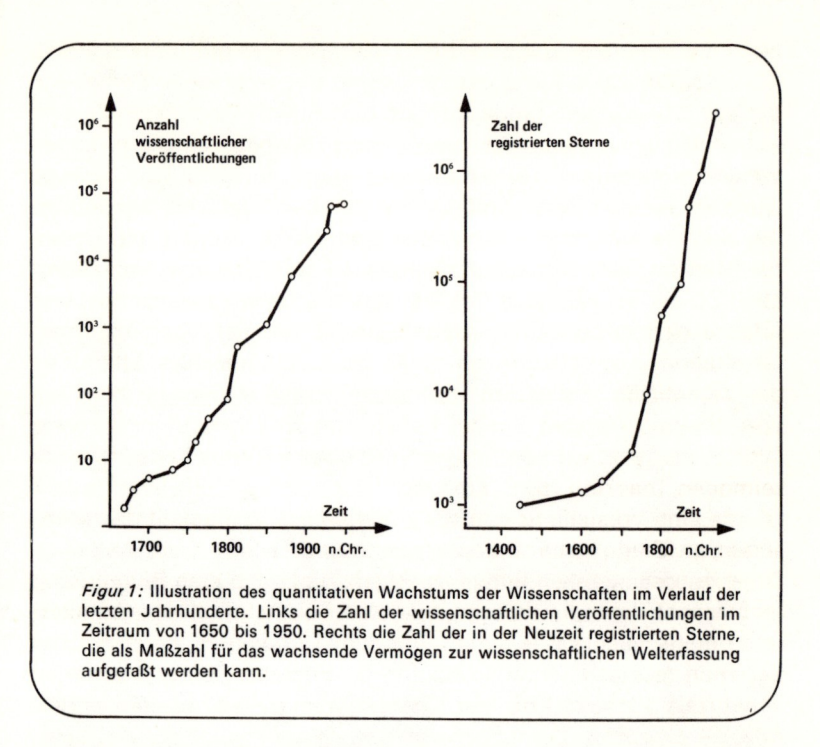

Figur 1: Illustration des quantitativen Wachstums der Wissenschaften im Verlauf der letzten Jahrhunderte. Links die Zahl der wissenschaftlichen Veröffentlichungen im Zeitraum von 1650 bis 1950. Rechts die Zahl der in der Neuzeit registrierten Sterne, die als Maßzahl für das wachsende Vermögen zur wissenschaftlichen Welterfassung aufgefaßt werden kann.

ergeben sich dieselben Zuwachsraten, wenn andere Maßzahlen für das Wachstum der Wissenschaften untersucht werden, beispielsweise die Zahl der Publikationen oder die Anzahl der in Forschung und Entwicklung tätigen Personen. Entsprechend haben sich die naturwissenschaftlichen Einsichten und Zusammenhänge vermehrt. So zeigt die Zahl der vom Menschen registrierten Sterne oder die Zahl der erforschten Tierarten einen ähnlichen Verlauf mit Verdoppelungszeiten von 19 beziehungsweise 21 Jahren. Beides sind Maßzahlen für die zunehmende Erfassung und Beherrschung der Umwelt durch den Menschen.

Indem die Forschung die Grenzen der naturwissenschaftlichen Erkenntnis immer weiter hinausschob, schuf sie gleichzeitig auch die Voraussetzungen für den technischen Fortschritt, der sich gleichsam in ihrem Kielwasser bewegte. Der technische Fortschritt, der auf Erfindungen, Entdeckungen und Rationalisierungen beruht, hat seinerseits die unmittelbaren Voraussetzungen zu einem immer weiter gesteigerten Lebensstandard gegeben. Eine umfassende Maßzahl für den Fortschritt könnte geradezu definiert werden als die Summe aller erreichten Mittel und Möglichkeiten, mit denen der Mensch seine Umwelt verändert und die Natur in seinen Dienst stellt*. Dank der Fähigkeit des Menschen, Erlerntes zu speichern und Erfahrungen mittels Wort, Schrift und Computer auch nächsten Generationen weiterzugeben, stellt die «Summe alles Erlernten» das eigentliche verfügbare technische Potential dar. Je mehr wir von diesem geistigen Kapital haben, um so schneller und besser kann es vermehrt werden, vergleichbar etwa mit einer Kettenreaktion oder einer progressiven Zellteilung.

Eine Vorstellung von der zunehmenden Fähigkeit des Menschen, sich mit Hilfe von Wissenschaft und Technik über die naturgegebenen Schranken hinwegzusetzen, gibt auch eine Betrachtung technischer Rekordleistungen, wie zum Beispiel die Höhenausdehnung menschlicher Bauwerke. Seit dem Turmbau zu Babel scheint der Trieb, himmelstürmende Bauten zu errichten, tief im Menschen verwurzelt zu sein. Von der Cheopspyramide bis zu den mittel-

---

*Die einfachste Form, sich hievon ein Bild zu machen, liegt in der chronologischen Aufzählung von Erfindungen, Entdeckungen und technischen Entwicklungsleistungen, die «Geschichte» gemacht, das heißt als Voraussetzung für die heutige Dominanz des Menschen über die Natur gedient haben. Als Beispiele für solche Marksteine in der Geschichte der Technik seien erwähnt: das Segelboot (4000 v. Chr.), das hölzerne Wagenrad (3500 v. Chr.), die Bronzelegierung und die Töpferscheibe (3000 v. Chr.), die Eisengewinnung (1400 v. Chr.), der Flaschenzug (250 v. Chr.), die Windmühle (1000 n. Chr.), das Schwarzpulver (1300 n. Chr.), das Fernrohr (1600 n. Chr.), der Blitzableiter (1750), der mechanische Webstuhl (1785), das Aluminium (1827), das Dynamit (1867), das Motorflugzeug (1903), der Kunstkautschuk (1909), die Kunstfasern (1938), der Kernreaktor (1942), die Wasserstoffbombe (1952).
Angaben über die wichtigsten Ereignisse in der Geschichte der Zivilisation finden sich unter anderem in *(2)*, *(3)* und *(4)*.

alterlichen Kathedralen, vom Eiffelturm bis zum neuesten polnischen Fernsehturm (640 m) wurden immer größere Höhen angestrebt und erreicht. Ein ähnlicher Anstieg zeigt sich in der Entwicklung des Brückenbaus: Die größten Brückenspannweiten liegen heute bei 1300 m, während die größten Steinbogen der Römer rund zwanzig mal weniger weit spannten. Noch spektakulärer ist der Fortschritt der Geschwindigkeitsrekorde, die sich entsprechend auf die Reisegeschwindigkeit ausgewirkt haben. Durch die Überwindung der Erdanziehung und den Austritt aus der Lufthülle sind hier Größenordnungen erreicht worden, die alle menschlichen Maßstäbe sprengen. Auch die Erforschung der Erdkruste hat seit dem industriellen Aufschwung nach der Zahl der Bohrlöcher wie nach ihren Tiefenrekorden mit derselben Gesetzmäßigkeit zugenommen. Bei den Tauchtiefen im Meer ist man progressiv fortschreitend im Jahre 1960 am tiefsten Meeresgrund angekommen, und der höchste Gipfel der Welt wurde bereits 1953 erstmals bezwungen (5).

Seit dem 19. Jahrhundert wird dieser technische Fortschritt nicht mehr dem Zufall überlassen, sondern durch das Ingenieurwesen bzw. die Ausbildung an unseren technischen Hochschulen, ja durch unser Schulsystem überhaupt, zielbewußt gefördert. Wir haben keinen Grund, anzunehmen, daß sich der hier aufgewiesene Trend zur zunehmenden Mehrung der Kenntnisse in nächster Zeit wesentlich ändern wird. Bis anhin konnten fast alle technischen Möglichkeiten genutzt werden, vorausgesetzt, daß sie auch wirtschaftlich verwertbar waren. In Zukunft wird der Hebelarm der Technik viel höhere Macht anbieten als mit Rücksicht auf die Umwelt zum Einsatz gelangen sollte. Wie im modernen Waffenarsenal ein überschüssiges Tötungspotential entsteht, so wird sich auch im zivilisatorischen Bereich immer mehr ein Zustand überzähliger Machtmittel abzeichnen.

Für die Umweltbelastung und die Verknappung natürlicher Ressourcen ist nun die Zahl der Menschen entscheidend, welche die gesteigerten Möglichkeiten der Technik in Anspruch nehmen. Wir haben uns also gleichzeitig mit der Entwicklung der Technik auch mit dem Bevölkerungswachstum zu beschäftigen. Figur 2 zeigt das weltweite Bevölkerungswachstum in einem Zeitraum von 12 000 Jahren oder innerhalb der letzten 37 Minuten im früher erwähnten Modelljahr. Die gestrichelte Linie ist die Prognose für die nächsten 35 Jahre, falls es nicht gelingt, die gegenwärtige jährliche Zuwachsrate von 2% zu verringern. Auch in dieser Kurve

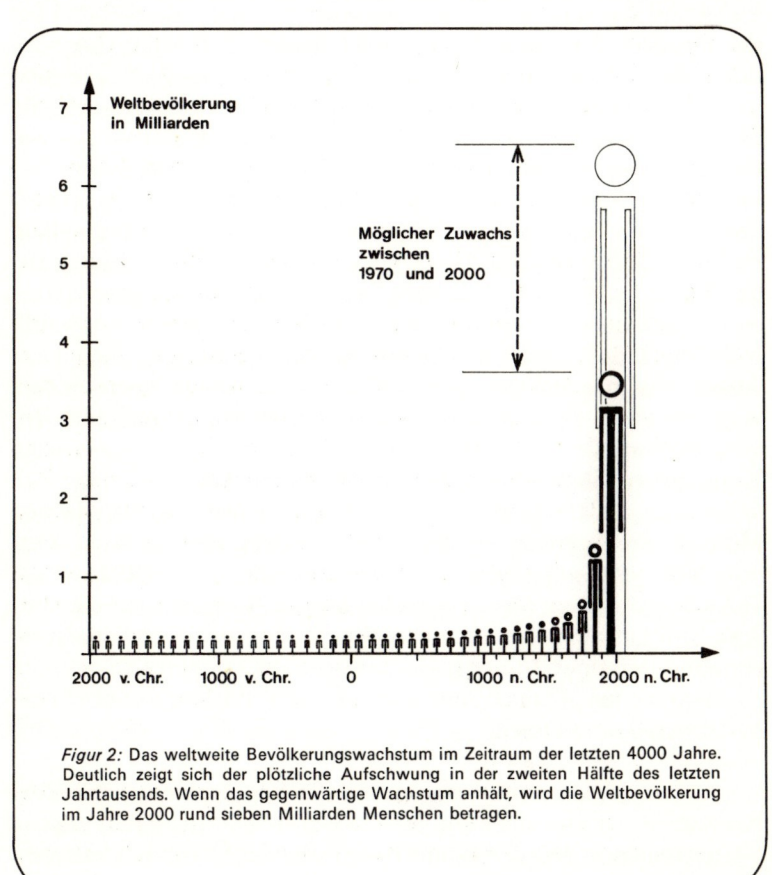

Figur 2: Das weltweite Bevölkerungswachstum im Zeitraum der letzten 4000 Jahre. Deutlich zeigt sich der plötzliche Aufschwung in der zweiten Hälfte des letzten Jahrtausends. Wenn das gegenwärtige Wachstum anhält, wird die Weltbevölkerung im Jahre 2000 rund sieben Milliarden Menschen betragen.

spiegelt sich das explosive Wachstum wider, das mit der industriellen Revolution eingesetzt hat. Die wesentlichen Ursachen für diese Entwicklung liegen − nebst den gesteigerten Möglichkeiten der Technik − in den Errungenschaften der Medizin und Pharmazeutik. Die moderne Medizin, ebenfalls eine Erscheinung des wissenschaftlichen Zeitalters, hat mit zunehmender Perfektion das frühere Verhältnis von Geburt und Tod verändert. Immer mehr frühe Todesfälle konnten verhindert werden, mehr Kinder erreichten das Erwachsenenalter und waren somit selbst in der Lage, Kinder zu zeugen.

Die Entsprechung zum Bevölkerungswachstum zeigt sich in der zunehmenden Verknappung des individuell verfügbaren Lebensraumes (Figur 3). Während 4500 Jahre v. Chr. noch eine Landfläche von 7,5 km^2 pro Person verfügbar war, sind es heute im Mittel nur noch 0,043 km^2 pro Person, wobei Wüsten, Gebirge, Eis, Urwald und Steppen miteingerechnet sind. Diese Darstellung ist aber noch kein treffendes Maß für die tatsächliche Verknappung, denn der Raumbedarf des einzelnen Menschen steigt mit zunehmendem Zivilisationsgrad. Statistiken über den wachsenden Bedarf an Wohn- und Büroflächen pro Kopf, an Raum für Straßen, Bahnen, Flugplätze, Kiesgruben und Fabriken, Schulen und Spitäler, Tankanlagen, Kraftwerke und Hochspannungsleitungen verdeutlichen diesen Sachverhalt aufs eindrücklichste.

Nun ist unser irdischer Lebensraum eine feste Größe, die nicht mit dem zivilisatorischen Wachstum Schritt zu halten vermag. Das Zeitalter der Eroberung neuer Kontinente, der Erschließung neuer Lebensräume, der Urbarmachung von Sümpfen und der Rodung ganzer Wälder nähert sich seinem Ende, und der Mensch stößt auf unverrückbare Grenzen. Zwar wurde in der Fortschrittseuphorie der letzten Jahrzehnte allen Ernstes die Hoffnung genährt, daß der Mensch mit Hilfe der Raumfahrt noch neue unentdeckte oder unerschlossene Welten erobern könne, und daß für ihn eine ähnliche Epoche bevorstehe wie zur Zeit der großen Entdeckungen. Doch erweist sich dies immer mehr als eine technologische Utopie.

Folgen wir dennoch der Hypothese, daß es dem Menschen einmal gelingen werde, unsern Sonnentrabanten zu verlassen, um

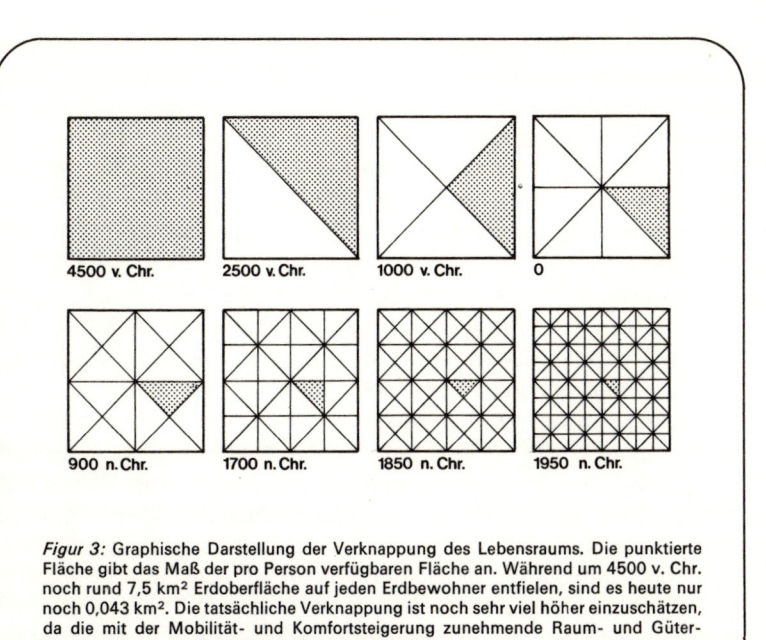

4500 v. Chr. 2500 v. Chr. 1000 v. Chr. 0

900 n. Chr. 1700 n. Chr. 1850 n. Chr. 1950 n. Chr.

Figur 3: Graphische Darstellung der Verknappung des Lebensraums. Die punktierte Fläche gibt das Maß der pro Person verfügbaren Fläche an. Während um 4500 v. Chr. noch rund 7,5 km² Erdoberfläche auf jeden Erdbewohner entfielen, sind es heute nur noch 0,043 km². Die tatsächliche Verknappung ist noch sehr viel höher einzuschätzen, da die mit der Mobilität- und Komfortsteigerung zunehmende Raum- und Güterbeanspruchung pro Person nicht berücksichtigt ist.

sich auf dem Mond oder einem Planeten niederzulassen. Nehmen wir an, im Jahre X hätte das Raumschiff Erde seine Kapazität erreicht, und alsdann flögen alle Überzähligen auf den nächsten Planeten. Mit einem anhaltenden Bevölkerungswachstum von 2% pro Jahr wäre ein gleich großer Planet in 35 Jahren ebenso dicht gefüllt wie die Erde, denn die Menschheit verdoppelt sich innerhalb dieser Zeitspanne. In weiteren 35 Jahren wären vier Planeten besetzt, und in dreimal 35 Jahren bereits alle acht, und damit wäre auch das Sonnensystem, im Zeitmaßstab unseres Modelljahres gesprochen, innerhalb 19 Sekunden zu eng geworden!

Auch wenn unsere Phantasie nicht alles zu erahnen vermag, was an unentdeckten Möglichkeiten in der Zukunft verborgen bleibt, so scheint es doch weniger utopisch, wenn wir einstweilen von der Voraussetzung ausgehen, daß die irdische Biosphäre der einzige Lebensraum ist, der uns für die nächsten Generationen zur Verfügung steht. Erst dann denken wir wahrhaft realistisch, wenn wir entdecken, wie sehr der Mensch als biologisches Wesen auf eine dauerhafte und lebensfreundliche Umwelt angewiesen ist, und wenn wir bedenken, daß der moderne Mensch im Laufe des vergangenen Jahrhunderts größere Veränderungen in der Biosphäre verursacht hat als seine Vorfahren im Laufe von vielen zehntausend Jahren.

3. Die Zunahme der Umweltbelastungen

Als Umweltbelastungen bezeichnen wir alle unerwünschten Veränderungen und Unstimmigkeiten im naturgegebenen Lebensraum, die wir direkt oder indirekt mit unseren Sinnesorganen oder Meßinstrumenten wahrnehmen und die sich auf eine übermäßige Beanspruchung dieser vorgegebenen natürlichen Umwelt durch menschliche Tätigkeiten zurückführen lassen. Diese Übernutzung setzt sich aus Vorgängen der *Überlastung* und solchen des *Raubbaus* zusammen. Die ersten sind Prozesse, die auf die Dauer die natürliche Regenerationsfähigkeit herabsetzen und somit nicht ohne Schaden aufrechterhalten werden können. Die letzteren führen zum Zerfall unseres Rohstoffreichtums, was einem Abbau von Kapitalgütern gleichkommt. Unter unerwünschten Veränderungen und Unstimmigkeiten möchten wir alle Vorgänge subsumieren, die auf weite Sicht die natürlichen Lebensbedingungen des Menschen beeinträchtigen und dadurch seine physische und psychische Gesundheit gefährden. Wenn dabei allgemein vom Menschen gesprochen wird, so ist auch die Pflanzen- und Tierwelt mit eingeschlossen, die mit dem Menschen eng verkettet ist. Jede Minderung im Bereich der tierischen oder pflanzlichen Natur bringt Rückwirkungen auf den Menschen.

Seit längerer Zeit verfügen wir über recht genaue Zahlenreihen, die als ein Maß für die wirtschaftlichen und industriellen

Aktivitäten und somit auch für die Umweltbelastung durch zivilisatorische Tätigkeiten gelten können, nämlich die Aufstellungen über das jährliche Volkseinkommen, die seit gut hundert Jahren in den zivilisierten Ländern regelmäßig nachgeführt worden sind. Unter dem sogenannten Bruttosozialprodukt eines Volkes versteht man die monetär meßbare Menge aller erfaßbaren Güter und Dienstleistungen einer Nation, wobei wegen der Inflation eine Umrechnung auf das sogenannte reale Sozialprodukt notwendig ist, um eine echte Vergleichsbasis zu gewinnen. Solche Statistiken, die in den USA mit Schätzungen bis auf die Zeit der Unabhängigkeitserklärung zurückgehen *(6,7,8),* zeigen eindrücklich, daß die realen Sozialprodukte in den industrialisierten Ländern im wesentlichen nach einem *exponentiellen* Gesetz anwachsen*. Die Produktivitätszunahme beträgt im Mittel über diese 200 Jahre 2¼% pro Jahr, das heißt jedes Jahr hat eine arbeitende Hand – dank den angewachsenen Investitionen und vor allem wegen der technischen Erfindungen und Rationalisierungen – im Mittel rund 2¼% mehr verrichten können. Während der letzten 100 Jahre ist die europäische Bevölkerung pro Jahr durchschnittlich um 1 bis 1½% angestiegen, so daß die mittlere jährliche Wachstumsrate des realen Sozialproduktes bei 3 bis 4% lag. Im Folgenden werden wir stets mit einem Mittelwert von 3⅓% rechnen, was nach Gleichung 28 (Anhang) einer Verdoppelung alle 20 Jahre entspricht. Ein Beispiel für dieses exponentiell zunehmende Wirtschaftswachstum gibt Figur 4.

Bis vor wenigen Jahren haben solche Kurven nur erhebende Gefühle zu wecken vermocht. Heute wird jedoch immer deutlicher, daß die für die Umweltbelastung maßgebenden Größen mindestens

---

*Exponentielles Wachstum ist dadurch gekennzeichnet, daß die Zuwachsrate einer Größe proportional zum bereits erreichten Wert ist. Eine typische Form von exponentiellem Wachstum ist eine Kapitalvermehrung mit Zins und Zinseszinsen, oder die biologische Zellteilung im Frühstadium, wo aus zwei vier, acht, sechzehn usw. Zellen beziehungsweise Lebewesen werden. Gewisse Gesetzmäßigkeiten der Exponentialfunktion sind im Anhang zusammengestellt.

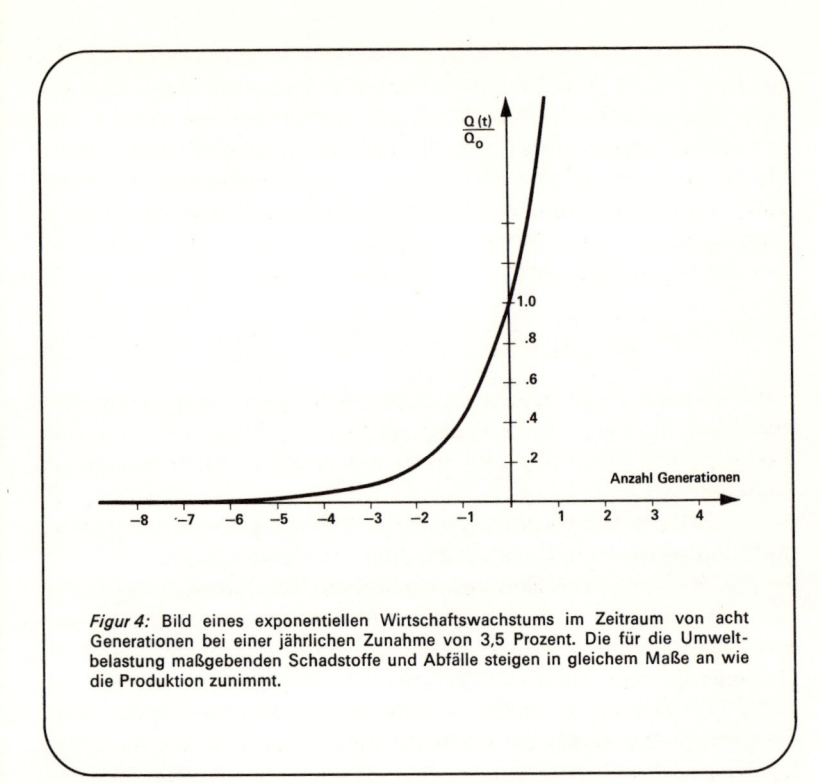

Figur 4: Bild eines exponentiellen Wirtschaftswachstums im Zeitraum von acht Generationen bei einer jährlichen Zunahme von 3,5 Prozent. Die für die Umweltbelastung maßgebenden Schadstoffe und Abfälle steigen in gleichem Maße an wie die Produktion zunimmt.

so schnell ansteigen wie der Güterumsatz einer Nation. Sie stellen also gewissermaßen einen Index für die Umweltbelastung dar. Als Komponenten für einen solchen Index könnten beispielsweise folgende Größen dienen: Die Energieproduktion, der Verbrauch von Wasser und Luft, Veränderungen der Bodenoberfläche, der Abbau von Erzen und fossilen Brennstoffen, das Volumen des Zivilisationslärms, der Umsatz von Düngemitteln, Schädlingsbekämpfungs- oder Reinigungsmitteln. Die meisten dieser den Lebensraum besonders stark belastenden Produkte und Tätigkeiten wachsen zur Zeit noch stärker als das Sozialprodukt.

Versuchen wir diese Zusammenhänge formelmäßig auszudrücken: Als ein Maß für die Umweltbelastung, und damit eine Art
Gefährdungsfaktor, könnte eine Größe U definiert werden, die sich
proportional zur Bevölkerungszahl und deren Konsum von materiellen Gütern verhält. Die Maßzahl der Umweltbelastung ist umgekehrt proportional zum verfügbaren Lebensraum und einem Wirkungsgrad, der zum Ausdruck bringen soll, wie weit sich diese
Bevölkerung umweltgerecht zu verhalten weiß.

$$U(t) = \frac{\text{(Bevölkerungszahl) x (Güterproduktion)}}{\text{(verfügbarer Lebensraum) x (Wirkungsgrad)}}$$

Da wir den verfügbaren Lebensraum nicht mehr wesentlich
erweitern können, bleiben uns nach dieser Formel noch drei
Faktoren, um diese Maßzahl der Umweltbelastung in Schranken
zu halten:

Erstens ließe sich die weitere weltweite Bevölkerungsvermehrung dämpfen und allmählich zum Stillstand bringen.

Zweitens ließe sich der wachsende Güterfluß bremsen oder
durch Rezirkulation der verwendeten Materialien verringern. Es wären also weniger materielle Güter zu verbrauchen, dafür könnte
größeres Gewicht auf umweltschonende Tätigkeiten gelegt werden.

Drittens ließe sich der Wirkungsgrad unserer zivilisatorischen
Tätigkeit in bezug auf die Umweltbeanspruchung verbessern, beispielsweise durch Abbau oder Neutralisation der Abfälle (Kläranlagen, Müllverwertung), haushälterischen Umgang mit Boden, Luft
und Wasser, verringerten Einsatz von Schädlingsbekämpfungs-
mitteln, oder durch Entwicklung wirksamerer Verbrennungsmotoren
und abbaubarer synthetischer Produkte. Planerische Maßnahmen
in Bereichen der Besiedelung, der Industrialisierung, der Verkehrserschließung und der Energieerzeugung können viel dazu beitragen.

Der *Zähler* dieser Formel, also das Produkt von Bevölkerungszahl und realem Güterfluß pro Kopf, kann als primäre Um-
weltbelastungsgröße angesehen werden. Obwohl ein immer
größerer Teil der Arbeit eines Volkes in Form von sogenannten
Dienstleistungen verrichtet wird und damit nicht mehr der landwirt-

schaftlichen und industriellen Produktion zur Verfügung steht, zeigen alle zusammenfassenden Statistiken über Güterproduktion ein Wachstum, das gleich groß ist wie das reale Sozialprodukt oder gar größer. Wenn man – ökologisch noch zutreffender – nicht nur die produzierte Gütermenge messen würde, sondern auch den Rohstoffverschleiß und die durch Dislokation und Zerstreuung der Güter verursachte Unordnung im Haushalt der Natur in Betracht ziehen würde, so ergäbe sich im Vergleich zum Sozialprodukt sogar ein überproportionales Anwachsen der primären Umweltbelastung*. Früher hat eine Stadt ihre Nahrungsmittel aus dem unmittelbaren Einzugsgebiet, das noch im Tagesmarsch erreicht werden konnte, bezogen. Heute wird ein Teil aus Übersee hereingebracht, zum Teil sogar eingeflogen. Die lokalen Erzbergwerke sind verschwunden, und nicht wenige unserer Metalle reisen um die halbe Welt, bis sie ihren Endverbraucher gefunden haben.

Der *Nenner*, also das Produkt von Lebensraum mal Wirkungsgrad, kann als eine Maßzahl für die Kapazität oder das Tragvermögen des Lebensraumes aufgefaßt werden, innerhalb dessen sich die Aktivität der untersuchten Bevölkerung abspielt. Nur der erste Faktor in diesem Produkt ist eine gegebene, geographisch zu beschreibende Größe. Die Art, wie die hier lebende Bevölkerung ihren naturgegebenen Lebensraum einteilt, pflegt und gestaltet, wie sie ihn regenerieren, veröden oder gar vergiften läßt, drückt sich im Wirkungsgrad aus.

Das *erste Verhältnis* von Bevölkerungszahl zu verfügbarem Lebensraum könnte als eine Art ökologische Bevölkerungsdichte oder lebensraumbezogene Biomasse aufgefaßt werden. Mit diesem verallgemeinerten Begriff wird die Dichte einer tierischen oder menschlichen Population definiert, wenn die Bezugsgröße nicht nur auf Quadratkilometer Festlandoberfläche, sondern auf denjenigen Teil der Biosphäre bezogen wird, den sie tatsächlich beansprucht.

---

*Unseres Wissens ist der aus der Thermodynamik stammende Begriff der Entropie als ein «Maß für die Unordnung im Haushalt der Natur» erstmals von W. Stumm *(9)* vorgeschlagen worden.

Hierbei ist zu beachten, daß wir mit Ausnahme des Erdumrisses keine scharf abgegrenzten Lebensräume haben. Je höher der Grad der Industrialisierung, je konzentrierter die Ballung, je arbeitsteiliger die Wirtschaft, um so eher ist ein Land nur noch dank seiner Außenhandelsbeziehungen lebensfähig oder eine Stadt nur noch dank ihrer landwirtschaftlichen Gebiete und Erholungsräume.

In der Diskussion über die Frage der zulässigen Bevölkerung werden solche Türen im Lebensraum nur zu oft vergessen. Dies ist um so gefährlicher, als jede noch unerschlossene natürliche Pufferzone, sei es Urwald oder Meer, immer nur unter dem Blickwinkel einer künftigen Ausnutzung gesehen wird statt als wesentlicher Anker für die ökologische Stabilität und als notwendige Regenerationsquelle für die überbeanspruchten Teile unserer Biosphäre. Den Wert solcher Pufferbereiche kann man erst richtig ermessen, wenn die enge Verflechtung von Atmosphäre, Land und Wasser berücksichtigt wird. Zwischen diesen drei Medien findet ein für das irdische Leben entscheidender Material- und Energieaustausch statt. Die Atmosphäre und die Fließgewässer spielen dabei die Rolle von Transmissionsriemen. Wälder, Meere und Seen sind die wichtigsten Speicher und Stabilisatoren. Zuerst sind die Überlastungserscheinungen in den Transmissionsmedien, also in Luft und Wasser, feststellbar; mit einem Zeitverzug machen sie sich aber auch in den Speichern bemerkbar.

Wenn nun ein hochentwickeltes Land, das über ein leistungsfähiges Transportsystem verfügt, trotz großer Bevölkerungsdichte eine relativ geringe Umweltverschmutzung aufweist, kann man nicht notwendigerweise daraus schließen, daß es diese Bevölkerung bereits verstanden hat, eine umweltschonende Zivilisation aufzubauen. Die Erklärung könnte auch darin liegen, daß ein Großteil der ihm zukommenden Umweltbelastung ins Ausland, in die Weltmeere oder in die Atmosphäre verschoben worden ist. Die Zustände in Japan oder in Holland wären schlimmer, wenn nicht das angrenzende Meer als Ressource auch zur Verfügung stünde. In der Schweiz wäre die Umweltverschmutzung ebenfalls ausgeprägter, wenn nicht ein Großteil der Schwerindustrieprodukte und fast die Hälfte der Nahrungsmittel aus dem Ausland importiert und an ihrer Stelle die weniger umweltbelastenden Dienstleistungen (z.B. Banken, Forschung und Entwicklung) sowie die Verarbeitung von Halbfabrikaten zu Qualitätsprodukten (Uhren und Pharmazeutika) erbracht werden könnten.

Das *zweite Verhältnis*, die Güterproduktion dividiert durch den Wirkungsgrad, kann je nach Blickrichtung als eine Art Giftigkeits- oder Verträglichkeitsindex angesehen werden. Im Zusammenhang mit der belebten Natur drängt sich der Vergleich mit der organischen Verdaubarkeit gewisser Speisen auf. Wird die Natur als belebter Organismus aufgefaßt, so könnte das erste Verhältnis mit der Dichte der aufgenommenen Speise und das zweite mit der spezifischen Verträglichkeit in den Verdauungsorganen verglichen werden. Um beispielsweise dem menschlichen Organismus ein bestimmtes Maß von Schaden zuzufügen, müßten mehrere Liter Wasser auf einmal aufgenommen werden, aber vielleicht nur wenige Deziliter reinen Alkohols und wenige Zentiliter einer Arznei. Etwas Analoges stellen wir im Umgang mit der natürlichen Umwelt fest. Es braucht massive Dosen von Wasser oder Kohlendioxyd, bis sich die Umwelt gefährlich verändert, auch größere Frachten von organischen Abfällen sind noch tolerierbar, aber schon viel geringere Mengen von Phosphaten, Quecksilber oder DDT vermögen den Naturhaushalt zu verderben. In diesem Sinne wird der Güterumsatz in unserer Gleichung stark relativiert. Wir werden in den folgenden Kapiteln noch besser erkennen, daß auch für die belebte Umwelt das Paracelsus zugeschriebene Wort gilt: «Nichts ist Gift, alles ist Gift; es kommt nur auf die Menge an.»

Ein Hauptanliegen jeder ökonomischen Strategie müßte also sein, die zivilisatorische Tätigkeit des Menschen in bezug auf die Umwelt zu entgiften, sie «verdaubarer», verträglicher zu machen. Einstweilen müssen wir uns bewußt sein, daß die spezifische Giftigkeit dauernd zunimmt und damit der Wirkungsgrad in dieser Formel von Jahr zu Jahr kleiner wird. Andererseits besteht gerade hier die Hoffnung, mittels der Umweltschutz-Gesetzgebung eine Entlastung zu erzielen. Während die Bremsung des Bevölkerungswachstums und der Gütermehrung ein fundamentales Umdenken voraussetzt und dementsprechend nur über den Weg der Bildung und des Generationenwechsels mit entsprechendem Zeitverzug zu erwarten ist, könnte der Wirkungsgrad durch Umweltschutz- und Raumplanungsgesetze in verhältnismäßig kurzer Zeit wirkungsvoll gehoben werden. Ob die damit gewonnene Zeit für jenes nicht minder wichtige Umdenken genutzt werden kann, oder ob die Zwangslage dadurch nur um eine oder zwei Generationen hinausgeschoben wird, muß die Zukunft erweisen. Eines kann jedoch mit Sicherheit vorausgesagt werden: Je früher sich eine Gesellschaft zur entsprechenden Umbesinnung aufzuraffen vermag, um so größer werden ihr Handlungsspielraum und ihre Wahlmöglichkeiten in der Zukunft sein.

4. Vom Sinn der Vorausschau

Die erhöhte und immer noch steigende Veränderungsgeschwindigkeit des zivilisatorischen Fortschritts erfordert auch eine gesteigerte Fähigkeit zur Vorausschau. Prospektives Denken, die Erkundung des vor uns Liegenden, wird zu einem Gebot der Vernunft, wenn Veränderungen in immer größerem Ausmaß und in immer kürzerer Zeit stattfinden. Wie die Scheinwerfer eines Automobils mit zunehmender Maße der Fahrgeschwindigkeit auch einen entsprechend größeren Raum vor sich ausleuchten sollten, damit die Risiken nicht zunehmen, erfordert die gesteigerte Dynamik der Zeit eine vermehrte gedankliche Auseinandersetzung mit der Zukunft. Umstellungen und Änderungen in den Zielvorstellungen, die sich früher nur in Abständen von Jahrhunderten vollzogen haben, müssen heute innerhalb eines einzigen Menschenlebens mehrmals bewältigt werden.

Unsere Hauptschwierigkeit liegt wohl darin, daß alles Zukünftige eine weite Bandbreite von Möglichkeiten enthält und damit Spekulation, Trugschluß und Prophezeihung notwendigerweise miteinschließt. Das ist jedoch dem wissenschaftlich Denkenden verdächtig, denn die Wissenschaft befaßt sich primär mit Fakten, die man sammeln, ordnen, beschreiben und ausmessen kann. Alles Vergangene und Gegenwärtige ist – im Gegensatz zum Zukünftigen – faktischer Natur. Wenn sich also die Auseinandersetzung mit der Zukunft auch nicht auf feste Tatsachen beziehen kann, so hat sie dennoch der Beschäftigung mit der Vergangenheit manches voraus, denn nur die Zukunft beherbergt den Spielraum, der dem menschlichen Willen seine Gestaltungsmöglichkeiten öffnet.

Wissenschaftlich begründete Voraussagen, im folgenden Prognosen genannt, haben erst ihre Berechtigung, wenn sie mit einem Wahrscheinlichkeitsgrad versehen werden können. Die Voraussage eines zukünftigen Zustandes wird um so unsicherer sein müssen, je ferner er in der Zukunft liegt. Die Prognose besteht aus der Beschreibung eines zukünftigen Vorgangs oder zeitlichen Ablaufs, wobei gedacht ist, daß die Voraussage durch einen unbeteiligten Außenstehenden geschieht. Der imaginäre Beobachter erstellt auf Grund seiner langjährigen Aufzeichnungen Prognosen über verschiedene Zustände der Zukunft, zum Beispiel über den Grad der Luftverschmutzung, den Bevölkerungszuwachs oder Zahl und Art der Verkehrsträger.

Die erste Näherung und primitivste Voraussage liegt in einer bloßen Trendextrapolation. Das heißt, es werden die bisherigen Mengen als Funktion der Zeit aufgetragen; die Kurve, die mit der gegenwärtigen Jahrzahl abbricht, wird ihrem Charakter nach in die Zukunft verlängert. Diese einfache Projektion der «jüngsten Vergangenheit» in die Zukunft ist im allgemeinen um so besser, je größer die Beobachtungsdauer, verglichen mit der Zukunftsdistanz, ist. Sie ist um so zuverlässiger, je träger und umfassender der Gegenstand der Prognose ist, was sich auch in einem stetigen Grundcharakter der Beobachtungskurve widerspiegeln sollte. So kann man in der Regel eine zutreffendere Aussage über den künftigen Gesamtenergieverbrauch als etwa über den Verbrauch von Kohle machen, kann eher künftige Gesamttransportleistungen als diejenigen von Schienenfahrzeugen, eher die Gesamtbevölkerungsentwicklung eines Landes als diejenige eines städtischen Vorortes voraussehen.

Die bloße Trendextrapolation kann oft in ihrer Aussagekraft gesteigert werden, wenn man die verschiedenen ihr zugrunde liegenden Kräfte einzeln erfaßt und in ihrem Zusammenwirken untersucht. Das daraus entstehende Modell bietet eine gute Annäherung an die Wirklichkeit, denn die gegenseitige Beeinflussung der wichtigsten Größen kann näherungsweise mitberücksichtigt werden. Jede Verfeinerung bietet aber auch der Kritik größere Angriffsflächen. Sie birgt vor allem die Gefahr in sich, daß durch diesen wissenschaftlichen Aufwand eine größere Aussagekraft vorgetäuscht wird als sinnvollerweise erwartet werden darf. Das Computer-Modell des MIT-Teams, welches dem Buch «Grenzen des Wachstums» (10) zugrunde liegt, ist mancherorts dieser Kritik unterlegen.

Eine weitere Komplikation der Prognose ergibt sich, sobald sie dem für die Zukunftsgestaltung verantwortlichen oder davon betroffenen Personenkreis bewußt wird. In diesem Falle macht das bloße Vorhandensein der Prognose eine Beeinflussung des weiteren Handelns möglich. Darin liegt eine Chance und eine Gefahr, denn die Aussage kann – zum Guten wie zum Schlechten – zur «selbsterfüllenden Prophezeiung» werden. Wird beispielsweise eine wirtschaftliche Expansion angekündigt, kann das zur Folge haben, daß sich alle Beteiligten investitionsfreudig verhalten, was das Wirtschaftswachstum begünstigt und die Prognose bestätigt. Wenn eine bevorstehende Verknappung gewisser Lebensmittel oder Gebrauchsgüter vorausgesagt wird, kann das Hamsterkäufe auslösen, welche zu Mangelerscheinungen führen und somit wiederum die Prognose bestätigen.

Wenn sie von einem weniger opportunistischen Ethos getragen ist, kann die Prognose jedoch zur unerläßlichen Voraussetzung für verantwortungsbewußtes Handeln werden. Ähnlich einem Scheinwerfer kann sie das vor uns liegende Feld ausleuchten und es in Zusammenhang mit den gegenwärtigen Entscheidungen bringen. Wenn dabei festgestellt wird, daß man bei weiterem Fortgleiten in eine bestimmte Richtung in einen unerwünschten Zustand gerät, dann kann aufgrund der frühzeitigen Erfassung eine Kurskorrektur vorgenommen werden. Der Vorschlag ist so einfach, wie die politische Willensbildung und die Durchführung schwierig sind. Dennoch glauben wir, daß gerade die Fähigkeit, die zukünftigen Konsequenzen des eigenen Handelns abzuschätzen, ein hohes Vorrecht des Menschen ist. Bis zu einem gewissen Maß könnte diese Fähigkeit zur vorausschauenden Planung als Gradmesser einer Zivilisation angesehen werden, denn in ihr liegen die Möglichkeiten, den Raubbau zum Halt zu bringen, eine unheilvolle Bevölkerungsentwicklung auf menschenwürdige Art einzudämmen und dem Menschen mehr Freiheit in der Wahl seiner Ziele zu lassen.

Handeln nach vorgegebenen Zielen setzt Einigkeit über die Zielsetzungen voraus. Hier stoßen die Planer auf erste Schwierigkeiten innerhalb einer pluralistischen Gesellschaft. Zu viel kollektives, zielgerichtetes Planen und Handeln kann vom Einzelnen als unnötiger Sozialzwang empfunden werden, denn der Ausdruck des Spontanen und Impulsiven gehört mit zur freiheitlichen Entfaltung des Menschen. Sollte aus diesem Dilemma nicht der Schluß gezogen werden, daß sich die Planung angesichts ihrer gesellschaftlichen Rückwirkungen auf diejenigen Bereiche beschränken sollte, wo eine Minderung der künftigen Lebensqualität zu befürchten ist? Den übrigen Bereich der freien Gestaltung offen zu lassen, ist *auch* eine Aufgabe des Planers, wäre es doch eine Anmaßung, die Mitmenschen dort in ihrem Spielraum zu beschneiden, wo kein künftiger Schaden für die Gesellschaft erkennbar ist.

Der erfahrene Planer anerkennt den Unterschied zwischen dem Kapitän, der den Entschluß faßt und die Verantwortung trägt, und dem Navigationsgehilfen. Er ist sich bewußt, daß das Schiff, auf dem er sich befindet, nur über eine beschränkte eigene Manövrierfähigkeit verfügt und außerdem von einem Strom getrieben wird, der als eine nicht beeinflußbare äußere Kraft in die Lagebeurteilung einbezogen werden muß. Mit Hilfe seiner Prospektivarbeit ist er aber in der Lage, abzuschätzen, wo das Gefährt

ohne Steuerungsimpulse hintreiben würde, er kann helfen, Ziele ab-
zustecken und Alternativen auszuarbeiten, die im Bereich des
Möglichen liegen. Diese Form der Entscheidungshilfe wird immer
dringender, nicht nur im Handlungsbereich privater Unternehmun-
gen, sondern auch im öffentlichen Leben. Fragen der weiteren Besiedlung, der Sicherung der Ernährungsgrundlagen, der Verkehrs-
gestaltung oder der Energie- und Wasserversorgung können mit
Hilfe prospektiv denkender interdisziplinärer Planungsgruppen
besser ausgeleuchtet werden. Dem Planer fällt dabei die Rolle zu,
den Feldherrenhügel zu errichten, von dem aus die Entscheidungsträger die Lage zu überblicken vermögen. Diese Aufgabe ist um so
dringender, als heute die Auswirkungen politischer und wirtschaftlicher Entscheide meist weiter reichen als die unmittelbare Sicht
der entscheidenden Instanzen.

5. Wirklichkeit und Täuschung in der Beurteilung des Fortschritts

Prospektives Sehen bedarf einer speziellen Optik, wenn man
keinen Täuschungen in bezug auf die Einschätzung des Gegen-
standes erliegen will. Die nachfolgenden drei Thesen und Modelle, die Anhaltspunkte zu einer solchen optischen Korrektur geben wollen, sind einer einfachen Fragestellung entsprungen: Wir
fragen nach der Geschwindigkeit und der Beschleunigung eines
bewegten Körpers, (z. B. eines Schiffes), wenn die Standortverän-
derung als Funktion der Zeit einer Exponentialkurve folgt. Es läßt
sich dann feststellen, daß unsere Sinne und unser intuitives Ab-
schätzungsvermögen nicht in der Lage sind, hierüber zutreffende
Aussagen zu machen. Wir brauchen also gewisse Korrekturlinsen,
um die Veränderungen wirklichkeitsgerecht überblicken zu können*.

---

*Für alle abgeleiteten Zusammenhänge ist entweder ein Exponential-
gesetz oder eine logistische Wachstumsfunktion verwendet worden. Für die
Herleitung wird auf den Anhang verwiesen. Der Leser wird ermutigt, die eine

Die *erste* Korrektur bezieht sich auf die Maßlosigkeit und die Unersättlichkeit des Fortschritts. Gefühlsmäßig registrieren wir nur relative Veränderungen. Eine Wohlstandsveränderung messen wir immer nur in Prozenten von dem, was wir schon haben, nie in absoluten Einheiten. Wir laufen also Gefahr, nur noch die Veränderungen der Wachstumsrate zu realisieren, genau wie der Passagier eines Zuges in der Dunkelheit nur noch die *Beschleunigung* wahrnimmt und sich der absolut erreichten Geschwindigkeit nicht mehr bewußt ist. Dieser Sachverhalt drückt sich auch in der alten Volksweisheit aus: «Je mehr man hat, um so mehr hat man zu wenig.» Das ist nicht nur auf den individuellen Wohlstand zutreffend, sondern ganze Nationen leben nach dieser Maxime, und auch die Wissenschaft ist davor nicht gefeit. Je mehr wir wissen, um so mehr Fragen tauchen auf; je mehr erreicht und erkannt wird, um so mehr harrt noch der Erschließung. Mit jeder neuen Entdeckung, die eine gestellte Frage beantwortet, ergeben sich zwei neue.

Zur Illustration dieses Sachverhalts bedienen wir uns einer graphischen Darstellung. In Figur 5 ist der gesamte Reichtum an Kapitalgütern einer Industrienation mit einem mittleren Wachstum von 3⅓% pro Jahr aufgetragen. Wird hiebei der gesamte Güterreichtum vom Jahre 1900 als Einheit gewählt, dann ist dieser im Jahre 1901 um einen Dreißigstel angewachsen. 1970 ist die Produktionskapazität an Gütern oder Energie aber zehnmal größer als im Jahre 1900. Der Jahreszuwachs — in der Figur sind die zehnjährigen Zuwachsraten eingetragen — ist auch zehnmal größer und beträgt 1970 bereits den dritten Teil der gesamten vorhandenen Menge des Jahres 1900. In den drei Jahren von 1970 bis 1973 werden so viele Güter produziert, wie vor einem Menschenalter überhaupt vorhanden waren. Für die Natur ist aber eine zehnmal größere Menge

oder andere Rechnung selber vorzunehmen. Die Mittelschulmathematik genügt vollauf, um die hier wiedergegebenen Resultate nachzuprüfen und selber ein Gefühl für die Veränderungsgesetze zu erarbeiten. Außerdem kommt dadurch die beeindruckende Kraft der Mathematik zur Geltung: Sie hilft uns, mit zwingender Logik die Konsequenzen aus unserem Handeln in die Zukunft zu projizieren und Unverträglichkeiten frühzeitig zu erkennen.

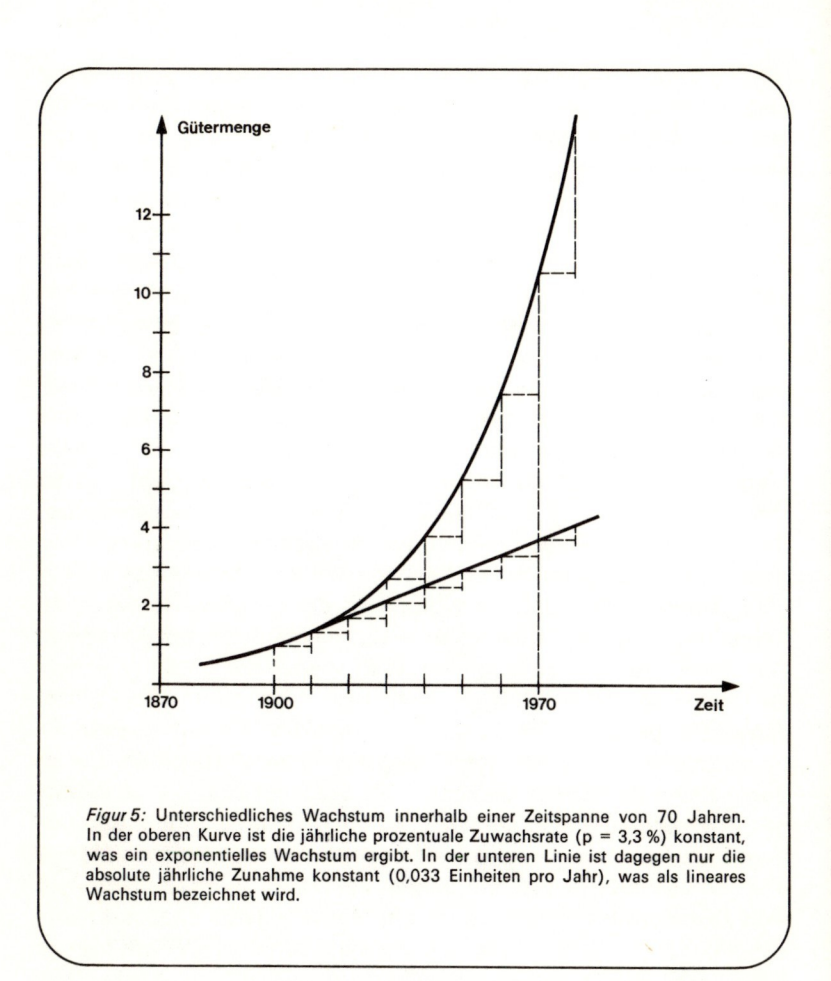

Figur 5: Unterschiedliches Wachstum innerhalb einer Zeitspanne von 70 Jahren. In der oberen Kurve ist die jährliche prozentuale Zuwachsrate (p = 3,3 %) konstant, was ein exponentielles Wachstum ergibt. In der unteren Linie ist dagegen nur die absolute jährliche Zunahme konstant (0,033 Einheiten pro Jahr), was als lineares Wachstum bezeichnet wird.

von Abgasen, Schmutzwasserfrachten, Düngemengen, Verkehrsflächen, Erdbewegungen usw. auch eine zehnmal größere Belastung. Es nützt ihr wenig, wenn wir den Zuwachs — mathematisch gesprochen — nur in der ersten Ableitung genießen und ihn deshalb auch nur im logarithmischen oder Prozentmaßstab messen und darstellen! Halten wir also fest, daß der Fortschritt, der nach einem steten prozentualen jährlichen Zuwachs verlangt, in sich selbst schrankenlos und unersättlich ist. Er birgt kein erreichbares Ziel in sich.

Die *zweite* Korrektur bezieht sich auf die menschliche Kurzsichtigkeit. Die Tatsache, daß uns das zeitlich und örtlich Naheliegende so viel wichtiger erscheint als das Ferne, ist in unserem menschlichen Wahrnehmungsvermögen begründet. Die Vergeßlichkeit macht uns der Tatsache gegenüber unempfindlich, daß vor 15 Jahren das erste große Fischsterben im Oberlauf des Rheins stattgefunden hat. Wen kümmert es, wenn tausend Kilometer weit weg die Luft mit Abgasen gesättigt ist? Diese Feststellungen sollen nicht polemisch wirken. Es liegt wohl ein großer Segen für unser irdisches Glück und Zusammenleben darin, daß wir den Seelenfrieden vor allem im kleinen, überblickbaren Bereich finden. Trost, Zuflucht, Hoffnung, Liebe und Enttäuschungen, kurz der ganze Reichtum unserer seelischen Empfindungen, spielen sich meist in den kleinen zwischenmenschlichen Bereichen ab, wo auch das Vergessen wohltuend wirken kann. Wir müssen uns jedoch auch der Täuschungen bewußt sein, die mit dieser menschlichen Optik verbunden sein können.

Zur Korrektur der menschlichen Kurzsichtigkeit braucht es also etwas wie Fernrohre, die mit zunehmender Fortschrittsgeschwindigkeit auch immer weiter in die Zukunft sehen. Eine bescheidene, aber elementare Anwendung dieser Forderung soll in Figur 6 illustriert werden: In diesem Bild ist das mittlere reale Wirtschaftswachstum als Funktion der Zeit eingetragen, mit einer durchschnittlichen jährlichen Wachstumsrate von 3⅓%. In der unteren Kurve werden die Zeiteinheiten als Jahre angenommen, in der oberen Kurve als Generationen zu 25 Jahren pro Einheit. Nun beachte man den Unterschied: Je nach unserer Optik — man könnte auch sagen je nach der Verantwortung, die wir annehmen — kommen wir zu unterschiedlichen Schlußfolgerungen. Wer nur daran interessiert ist, was sich innerhalb einer Planungsphase oder Wahl-

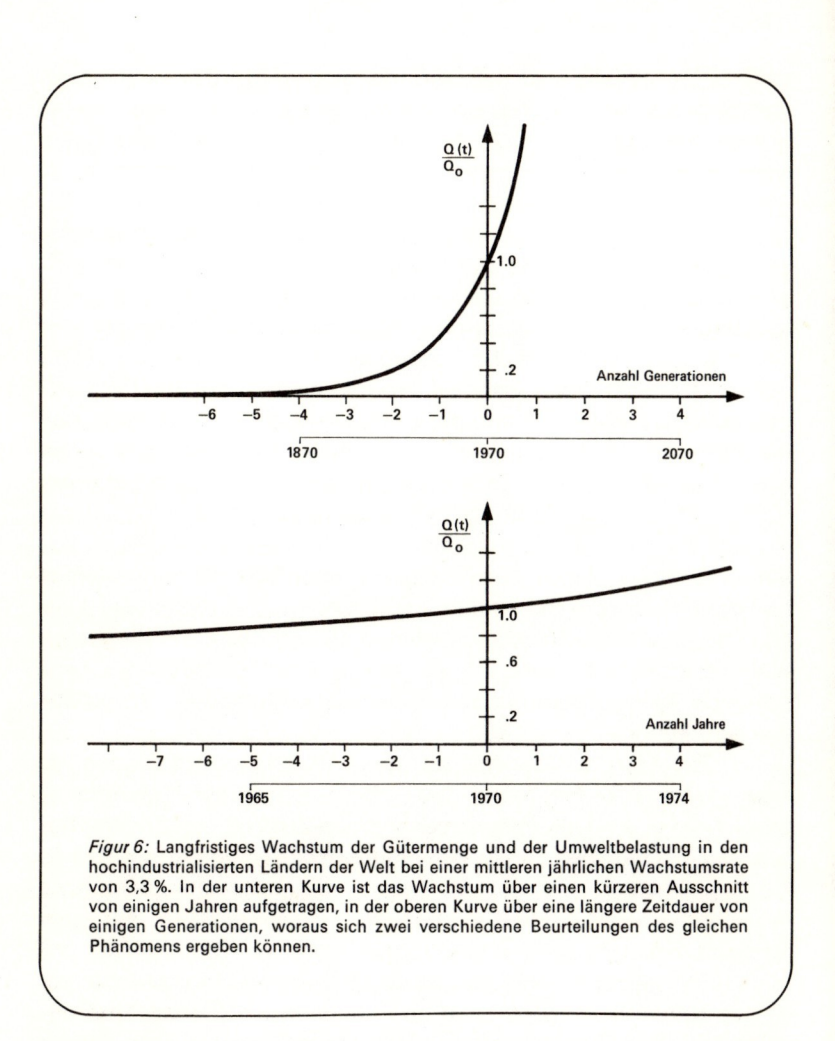

Figur 6: Langfristiges Wachstum der Gütermenge und der Umweltbelastung in den hochindustrialisierten Ländern der Welt bei einer mittleren jährlichen Wachstumsrate von 3,3 %. In der unteren Kurve ist das Wachstum über einen kürzeren Ausschnitt von einigen Jahren aufgetragen, in der oberen Kurve über eine längere Zeitdauer von einigen Generationen, woraus sich zwei verschiedene Beurteilungen des gleichen Phänomens ergeben können.

periode abspielt, wird das Wachstum bestenfalls als flache Kurve wahrnehmen und sich wenig Gedanken über die Konsequenzen des Fortschritts machen. Sollten wir aber über ein unkontrolliertes

Wachstum während der nächsten Generationen besorgt sein oder den Standpunkt der gefährdeten Natur einnehmen, so gibt die gekrümmte Kurve einen Anhaltspunkt, wieviel mehr Belastungen, Verschiebungen und Veränderungen die Umwelt in Zukunft zu ertragen hat. Solche Überlegungen sind also ein Mittel, sich die längerfristigen Auswirkungen des Wachstums ins Bewußtsein zu bringen und die Probleme nicht nur vom menschbezogenen Standpunkt aus anzugehen, sondern auch von demjenigen der überforderten Umwelt.

Der *dritte* «Korrektursatz» bezieht sich auf die Beschleunigung des Fortschritts oder, bildlich gesprochen, auf die Krümmung der Exponentialfunktion, welche die Zukunft kürzer als die Vergangenheit werden läßt. Bei jedem exponentiellen Wachstum tritt eine gegebene Veränderung in der Zukunft sehr viel schneller ein als das in der Vergangenheit der Fall war. Es läßt sich eine methodische Beziehung zwischen den beiden entsprechenden Zeiträumen herstellen (Anhang, Gleichung 35). Mittels solcher Formeln kann man zeigen, daß bei gleichen Wachstumsraten der Zuwachs an Stahlverbrauch in den kommenden zehn Jahren gleich groß sein wird wie derjenige der vergangenen 19 Jahre. Wird ein mittleres reales Wirtschaftswachstum von jährlich 3,3 % angenommen, so muß sich ein älterer Staatsmann bewußt sein, daß die nächsten 16 Jahre ein ebenso großes Maß an physischen Umweltveränderungen bringen werden wie er es aus den vergangenen 40 Jahren kennt. Konsequenterweise sollten wir auch unsere Marksteine der Besinnung immer enger setzen, nicht nur das hunderttausendste Stück einer Produktionsserie oder den millionsten Passagier einer Transportstrecke feiern. (Siehe auch Figur 7)

Würden wir immer den absoluten und nicht nur den prozentualen Zuwachs beachten, erhielten wir ein besseres Gefühl für die Beschleunigung des Fortschritts. Die Krümmung der Wachstumskurve hat auch zur Folge, daß zukünftige Zustände regelmäßig unterschätzt werden. So fixiert der Mensch in seinem Gedächtnis einen früheren Zustand, vergleicht ihn mit den heute erreichten Wer-

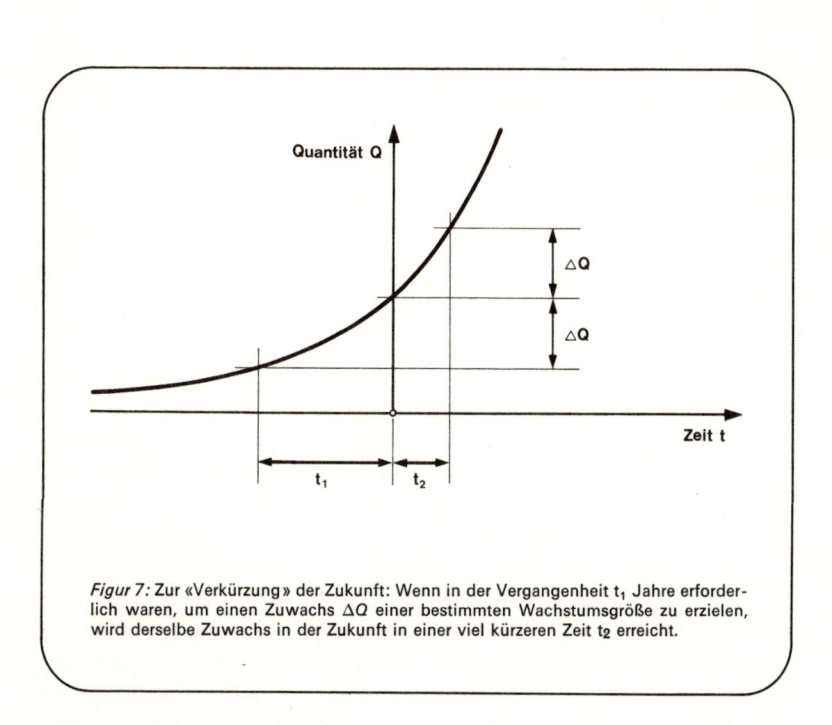

Figur 7: Zur «Verkürzung» der Zukunft: Wenn in der Vergangenheit t_1 Jahre erforderlich waren, um einen Zuwachs ΔQ einer bestimmten Wachstumsgröße zu erzielen, wird derselbe Zuwachs in der Zukunft in einer viel kürzeren Zeit t_2 erreicht.

ten und erhält aus diesem Zuwachs und der verflossenen Zeit eine Vorstellung über die Veränderungsgeschwindigkeit. Diese wird gefühlsmäßig linear in die Zukunft projiziert, womit die errechneten Werte viel zu tief liegen. Würde ein Anfangskapital nicht in Zinseszins-Schritten, sondern in gleichen absoluten Zuwachsraten, also linear, wachsen, so würde es bei einer jährlichen Vermehrung von 5 % des Anfangswertes 20 Jahre dauern, bis es sich verdoppelt hätte, 200 Jahre bis zur Verzehnfachung oder 2000 Jahre, bis es zum hundertfachen Wert angestiegen wäre. Mit Zinseszins verkürzen sich die entsprechenden Zeiten auf 14, 46 bzw. 92 Jahre. Im Anhang (Gleichung 34) ist auch der «Täuschungsfaktor» ermittelt worden, der dadurch entsteht, wenn vergangenes exponentielles Wachstum gefühlsmäßig linear in die Zukunft projiziert wird.

Als ein klassisches Beispiel dieser gefühlsmäßigen Extrapolation sei ein Ausschnitt aus Thomas Jeffersons erster «State of the Union»-Rede zitiert, die er als neugewählter dritter Präsident der Vereinigten Staaten im Jahre 1800 vor dem Kongreß gehalten hat: «Wir sind gesegnet mit einem auserwählten Land, das Raum genug hat für unsere Nachfahren bis zur tausendsten Generation ... Was noch ist notwendig, um uns ein glückliches und prosperierendes Volk werden zu lassen?» Kaum jemand hätte sich damals vorstellen können, daß 170 Jahre später, also in etwa sechs bis sieben Generationen, bereits 200 Millionen Menschen diesen Raum bevölkern würden. Jefferson bezog sich auf die verflossenen 200 Jahre der Kolonisationszeit, in welcher die weiße Bevölkerung auf vier Millionen Seelen angestiegen war. Hätte er sich Rechenschaft gegeben, daß die Bevölkerungszunahme bis zum Jahre 1800 nicht linear, sondern exponentiell mit einer mittleren jährlichen Zuwachsrate von ungefähr 2 % anstieg, so wäre er auf das zutreffende Resultat gekommen, daß die USA schon vor Ablauf von sieben Generationen eine Bevölkerung von 200 Millionen aufweisen würden.

Es wäre eine Anmaßung, wenn wir rückblickend den Gründungsvätern der amerikanischen Nation den Vorwurf machen wollten, daß sie nicht in der Lage waren, die Größenordnung des technisch-wirtschaftlichen Wandels abzuschätzen, der sich innerhalb von weniger als drei Menschenaltern vollziehen sollte. Es war für sie unvorstellbar, daß die neugegründeten Vereinigten Staaten von Amerika im Jahre 1970 jährlich 140 Millionen Tonnen luftfremder Gase durch ihre Kamine und Auspuffrohre in die Atmosphäre entlassen würden, daß Seen von der Größe der Schweiz zu lebensfeindlichen Kloaken werden könnten und daß die landeseigene Energieproduktion eine Größenordnung erreichen würde, wo sie das Klima und das Wetter lokal zu beeinflussen beginnt. Doch ebenso anmaßend, ja unverantwortlich wäre es, wenn wir heute angesichts der eingetretenen Zustände versäumten, von den gegebenen Möglichkeiten der Vorausschau Gebrauch zu machen.

II. Teil: Das Wachstum und seine Grenzen

1. Quantitative und qualitative Aspekte des Wachstums

Der Wachstumsbegriff, wie er heute üblich ist und wie er auch in unserem Zusammenhang verwendet wird, ist eng mit der Vorstellung des Fortschritts verkettet. Der Drang zum Zunehmen, zum Ausweiten und Erobern, zum Fortschreiten in eine unbegrenzte Zukunft ist Teil unseres modernen Weltbildes. Es ist die Vorstellung damit verbunden, daß spätere Zustände mit Ausnahme von kurzen Rückschlägen und Gegenbewegungen auch wertmäßig immer höher stünden. Wie sich nach der modernen Evolutionslehre spätere Arten durch eine zunehmende Perfektion in der Ausbildung ihrer Anlagen auszeichnen, so ist auch der Mensch selbst versucht, an einen unaufhaltsamen Aufstieg seiner Art zu glauben. Die besten Anhaltspunkte dafür gewinnt er aus der Betrachtung der technischen Entwicklung: In der Tat hat durch den vorher beschriebenen Kapitalisierungseffekt der wissenschaftlichen Erkenntnisse und Erfindungen eine stetige Zunahme der Möglichkeiten und eine dauernde Ausweitung des menschlichen Machtbereiches stattgefunden. Dadurch trat im Lauf der Zeit ein Wunsch nach dem andern in den Bereich der technisch-wirtschaftlichen Machbarkeit, und mit jeder technischen Erfüllung wurde der Mensch um eine Stufe unabhängiger von seinem erdgebundenen Naturzustand. Dadurch konnte die Vorstellung entstehen, daß Fortschritt eine Mehrung der Freiheit bewirke, und ebenso die Hoffnung, daß er menschliches Glück zu erzeugen vermöge. Der Glaube an den Fortschritt wurde so mit einer eigentlichen Heilserwartung verknüpft.

Wer in größeren kulturhistorischen Zusammenhängen zu denken versteht, muß erkennen, daß der Traum vom künstlich herstellbaren Paradies auf Erden eine kurzlebige Utopie des abendländischen Menschen der Neuzeit war. Die damit verbundene Idealisierung des Fortschritts und des Wachstums beruhte auf einer Überschätzung zivilisatorischer Errungenschaften, man könnte auch sagen, auf der Verwechslung kultureller und zivilisatorischer Werte. Der zivilisatorische Fortschritt war nur möglich auf Grund einer einseitigen Verlagerung der Gewichte zugunsten der materiellen und quantitativen Werte. Er bewirkte somit eine Verarmung innerhalb des geistigen und künstlerischen Bereichs, dem die qualitativen Werte der Kultur entstammen, der aber nie den Gesetzen des materiellen Nutzens und des exponentiellen Wachstums gehorcht hat.

Wenn heute von einer notwendigen Bremsung des Wachstums die Rede ist, so ist es deshalb notwendig, daß wir uns auf die grundlegenden Unterschiede zwischen Kultur und Zivilisation zurückbesinnen. Denn die Bremsung kann sich nur auf die zivilisatorischen Auswüchse beziehen, während gerade im kulturellen Bereich ein eigentlicher Nachholbedarf entstanden ist. *Kultur*, verstanden als die Gesamtheit aller Lebensäußerungen einer menschlichen Gesellschaft, umfaßt sowohl Kunst, Bildung und Sprache als auch Religion und Sittlichkeit, und ebenso die staatliche Ordnung, Wirtschaft, Wissenschaft, Technik und Agrikultur. Aus dieser reichen Fülle läßt sich der vorwiegend materielle Teil, also Wirtschaft, Technik und Urproduktion, herausgreifen und unter dem Begriff der *Zivilisation* zusammenfassen. Wir bezeichnen damit denjenigen Teil des kulturellen Schaffens, der darauf ausgerichtet ist, die vorgegebene Natur so zu bearbeiten und zu verändern, daß sie nutzbar wird und materiellen Ertrag abwirft. Den zugehörigen Wandel bezeichnen wir als zivilisatorischen Fortschritt. Es sind nun wiederum nur Teile dieser «zivilisatorischen Tätigkeit», welche einer neuen, gewandelten Zielrichtung bedürfen.

Aus historischer Sicht befinden sich die industrialisierten Nationen zur Zeit in einer ausgesprochen starken Wachstumsphase, was diese äußeren, gegenständlichen Teile der Zivilisation anbelangt. Durch dieses angestrengte quantitative Wachstum wird heute ein Großteil der menschlichen Anstrengungen gebunden, und auch die staatlichen Institutionen haben sich weitgehend darauf festgelegt. Da die meisten Wertvorstellungen und Prioritäten auf diese Zielsetzung ausgerichtet sind, ist es naheliegend und verständlich, wenn in erster Reaktion jede Kritik am güter- und energievermehrenden Fortschritt als gefährlicher Einbruch in die bestehende Ordnung verstanden wird. Wir glauben aber, daß gewisse notwendige

Begrenzungen des zivilisatorischen Wachstums nicht zu kulturellem Stillstand, zum Zerfall der Wirtschaftstätigkeit oder gar zur Rückkehr in primitivere Kulturzustände führen werden. Im Gegenteil ist sogar zu vermuten, daß gerade die Rücksichtnahme auf ökologische Grenzen den industrialisierten Menschen aus seinem einseitigen Streben nach materiellem Fortschritt und Wachstum befreien könnte. Damit würden die Voraussetzungen für eine sinnvolle Erweiterung der menschlichen Tätigkeiten und ein vermehrtes Zuwenden zu geistigen, gesellschaftlichen und künstlerischen Interessen geschaffen, die es erst rechtfertigen, von kulturellem Zuwachs zu sprechen.

Um die angetönte Unterscheidung zwischen quantitativen und qualitativen Werten deutlicher zu machen und um die Art des quantitativen Wachstums besser umschreiben zu können, bedienen wir uns nachfolgend einer modellartigen Vorstellung: der *Zivilisationsmaschine*. Dieses Bild ist nur eine Karikatur der zivilisatorischen Einrichtungen, es vermag aber die ökologische Fragestellung recht einprägsam und, in der gewollten Vereinfachung, auch zutreffend zu illustrieren. Der zivilisatorische Prozeß in den hochindustrialisierten Ländern ist mit einer komplizierten Baggermaschine vergleichbar, die am einen Ende Rohmaterialien aus der naturgegebenen Umwelt schöpft und die verarbeiteten Produkte am andern Ende in Form von Abfällen wieder ausstößt. Die Maschine selbst wächst in ihrem Umfang dauernd an, sie braucht für ihren Betrieb immer mehr Energie, und die Menge des durchfließenden Materials nimmt stetig zu. Die Zivilisationsmaschine charakterisiert somit denjenigen Teil der zivilisatorischen Tätigkeit, welcher darin besteht, natürliche Rohstoffe zu sogenannten Fertigprodukten zu verarbeiten, diese innerhalb der maschinellen Einrichtung «auf den Markt» zu bringen, zu verbrauchen und irgendwo wieder fallen zu lassen, d. h. der Natur zu überantworten.

Die geschöpften Rohstoffe können ganz verschiedener Art sein: Erze, Holz, pflanzliche und tierische Ernteprodukte gehören ebenso dazu wie Wasser und Sauerstoff. Der Ausstoß in die Natur geschieht teilweise schon während dem Bearbeitungs- und Verteilungsprozeß: über Kamine und Kanalisationssysteme werden die verarbeiteten Stoffe in die Luft oder in die Gewässer abgelassen oder durch Straßentransport den Verbrennungsanlagen und Müllgruben zugeführt. Die benötigte Energie dient zum Teil der Stoffumwandlung (Prozeßwärme), zum Teil dem Transportsystem, welches die großräumige Verschiebung ermöglicht, zum Teil der Heizung der Zivilisationsmaschine, die ja auch in kälteren Regionen und Jahreszeiten funktionieren soll. Neben dem Energieverbrauch weist die Zivilisationsmaschine aber auch einen steigenden Bodenbedarf auf, bedingt doch ihr Wachstum eine dauernde Ausbreitung ihrer baulichen Einrichtungen und Anlagen. So sind es im Ganzen vier Erscheinungen, welche die Zivilisationsmaschine und das entsprechende quantitative Wachstum kennzeichnen:

- Zunahme des *Rohstoffverbrauchs*. Seine Begrenzung drängt sich dort auf, wo die natürlichen Rohstoffquellen durch Raubbau überansprucht werden.
- Zunahme der *Umweltbelastung*. Dadurch, daß immer größere Mengen von Abfallprodukten zum Teil an konzentrierten Stellen der natürlichen Umwelt übergeben werden, entstehen Probleme der ökologischen Tragfähigkeit.
- Zunahme des *Energiebedarfs*. Sein unbeschränktes Anwachsen zeitigt vielerlei bauliche und klimatische Folgen und trägt zur Erschöpfung kostbarer Rohstoffe bei.
- Zunahme des *Landbedarfs*. Auch der Lebensraum hat einen naturgegebenen Umfang, der nicht beliebig vermehrbar ist und nur beschränkt genutzt werden kann.

Auf die Begrenzungen des Wachstums, die in diesen genannten Teilbereichen zu beachten sind, wird in den folgenden Kapiteln näher eingetreten. Die daraus sich ergebenden neuen Zielvorstellungen werden notwendigerweise eine Umlenkung des Fortschritts herkömmlicher Art, eine Kurskorrektur bedingen. Wie schnell aber kann sich eine solche Neuorientierung vollziehen? Es liegt weder in unserem Vermögen noch in unserem Interesse, das vorwärtsdrängende Gefährt des industriellen Wachstums und des Güterflusses ganz plötzlich und unstetig abzubremsen beziehungsweise umzulenken. Vielmehr geht es um beharrliche und stetige Gewichtsverlagerungen innerhalb des gegebenen Spielraums und der gegebenen Wahlmög-

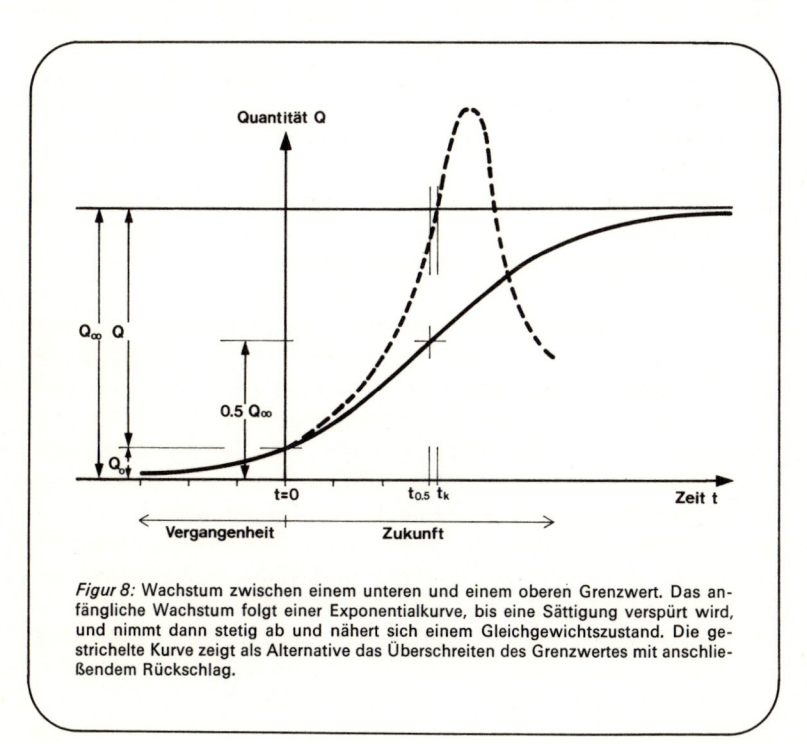

Figur 8: Wachstum zwischen einem unteren und einem oberen Grenzwert. Das anfängliche Wachstum folgt einer Exponentialkurve, bis eine Sättigung verspürt wird, und nimmt dann stetig ab und nähert sich einem Gleichgewichtszustand. Die gestrichelte Kurve zeigt als Alternative das Überschreiten des Grenzwertes mit anschließendem Rückschlag.

lichkeiten, um ein langsames aber konstantes Abdrängen in Richtung auf ein neues Ziel, wie das mathematisch durch die S-förmige Kurve von Figur 8 bezeichnet wird. (Herleitung im Anhang.)

Dieser Wachstumsverlauf – vom Mathematiker auch als logistisches Wachstum bezeichnet – ist dadurch charakterisiert, daß er anfänglich mit einer Exponentialkurve übereinstimmt. Die prozentualen jährlichen Wachstumsraten nehmen aber alsdann mit wachsender Annäherung an den oberen Grenzwert ab. Wenn dieser Grenzwert einem Gleichgewichtszustand entspricht, kann eine neue stabile Phase eintreten. Auch aus der Kybernetik, das heißt der Lehre von den Steuerungsvorgängen in technischen, biologischen und sozialen Systemen, kennt man Fälle, wo die Grenzlinie vom Erwünschten zum Unerwünschten überschritten wird und anschließend eine Rückwärtsbewegung einsetzt, die möglicherweise wiederum unter den optimalen Wert ausschwingt.

Dieses Pendelverhalten ist nicht nur in mechanischen, sondern auch in biologischen Prozessen beobachtbar. Als Beispiel ist in der nachfolgenden Figur 9 die Populationskurve einer Hirschart wiedergegeben, deren Zunahme dadurch ausgelöst wurde, daß die Raubtiere, ihre natürlichen Feinde, plötzlich beseitigt wurden. Nachdem nun die Zahl von wenigen tausend Tieren innerhalb von zwanzig Jahren auf 100 000 angestiegen war und dadurch die Weide übernutzt wurde, trat ein Massensterben ein. Innerhalb zweier Jahre verhungerten mehr als die Hälfte aller Tiere[*].

Um ein solches «Überschießen» eines sinnvollen Gleichgewichtszustandes vermeiden zu können, bedarf es der Vorausschau, um die Konsequenzen des gegenwärtigen Handelns in die Zukunft abzuschätzen. Um einen Umlenkungs- oder einen Abbremsungsprozeß frühzeitig genug einleiten und durchführen zu können, braucht es von Seiten der handelnden Entscheidungsträger nicht nur die Bereitschaft, sich einer idealen Vorstellung zu verpflichten, sondern auch den notwendigen Realismus, der das Machbare erkennen und schrittweise verwirklichen läßt.

Es wird einer unermeßlichen Fülle von Arbeit bedürfen, bis das tägliche Handeln, die Budgets der privaten Haushalte, der Gemeinden und Länder, mit den Anforderungen übereinstimmen, welche uns eine begrenzte Umwelt auferlegt. Dennoch darf die Hoff-

---

[*] Eine ausführliche Darstellung dieses Beispiels findet sich in P.A.Tschumi: «Allgemeine Biologie», Verlag Sauerländer, 1970.

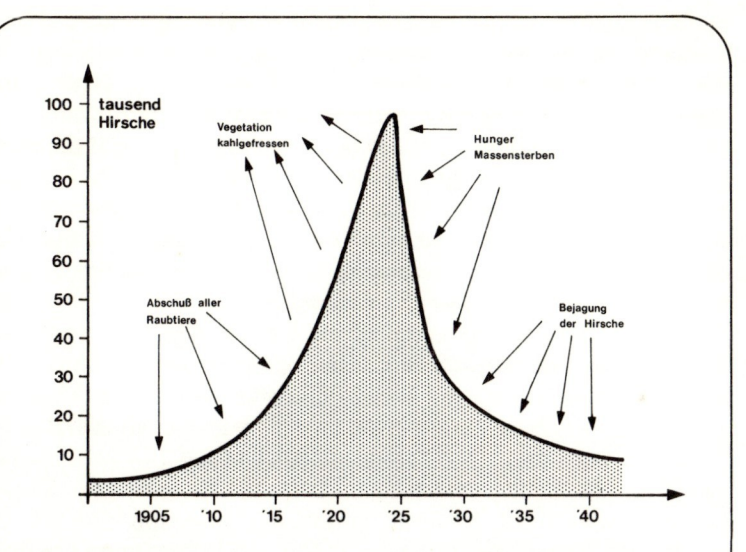

Figur 9: Entwicklung einer Hirschpopulation unter veränderten Lebensbedingungen: «Im Jahre 1906 wurde das Kaibab-Plateau (Arizona, USA) zum Reservat erklärt, und zum ‹Schutze› der Hirsche wurden sämtliche Raubtiere abgeschossen. 1906 betrug der Bestand an Hirschen 4000 bis 5000. Zur vollen Befriedigung aller Beteiligten stieg nun der Hirschbestand bis zum Jahre 1918 auf rund 40000 Stück an. Schon damals wurden Wildschäden gemeldet, aber niemand dachte an die Möglichkeit einer Übervölkerung, und so stieg die Zahl der Hirsche weiter an. Im Jahre 1924 erreichte sie 100000. Die Bestandesdichte betrug also 1 Stück auf 2,8 Hektaren. Das ganze Gebiet war kahlgefressen, und die Hirsche hungerten. Im Winter 1924/25 starben rund 60000 Hirsche an den Folgen des Hungers, und im folgenden Winter wiederum über 30000! Es brauchte viel, bis man endlich die Jagd freigab, um diesem Elend ein Ende zu bereiten, aber erst im Jahre 1939 war der Bestand wieder so tief (10000, also ein Tier auf 28 ha), daß sich die Vegetation erholen konnte. Die Menschen hatten, ohne es zu ahnen, in ein uraltes natürliches Gleichgewicht zwischen drei Produktionsebenen (Pflanzendecke als Produzenten – Hirsche als Konsumenten erster Ordnung – Raubtiere als Konsumenten zweiter Ordnung) eingegriffen, indem sie die oberste Ebene einfach beseitigten. In diesem ausgeglichenen Ökosystem hielten sich also Geburtenrate und Sterberate der Hirschpopulation genau die Waage. Die Beseitigung der natürlichen ‹Feinde› der Hirsche hatte zur Folge, daß bei gleichbleibender Fruchtbarkeit die Mortalität stark erniedrigt wurde. Ergebnis: Geburtenüberschuß, Zunahme der Bestandesdichte und Zerstörung des übervölkerten Lebensraumes durch eine hungernde Hirschpopulation, in welcher ein Massensterben herrschte.» (Aus P. A. Tschumi, «Allgemeine Biologie».)

nung nicht aufgegeben werden, daß mit der Annäherung an untragbare Grenzwerte auch die Kräfte zunehmen, die der gegenwärtigen Expansion entgegenwirken, wie das bei der logistischen Kurve der Fall ist. Der Wendepunkt wird durch eine Umschichtung von Prioritäten, ein Umdenken im Bereich gesellschaftlicher Wertvorstellungen, gekennzeichnet sein. Wie diese neuen Fortschrittsziele aussehen, ergibt sich einerseits aus ökologischen Grundgesetzen, wie wir sie versuchsweise in der «Raumschiffökonomie» umreißen werden, anderseits aus den Vorstellungen über die qualitativen Lebenswerte, die in der Zukunft als Maßstäbe für individuelles und gesellschaftliches Verhalten Geltung haben werden. (Auf den möglichen und wünschbaren Wandel solcher sozialer Normen wird im V. Teil näher eingetreten.)

2. Die Verknappung der Rohstoffe

Wie schnell das Bewußtsein von der Verknappung der Rohstoffe in die Öffentlichkeit gedrungen ist, kann am Beispiel des Erdölverbrauchs illustriert werden: Noch in den sechziger Jahren wurde die Warnung, daß die Erdölvorkommen beschränkt seien und ein haushälterischer Gebrauch dieses freien Naturgutes angezeigt wäre, mit dem Hinweis darauf abgetan, daß die jährliche Rate von neu entdecktem Erdöl viel größer sei als der Verbrauch. Dieser Hinweis genügte damals, um jede diesbezügliche Kritik zu entkräften. Um 1970 ist nun – vor allem unter dem Einfluß des Kommissionsberichtes «Resources of Man» *(11)* – die Beschränktheit dieses freien Naturgutes eingestanden worden. Da man sich aber über die gesamte Menge dieser oberen Grenze nicht im klaren war, und da alles darauf hindeutete, daß die bis 1970 verbrauchten 33 Milliarden Tonnen erst ungefähr einen Drittel der bekannten und lokalisierten Reserven und möglicherweise nur einen Dreißigstel der gesamten noch unentdeckten Vorräte betragen, schien immer noch kein Grund zur Besorgnis gegeben. Entsprechend dem jährlichen Bedarf (1970 betrug er 2,3 Milliarden Tonnen) rechnete man, daß die lokalisierten Reserven erst in 43 Jahren, die angenommene Gesamtmenge von 1000 Milliarden Tonnen erst in 430 Jahren aufgezehrt sein würden.

Was aber in der Diskussion vernachlässigt wurde, ist die Tatsache, daß der Weltbedarf seit etwa 1880 eine exponentielle Zunahme aufweist. So haben die Fördermengen im Mittel um jährlich 6,9 Prozent zugenommen, was nach Gleichung 28 (Anhang) einer Verdoppelung alle zehn Jahre entspricht. Wenn nun keine Umstellung erfolgt, wenn dieses Wachstumsgesetz als technisch-wirtschaftliche Notwendigkeit verteidigt wird, so müssen sich die lokalisierten Reserven also bereits in 20 Jahren und die angenommenen Gesamtmengen in 50 Jahren erschöpfen. In Wirklichkeit ist es freilich nicht möglich, mit immer größerer Geschwindigkeit die letzten und immer weniger ergiebigen Quellen auszubeuten. Man wird sich – was für jeden Bergbau typisch ist – vom idealen Fundort zu immer magereren, schwerer zugänglichen Abbaustellen begeben. Vom bewohnten Festland in die Wüste, in Tundren und Polargebiete, von den flachen Meeren in die tieferen, von den konzentrierten zu den verdünnten Anreicherungen. Bis anhin konnten die wachsenden technischen Möglichkeiten und Rationalisierungen mit den zunehmenden Schwierigkeiten Schritt halten, doch wird sich in Zukunft vermehrt die Frage stellen, wieweit eine Erhöhung des technischen Aufwandes zur Kompensation der zunehmenden Ausbeutungsschwierigkeiten noch möglich und sinnvoll ist.

Was ist die Folge, wenn eine Rohstoffquelle versiegt? Sind nicht genügend Substitutionsprodukte da, welche an ihre Stelle treten? Vorerst müssen wir bedenken, daß sich dieser Ausfall um so plötzlicher und heftiger auswirkt, je länger wir am exponentiellen Zuwachs festhalten. Weiteres prozentuales Wachstum des Verbrauchs ist gleichbedeutend mit der weiteren Beschleunigung eines Fahrzeuges, von dem man bereits erkannt hat, daß es in eine Sackgasse fährt. Der mit dem Ausfall verbundene Strukturwandel, die damit einhergehenden Spannungen werden um so brutaler sein, je unvermittelter die Umkehr zu erfolgen hat. Darüber hinaus ist jeder einmalige, unwiderrufliche Verbrauch eines freien Naturgutes als eine Schmälerung künftiger Möglichkeiten anzusehen. Vielleicht gibt es auch nach 100 Jahren noch Situationen, wo Öl als Kraftquelle sehr wertvoll und erwünscht wäre. Vielleicht wird dieser Rohstoff als geschätzte Grundlage für petrochemische oder pharmazeutische Produkte oder gar als Reserve für Zeiten von Nahrungsmangel dienen? Auch ist das Substitutionsprinzip noch nicht zu Ende gedacht, denn wenn wir mit dem ersten Rohstoff sorglos umgehen und uns auf den Ersatz durch einen zweiten abstützen, so werden in einer zweiten Stufe der Substitution wieder andere Stoffe ausfallen, so daß das grundsätzliche Problem nur aufgeschoben, aber nicht aufgehoben ist. Dabei gibt es – wie in den Ausführungen über die Raumschiffökonomie noch zu zeigen sein wird – Möglichkeiten, diesen Teufelskreis auf verantwortungsvolle, menschenwürdige Art allmählich zu lösen.

Wie eingangs erwähnt, kann man in einer ersten Näherung alle Ressourcen in Kapitalgüter und regenerative Güter einteilen. Wasser und Luft, Tiere und Pflanzen dürfen als erneuerungsfähige regenerative Güter der Natur angesehen werden. Wenn ein Wald nicht übernutzt wird, kann er für unbeschränkte Zeit dem Menschen eine jährliche Ernte von Holz, Pilzen, Beeren oder Wild zur Verfügung stellen und außerdem als Ort der Erholung und Entspannung dienen. Bei Übernutzung jedoch entsteht die Gefahr einer späteren Ertragsabnahme, einer allmählichen Veränderung oder eines Gleichgewichtsverlustes. Denn durch Überforderung kann das natürliche Regenerationsvermögen vorübergehend oder für immer gestört werden. Das letztere ist vor allem dann der Fall, wenn z. B. der Chemismus der Bodenkrume ungünstig beeinflußt wird, wenn z. B. eine Versalzung eintritt, der Humus weggetragen wird oder sich das Mikroklima entscheidend verändert. Unter dem Blickwinkel der irreversiblen Veränderung könnte man auch die Regenerationskraft als ein Kapitalgut bezeichnen, denn nach seinem Verbrauch ist es nicht mehr verfügbar.

Erze, petrochemische Rohstoffe und fossile Brennstoffe sind typische Kapitalgüter, die sich nach unvorsichtigem Verbrauch nicht mehr leicht ersetzen lassen. Kohle, Erdöl und Erdgas sind während der letzten paar hundert Millionen Jahre der Erdgeschichte entstanden. Diese natürliche Anreicherung läuft wohl weiter, aber, verglichen mit der Abbaurate, fällt sie nicht mehr ins Gewicht. Es ist, wie wenn ein Reservoir, das tropfenweise gespiesen wird, durch ein ständig wachsendes Loch entleert würde. Zur Zeit fließt eine Menge weg, die rund eine Million mal größer ist als der Zufluß. Bei den Metallen könnte man einwenden, daß sie nicht verbraucht werden können und deshalb immer wieder zur Verfügung stehen. Dennoch werden die meisten von ihnen durch Oxydation, Verdunstung und Reibung derart aufgelöst und zerstreut, daß sie nur mit größtem Energieaufwand wiedergewonnen werden könnten. In den Weltmeeren, die als größte zusammenhängende Abfallgrube für die Ausscheidungen aus der Zivilisationsmaschine dienen, sind die Mineralien in Konzentrationen von einigen Teilen pro Million angereichert, gegenüber einem Verhältnis von fast eins zu zwei in den Erzbergwerken. Die Verarbeitung von hunderttausendmal mehr Materie, um ein verstreutes Material wiederzugewinnen, erfordert aber auch entsprechend mehr Energie.

In diesem Zusammenhang müssen wir uns auch bewußt sein, daß unsere gesamte Produktion von Zivilisationsgütern mit einer fortschreitenden Auflösung der naturgegebenen geologischen und geochemischen Ordnung einhergeht. Dadurch erhält dieser Prozeß seine doppelte Fragwürdigkeit: Er ist nicht nur vom Gesichtspunkt der Ressourcenverschwendung bedauerlich, sondern auch unter demjenigen der Umweltbelastung. So wird zum Beispiel das dem Benzin beigemischte Blei längs den Straßenzügen abgelagert. Der Schwefel im Heizöl und die Halogene im Kunststoff ätzen die nähere und weitere Umgebung, nachdem sie den Schornstein verlassen haben. Quecksilber und Phosphor – früher konzentriert gelagert – vergiften gewisse Binnengewässer und das Meer. Im Bauwesen handelt es sich zwar um chemisch weniger aktive Stoffe, dafür werden um so größere Quantitäten verschoben: Kies und Sand werden aus früheren geologischen Deponien, Zement aus Kalkstein- und Mergelgruben, Stahl aus Eisenerzbergwerken und Asbest aus noch entfernteren Orten in unsere Agglomerationen eingeführt.

Angesichts der schwindenden Rohstoffe stellt sich die Frage, ob in einem marktwirtschaftlichen System jegliche Form von Verknappung automatisch durch eine Teuerungsbremse korrigiert wird. Die Nationalökonomen sind sich in dieser Frage selbst nicht ganz einig. Auf der einen Seite wird befürchtet, daß keine spürbare Preissteigerung bei den nicht erneuerbaren Ressourcen eintritt, solange das Angebot größer ist als die Nachfrage. Dementsprechend müßte man sich eine Kiesgrube oder eine Minerallagerstätte vorstellen, deren Abbau im Verlauf der Ausbeute nie schwieriger, sondern wegen der zunehmenden Amortisation der Einrichtungen und Ersterschließungskosten eher billiger wird, je länger der Prozeß dauert. Das Angebot dieses Produzenten wäre jeder Nachfragesituation gewachsen bis zum letzten Tag, wo die Förderbänder leer laufen. In Wirklichkeit wird es zu keinem so plötzlichen Versiegen kommen; trotzdem könnte man sich denken, daß die Rohstoffpreise viel zu spät zu steigen beginnen, nämlich erst dann, wenn das Ende in spürbare Nähe gerückt ist.

Im Gegensatz dazu könnte man sich folgenden Marktmechanismus vorstellen: Der Besitzer der Rohstoffquelle sei gut über die Beschränktheit seiner Ressource informiert und glaube an eine steigende Nachfrage. Falls alle andern Rohstoffbesitzer ihre Vorräte rücksichtslos abbauen, wird der gegenwärtige Preis zwar tief, der künftige jedoch hoch sein, weil das Angebot dann begrenzt sein wird. Kluges unternehmerisches Verhalten gebietet somit Zurückhaltung. Wenn nun alle diese gleiche Überlegung machten, begänne der Mechanismus sofort zu funktionieren, und mit wachsender Verknappung stiegen auch die Preise. Die selbsttätige Regelung, die sich daraus ergäbe, würde auf der Fähigkeit zur Vorausschau und zur langfristigen Planung beruhen.

Voraussetzungen für diese zweite, hoffnungsvollere Variante wäre also erstens das wachsende Bewußtsein um die Beschränktheit der Naturgüter und zweitens eine Art Kollektivweisheit, die alle, oder mindestens eine Mehrheit der am Markt Beteiligten, in diesem Bewußtsein vereinigt. Drittens müßte der einzelne Unternehmer in der Lage sein, gelegentlich auch zuwarten zu können. Wenn er gezwungen ist, seinen Aktionären, seien es private oder öffentliche, einen jährlich wachsenden Umsatz vorzuweisen, oder wenn er in einer Notlage steht, wo er auf kurzfristigen Gewinn angewiesen ist, dann wird das Dringende zum Feind des Besseren. Der Unternehmer wird dann nach kurzfristigen Bedürfnissen entscheiden und nicht nach den Regeln einer langfristigen Wohlfahrt. Andere Möglichkeiten stehen nur dann offen, wenn von Anfang an eine Wirtschaftsführung angestrebt wird, die sich nicht nur innerhalb von Notständen bewegt, sondern Reserven und Überzähligkeiten mit einschließt.

Um sich der Kostbarkeit eines bestimmten Rohstoffes bewußt zu werden, ist es aber notwendig, über anschauliche und realistische Bewertungen seiner tatsächlichen Verknappung zu verfügen. Dadurch sollten sich nach den Gesetzen der «selbsterfüllenden Voraussage» viele künftige Sachzwänge oder gar Notstände vermeiden lassen. Die Mathematik kann uns hier zur Herstellung eines einfach zu handhabenden Knappheitsindexes verhelfen, dessen Aufbau und dessen Wirkungsweise in den folgenden Abschnitten kurz beschrieben werden sollen*.

Wir gehen von der Annahme aus, daß unser Augenmerk auf die bisher verbrauchte Menge (Q_o) einer nicht erneuerbaren Ressource sowie auf die noch vorhandene oder kritische Menge (Q_k) gerichtet sei. Wenn dieser Rohstoff in gleichbleibenden jährlichen Raten abgebaut würde, dann genügte eine Dreisatzrechnung, um den Zeithorizont bis zum vollständigen Abbau abzuschätzen (Gleichung 31). Sobald sich diese Aussage auf einen Abbauprozeß bezieht, der einem exponentiellen Wachstum gehorcht, kann die Verknappungsdistanz entscheidend überschätzt werden, weil dann die früher vorgestellten Täuschungsfaktoren wirksam werden. Der aussagekräftigste Index scheint uns auch in diesem Falle in der Berechnung des Zeithorizonts zu liegen, in dem eine bestimmte Ressource nach den gegenwärtigen Gesetzen des Verbrauchs noch

---

*Der ausführliche «Knappheitsindex für die freien Güter der Natur» wurde von Ernst Basler erstmals im Jahre 1972 veröffentlicht *(12)*.

verfügbar ist. In dieser Maßzahl muß die gegenwärtige Wachstumsrate berücksichtigt werden, denn je nach Resultat ist es gerade
diese Wachstumsrate, die in erster Linie gedrosselt werden muß.
Ein solches Vorgehen stimmt auch mit dem früher erwähnten
Hauptanliegen der Prognose überein, wonach das Abtasten der
Zukunft Rückwirkungen auf das gegenwärtige Handeln auslösen
soll.

Ferner scheint uns, daß diese Zeitangaben nicht in Einheiten
unserer wirtschaftsbezogenen Buchhaltung auszudrücken seien,
sondern in Maßzahlen der natürlichen Erneuerung oder Regeneration. Als Bezugseinheit wurde die Dauer einer menschlichen Generation, also etwa 25 Jahre, gewählt, denn die Ablagerung oder
Anreicherung der Ressourcen hat sich ebenfalls in Zeiträumen der
irdischen Entwicklungsgeschichte abgespielt, und die Maßnahmen,
die der Mensch angesichts einer drohenden Verknappung einleiten
kann, sind vorerst nur über eine allgemeine Bewußtseinsbildung
möglich, die meist eine oder zwei Generationen beansprucht.
Außerdem ist jede Besorgnis über eine künftige Schmälerung der
irdischen Lebensgrundlagen nur aus dem Gefühl der Verantwort-
lichkeit gegenüber kommenden Generationen denkbar.

Mit der Annahme einer konstanten Wachstumsrate von p Prozent pro Jahr und einer mittleren Generationsdauer von 25,6 Jahren (die Zahl wurde so gewählt, daß sich der Index in runden Zahlen ausdrücken läßt) errechnet sich der Knappheitsindex nach fol-
gender Formel:

$$g = \frac{9}{p} \log \left\{ 1 + \frac{Q_k}{Q_0} \right\}$$

Hierin ist g die Zahl der Generationen, die es noch dauern würde,
bis der Vorrat Q_k einer Ressource erschöpft ist, wenn zur Zeit die
Menge Q_0 hievon bereits beansprucht worden ist. Eine Herleitung
findet sich im Anhang (Gleichung 14). Eine Auswertung davon zeigt
die folgende Tabelle:

$\frac{Q_k}{Q_o}$	Zuwachsrate p in Prozenten								
	1	2	3	4	5	6	7	8	9
10	9,4	4,7	3,1	2,3	1,9	1,6	1,3	1,2	1,0
20	11,9	6,0	4,0	3,0	2,4	2,0	1,7	1,5	1,3
50	15,3	7,7	5,1	3,8	3,1	2,5	2,2	1,9	1,7
100	18,0	9,0	6,0	4,5	3,6	3,0	2,6	2,25	2,0
200	20,7	10,4	6,9	5,2	4,1	3,5	3,0	2,6	2,3
500	24,3	12,2	8,1	6,1	4,9	4,0	3,5	3,0	2,7
1000	27,0	13,5	9,0	6,7	5,4	4,5	3,8	3,4	3,0

Tabelle 1: Der Verknappungsindex weist auf die Anzahl Generationen von etwa 25 Jahren, die es braucht, um bei einer konstanten jährlichen Wachstumsrate von p Prozent vom bisher konsumierten Quantum Q_o einen Vorrat Q_k zu verbrauchen. Dieselbe Tabelle liefert auch die Zeitspanne (in Generationen), bis eine bestimmte Form der Umweltbelastung vom heutigen Wert q_o um einen noch tolerierbaren Betrag q_k angewachsen ist.

Ein einfaches Zahlenverhältnis ergibt sich mit einem jährlichen Wachstumsprozentsatz von p = 3 %. Er entspricht ungefähr dem mittleren langfristigen Wachstum des realen Sozialproduktes der USA und der westeuropäischen Staaten über die letzten sechs Generationen. Wenn das Verhältnis von Reserve zu bisherigem Verbrauch mit 9:1 gesetzt wird, so wird log 10 = 1 und damit die Generationenzahl g = 3. Das würde bedeuten, daß in Zukunft in der halben Zeit neun mal größere Reserven beansprucht würden, als das in der Vergangenheit der Fall war.

Ein bedeutsamer Gewinn, den man aus dem Gebrauch dieses Knappheitsindexes ziehen kann, ist die Erkenntnis, daß die Zahl der Generationen bis zur prognostizierten Erschöpfung der Ressource nicht sehr empfindlich von der präzisen Kenntnis der «oberen Grenze» bzw. der vorhandenen Reserve abhängt. Schätzungen des Wertes Q_k genügen durchaus, um mit diesem Index eine zutreffende Vorstellung vom Grad der Knappheit bzw. des Raubbaues an einem bestimmten Gut zu erwecken. Wir wollen die Ergebnisse, die sich auf diese errechnen lassen, durch einige Beispiele illustrieren:

Unter der Annahme, daß 4000 m² Kulturland zur Ernährung einer Person notwendig sind, und daß etwa die Hälfte der rund 150 Millionen km² der irdischen Festlandoberfläche für diese Nahrungsproduktion erschlossen werden könnte — aus klimatologischen Gründen sollen Gletscher, Seen und Wälder nicht in Kulturland umgewandelt werden —, errechnet sich das theoretische Tragvermögen der Erde zu 19 Milliarden Personen. Wie lange geht es, bis dieser angenommene theoretische Schwellenwert mit der gegenwärtigen Zuwachsrate der Weltbevölkerung von p = 2 % erreicht ist? Aus der Gleichung beziehungsweise der Tabelle ergibt sich mit $Q_k : Q_o$ = 15,5 : 3,5 eine Zeitdauer von 3,3 Generationen.

Der Erdölverbrauch bis 1970 liege bei $33 \cdot 10^9$ Tonnen. Die weltweiten Reserven sind nach allen Schätzungen geringer als $1000 \cdot 10^9$ Tonnen *(13)*. Die gegenwärtige Wachstumsrate beträgt rund p = 7 %. Mit einem Verhältnis $Q_k : Q_o$ = 30 ergibt sich aus Tabelle 1 ein Verknappungsindex von g = 1,9 Generationen. Hätten wir die Reserven Q_k um 100 % unterschätzt, so ergäbe sich ein Zeithorizont von 2,3 anstelle von 1,9 Generationen.

Die vom Menschen freigesetzte Energie beträgt heute mehr als den 20 000sten Teil der vom Planeten eingefangenen Sonnenenergie und wächst jährlich um rund 5 % *(14)*. Nehmen wir nun zur Abschätzung der noch verfügbaren Zeiträume an, daß unsere Biosphäre erst dann ernsthaft gestört beziehungsweise verändert würde, wenn die eigene Wärmeproduktion in die Größenordnung der solaren käme und zum Beispiel 1 % der absorbierten Sonnenenergie betrüge. Damit errechnet sich mit der Tabelle 1 und einem Verhältnis von $q_k : q_o$ = 200 die Zahl der Generationen zu 4,1, also rund 100 Jahre. Hätten wir uns in der Einschätzung der oberen Grenze um einen Faktor 10 nach unten oder oben geirrt, so ergäben sich Indexzahlen von 2,3 beziehungsweise 5,9 Generationen.

Anhand dieser Beispiele bestätigt sich, daß die genaue Kenntnis der Grenzwerte die Voraussage des Erschöpfungszeitpunktes nur unwesentlich beeinflußt. Die Tatsache, ob ein katastrophaler Zustand eine Generation früher oder später eintreten wird, ist irrelevant im Hinblick auf die Tatsache, daß unser Fortschrittsstreben auf Kollisionskurs steht. Sie ist allerdings bedeutsam für die Zeit, die uns noch zur Verfügung steht, um eine Kursänderung einzuleiten. Für ein umweltbewußtes Verhalten der Menschen wäre es freilich notwendig, daß sich nicht nur die Wissenschaft einer möglichst vollständigen Katalogisierung der irdischen Güter und der Belastungsgrenzen unserer Umwelt annehmen würde, sondern daß solche Kennzahlen für die Erschöpfbarkeit unserer Lebenselemente schon im

Schulunterricht vermittelt würden. Sie scheinen uns für den Heranwachsenden ebenso wichtig zu sein wie etwa das spezifische Gewicht der Stoffe oder Maßzahlen über die Geographie unserer Erde oder die Geometrie der Himmelskörper. Ihre allgemeine Kenntnis könnte wesentlich zu einem haushälterischen Umgang mit dem noch vorhandenen naturgegebenen Reichtum unserer Lebensräume beitragen.

3. Übernutzung und Tragfähigkeit

Die im letzten Kapitel angeführten Beispiele der Verknappung führen uns zur Frage der Tragfähigkeit des Lebensraums: Welche Belastung vermag die natürliche Umwelt ohne Gefährdung zu ertragen? Jeder, der dieser Frage nachgeht, wird schließlich feststellen müssen, daß die «Grenzen der Welt» bzw. ihres Tragvermögens mit noch soviel wissenschaftlicher Bemühung nicht genau angegeben werden können. Es sind verschiedene Gründe, die zu dieser Unsicherheit beitragen:

Erstens: Die Bedingungen der Tragfähigkeit sind noch wenig erforscht. Erst in den letzten Jahren sind Tragfähigkeitsprobleme zum Gegenstand ernsthafter wissenschaftlicher Untersuchungen geworden*.

Zweitens: Die meisten Umweltprobleme zeigen sich als lokale Überlastungs- oder Übernutzungserscheinungen, also als lokale Wunden am Leib der Erde. Wann aber beginnt eine Verletzung von einer Bagatelle zu einer ernsthaften Gefährdung zu werden? Wie lange sind z. B. Klimaveränderungen tolerierbare lokale Erscheinungen, und wann beginnen sie, in ihrer Gesamtheit kontinentale oder

---

*In der Schweiz findet gegenwärtig eine Auseinandersetzung mit Tragfähigkeitsproblemen auf raumplanerischer Ebene statt. Beispiel dafür sind die Vorstudie zur Beurteilung der landesplanerischen Leitbilder unter dem Gesichtspunkt der Tragfähigkeit (Auftrag des Delegierten für Raumplanung, 1973), sowie die laufende Studie des Kantons Zürich über Belastung und Tragfähigkeit des Raumes. An beiden Studien sind die Verfasser mitbeteiligt.

weltweite unerwünschte Veränderungen einzuleiten? Die Antwort kann nicht mit voller Eindeutigkeit gegeben werden.

Drittens: Es ist schwierig, die Bedeutung der noch ungenutzten, unberührten oder brachliegenden Pufferzonen der Natur zu ermessen. Wie groß müssen sie sein, um auch in Zukunft dafür zu bürgen, daß schiefgelaufene menschliche Experimente mit unbeabsichtigten Nebenwirkungen, oder gar kriegerische Einwirkungen, aufgefangen werden, so daß die Auswirkungen limitiert und ursprüngliche Zustände wieder herstellbar wären?

Viertens: Jede sektorielle Betrachtung ist für sich genommen unzureichend. Wir können beispielsweise unserem Organismus eine größere Kreislaufbelastung zumuten, wenn andere Organe geschont und entlastet werden. Gleicherweise darf z. B. ein Gewässer mit einer größeren Abwärme belastet werden, wenn gleichzeitig nicht noch andere Verunreinigungen in das System gelangen.

Konkreten Einblick in die Problematik der Tragfähigkeit vermag uns besonders das Phänomen der Gewässerverschmutzung zu geben. Einige Beispiele und überschlägige Rechnungen sollen eine bessere Vorstellung davon vermitteln, mit welcher Geschwindigkeit die Belastung des natürlichen Gewässers fortgeschritten ist, und welche Proportionen dieser typische Fall einer Überforderung der Natur noch erreichen könnte.

Von jeher hat der Mensch das Wasser als unerschöpflichen Quell für seine eigenen wie für die pflanzlichen und tierischen Lebensbedürfnisse angesehen, aber auch als stets verfügbare Grube für alle Arten von Abfällen betrachtet. Wie die Blutbahnen die löslichen Giftstoffe des menschlichen Organismus aufnehmen, die dann über die Niere aus dem System ausgeschieden werden, so sorgen Kanalisationen, Bäche und Flüsse dafür, daß unsere Zivilisationslandschaft gereinigt, alles Unerwünschte abgeschoben und dem Weltmeer zum Abbau übergeben wird. Dieses natürliche, gut funktionierende System hat jedoch die unangenehme Eigenschaft, daß seine Aufnahmefähigkeit beschränkt ist und nicht mit dem Wirtschaftswachstum und dem wachsenden Konsum Schritt halten kann.

Die statistischen Unterlagen über den Zuwachs der Schmutzstofffrachten im Laufe der Zeit sind leider spärlich. Über den Was-
serkonsum wissen wir dafür um so besser Bescheid: Noch um das
Jahr 1800 betrug der mittlere Wasserverbrauch pro Person nur etwa
10 Liter pro Tag *(15)*. Damals floß das in steinernen Brunnenstuben
gesammelte Quellwasser noch in hölzernen Röhren, Teucheln genannt, in die Dorfbrunnen und wurde von dort aus mit dem Holz-
eimer in die Häuser getragen. Um 1900 betrug diese Zahl bereits das
Fünffache und 1970 rund 480 Liter pro Person und Tag *(16)*. Nach
Gleichung 30 im Anhang ergibt sich daraus eine mittlere Zunahme
von 2,25 % pro Jahr und Person, was ziemlich genau der mittleren
Produktivitätszunahme entspricht. Neuere Statistiken weisen in der
Tat auch darauf hin, daß der Gesamtverbrauch von Wasser in Haushalt, Gewerbe und Industrie in Übereinstimmung mit dem realen
Sozialprodukt angewachsen ist. Solange wir am bisherigen quantitativen Wachstumsdenken festhalten, dürfen wir kaum annehmen,
daß die Zuwachsraten in den kommenden Jahrzehnten sich wesentlich ändern.

Betrachten wir nun die natürliche Kapazität der Gewässer: In
der Schweiz fallen im Tagesmittel ca. 170 Millionen Kubikmeter Regen oder Schnee auf die Oberfläche des Landes. Ein Drittel hievon
verdunstet wieder, und der Rest, also ca. 110 Millionen Kubikmeter,
fließt über die Landesgrenzen den Weltmeeren zu. Allerdings ist die
Zeit, die dieses Wasser in der Schweiz verbleibt, sehr unterschied-
lich. Sie kann zwischen einigen Tagen (in Fließgewässern) und
mehreren Jahren oder Jahrzehnten (in Seen, Grundwasser und
Gletschern) betragen. Ebenso variabel ist die Tragfähigkeit bzw. die
Selbstreinigungskraft einzelner Gewässer, was eine gesamtschwei-
zerische Betrachtung verunmöglicht. Wir beschränken uns daher auf
ein lokales Beispiel:

Der Ägerisee ist einer der wenigen noch sauberen und nährstoff-
armen Alpenrandseen der Schweiz. 1951 wurde für diesen See eine jährliche
Phosphatzufuhr von 150 Milligramm pro Quadratmeter und Jahr gemessen. Eine
Gleichgewichtsstörung ist bei einem Jahreszufluß von 500 mgr/m^2 und Jahr
zu erwarten. Wie lange wird es dauern, bis auch dieser See überdüngt ist,

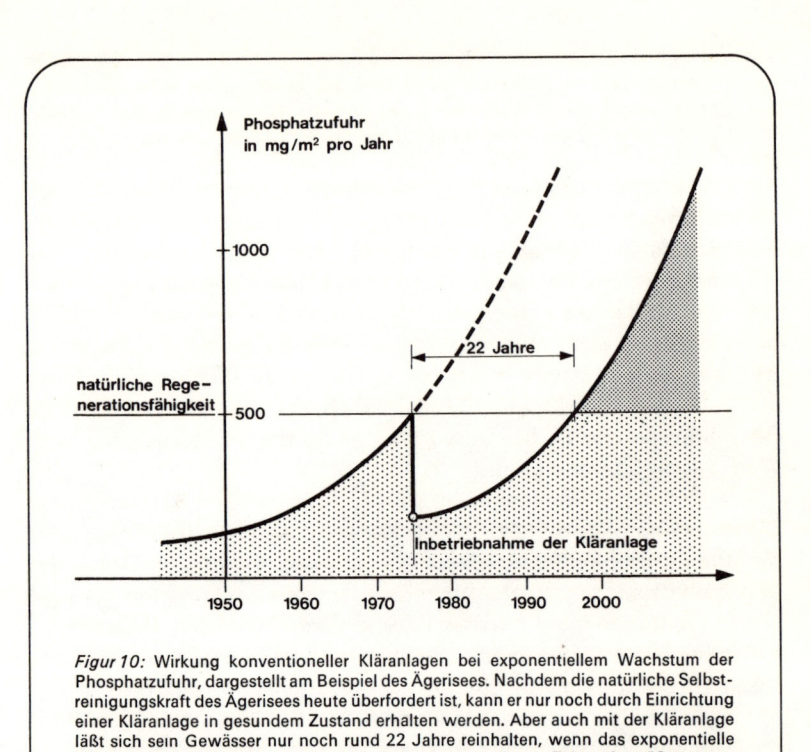

Figur 10: Wirkung konventioneller Kläranlagen bei exponentiellem Wachstum der Phosphatzufuhr, dargestellt am Beispiel des Ägerisees. Nachdem die natürliche Selbstreinigungskraft des Ägerisees heute überfordert ist, kann er nur noch durch Einrichtung einer Kläranlage in gesundem Zustand erhalten werden. Aber auch mit der Kläranlage läßt sich sein Gewässer nur noch rund 22 Jahre reinhalten, wenn das exponentielle Wachstum der Phosphatzufuhr anhält. Spätestens zu diesem Zeitpunkt müßten neue Reinigungsmethoden eingeführt werden, falls es nicht gelingt, die Phosphatfrachten zu verringern.

wenn angenommen werden muß, daß der Phosphatzuwachs parallel zum Waschmittelverbrauch zunehmen wird und dieser jährlich um 5 % steigt? Mittels Gleichung 15 oder unserer Tabelle errechnet sich ein Zeithorizont von 24 Jahren, bis dieser Zustand erreicht ist.

Von etwa 1975 an werden die Abwässer im Ägerital gereinigt, und es darf angenommen werden, daß nur noch etwa ein Drittel der im Abwasser vorhandenen Phosphatmenge in den See gelangt. Wie lange würde es von 1975 an dauern, bis auch in diesem Falle – trotz teilweiser Klärung – der jährliche Zufluß die kritische Schwelle von 500 mgr/m² und Jahr erreicht?

Antwort: Mit $q_k : q_o$ = 330 : 170 und bei einem gleichbleibenden Wachstum von 5 % ergibt sich ein Zeitraum von 0,86 Generationen oder zirka 22 Jahren. Die Konsequenzen dieses Wachstums sind in Figur 10 dargestellt. Die Umweltschutzmaßnahme hat das Problem somit nur aufgeschoben und nicht gelöst.

Welche Probleme die Abwasserreinigung in Zukunft noch stellen könnte, soll eine überschlägige Projektion des bisherigen Wachstums in die Zukunft illustrieren. Bei gleichbleibendem Zuwachs der Schmutzwasserfrachten ist mit einer Verdoppelung innerhalb von 30 Jahren zu rechnen. Wenn angenommen wird, daß 1970 50 % der Schmutzstofffrachten eliminiert wurden und die Belastung der Gewässer konstant bleiben soll, müßte die Schweiz im Jahre 2000 in der Lage sein, 75 % künstlich abzubauen, in nochmals 30 Jahren bereits 87,5 % usw., was einen dauernden Ausbau von Kläranlagen bedingen würde.

Mit mehr Kläranlagen im konventionellen Sinn ist es auf weite Sicht aber nicht getan. Denn viele der synthetisch hergestellten und der anorganischen Stoffe, die in der Schweiz rund einen Drittel der gegenwärtigen Schmutzstoffmenge ausmachen, können in biologischen Prozessen nicht oxidiert bzw. ausgefällt werden. Unsere biologischen Kläranlagen machen nichts anderes, als diejenigen Prozesse zu beschleunigen, die im Prinzip auch von der Natur übernommen werden können, wenn auch nicht in denselben Quantitäten. Die wirklich toxischen Substanzen, wie Pestizide, Blei, Quecksilberverbindungen, Mangan, usw., mit denen auch die Weltmeere bereits übersättigt sind, werden von den Kläranlagen nicht restlos zurückbehalten. Deshalb wird es notwendig sein, auch Phosphate, Nitrate, Metallverbindungen und neue synthetische Verbindungen, kurz, die nicht fermentierbaren Stoffe, zurückzubehalten. Das bedingt aber eigentliche chemische Fabriken; keine der heute projektierten mechanisch-biologischen Anlagen wird jenen Anforderungen noch genügen. Darüber hinaus müßte aber in 60 Jahren auch eine fünfmal größere Menge von Schmutzwasser gereinigt werden*.

---

*Unter der Annahme, daß bis zu diesem Zeitpunkt nicht nur die heutigen rund 40 % der Abwässer einer Reinigungsanlage zugeführt werden

Da ein großer Prozentsatz der Schmutzstoffe durch die immer intensiver betriebene Landwirtschaft über Äcker und Wiesen direkt in die Gewässer eindringt, müßten selbst kleinsten Bächen entlang Sickerleitungen und Barrieren gelegt werden, um diesen Anteil abzufangen und künstlich zu reinigen. Ein anderer Notbehelf bestünde darin, Bach- und Flußläufe immer wieder mit Kläranlagen zu unterbrechen. Ob diese dauernden und sich immer schneller mehrenden Eingriffe als Fortschritt oder als technologisches Flickwerk zu betrachten sind, muß der Leser selbst beurteilen. Wie viele Waldwiesen und Erholungsgebiete, wie viele Fische und Kleintierarten hiefür noch geopfert, welcher Baulärm erduldet, wie manche Badefreuden vergällt werden sollen, kurz, welche Enttäuschungen in Zukunft noch ertragen werden müssen, weil das Wettrennen der Abwasserreinigung dem Fortschritt immer nachhinken wird, kann nur derjenige ermessen, der sich mit solchen Prospektivstudien ernsthaft auseinandersetzt.

Es ist hier bereits der Ort, darauf hinzuweisen, daß es beim Umgang mit dem Problem der Tragfähigkeit nicht nur darum geht, die physische Belastbarkeit der Naturgrundlagen unter Zuhilfenahme technischer Mittel und Einrichtungen dauernd künstlich zu erweitern. Denn gerade die Zunahme von technologischen Maßnahmen, Einrichtungen und Bauten wirkt sich in solcher Weise auf die Landschaft und den menschlichen Alltag aus, daß allmählich eine zweite, ebenso wichtige Tragfähigkeitsgrenze ins Spiel kommt, nämlich die seelische Belastbarkeit des Menschen durch eine zunehmend unmenschlicher gestaltete Umwelt. Auch hier gibt es Grenzen des Unzumutbaren, die beachtet werden müssen. Wir werden auf Fragen dieser Art, die eng mit dem individuellen Erlebnis der Umwelt zusammenhängen, in den Teilen IV und V noch näher eintreten.

---

müssen, sondern auch die verbleibenden 60%, und einer weiteren Zunahme des industriellen und siedlungsbedingten Wasserverbrauchs von jährlich 2,25 % – wie das in den letzten 170 Jahren der Fall war –, errechnet sich dieser Zuwachsfaktor zu $2,5 \cdot e^{0.0225 \cdot 60} = 5,2$. In dieser Zahl ist noch keine Bevölkerungszunahme miteingerechnet.

4. Die Verengung des Lebensraums

Verknappungserscheinungen und Tragfähigkeitsprobleme zeigen sich nicht nur im Abbau von Rohstoffen und Naturelementen, sondern ebenso in der räumlichen Beanspruchung der Umwelt durch zivilisatorische Aktivitäten. Wie mit steigendem Zivilisationsgrad die Möglichkeiten und die Bedürfnisse zum Verbrauch materieller Güter gewachsen sind, so auch der Raumbedarf des Einzelmenschen und ganzer Gemeinschaften.

Diese Entwicklung hat soziale Begleiterscheinungen gezeitigt, die sich ihrerseits verstärkend auf den Wachstumsprozeß ausgewirkt haben. Denn die technischen Erleichterungen der Zivilisation haben auch dazu geführt, die engen, durch Not, aber auch durch Verbundenheit und Gemeinschaftsgefühl entstandenen zwischenmenschlichen Bindungen zu lockern. Die Auflösung und Zersplitterung eng verbundener menschlicher Gruppen, wie der Familie, der Sippe und der Dorfgemeinschaft, zieht aber unweigerlich auch eine gesamthafte Erhöhung des Raumbedarfs nach sich. Früher war der Dreigenerationenhaushalt auch in der Schweiz die übliche Form des Zusammenlebens. Heute ist er eine Ausnahme, und auch der Zweigenerationenhaushalt wird dauernd reduziert, weil Jugendliche schon früh ihre eigene Wohnung beziehen. Damit vervielfacht sich der Bedarf an zivilisatorischen Einrichtungen, die früher gemeinsam benutzt oder noch als unnötig erachtet wurden. Ebenso stieg der Bedarf an technischen Kommunikationsmitteln an, welche den verlorenen menschlichen Zusammenhang wieder herstellen oder ersetzen sollten: Verkehrsmittel und Straßen, aber auch die Einrichtungen der Unterhaltungsindustrie und ein guter Teil der Konsumgüterproduktion.

Ohne hier näher auf die gesellschaftlichen Probleme eingehen zu können, welche die Aufspaltung geschlossener sozialer Einheiten wie der alten Familien- oder Dorfgemeinschaft nach sich gezogen hat, soll vor allem die sprunghafte bauliche Entwicklung beleuchtet werden, die sich durch den erhöhten Raumbedarf des Einzelnen und durch seinen erhöhten Anspruch auf zivilisatorische Einrichtungen ergeben hat. Tatsächlich tritt im Bauwesen – wir verstehen darunter alle Arten von Hochbauten, Straßen, Flugplätzen, Parkplätzen – die Geschwindigkeit, mit welcher der Mensch seinen naturgegebenen Lebensraum verändert, am sichtbarsten in Erscheinung. In allen westlichen Nationen beträgt die gesamte Bautätigkeit – seit es solche Statistiken gibt – einen fast konstanten Bruchteil des Sozialproduktes. Dies weist darauf hin, daß das Bauvolumen langfristig dasselbe Wachstum aufweist wie die Gesamtleistung eines Volkes, also einen realen Zuwachs von mindestens 3% jährlich. Wenn heute auch erst ein Zwanzigstel der gesamten Landesoberfläche verbaut ist*, würde es mit dieser Zuwachsrate nach unserer Tabelle noch genau vier Generationen oder hundert Jahre dauern, bis kein Platz mehr leer stünde. Wollten wir der Genauigkeit zuliebe auch noch die Abbruchrate der bestehenden Bauten berücksichtigen, so kämen wir auf keine wesentliche Erhöhung der genannten Zeitspanne: Unter Annahme einer durchschnittlichen Lebensdauer der Bauwerke von 50 oder 30 Jahren erhöht sich der Zeitraum bis zur Vollüberbauung nur auf 109, bzw. 117 Jahre! (Gleichung 39 im Anhang)

Zwar ist diese mathematische Hypothese unsinnig, denn eine vollständige Überbauung und Verpflasterung des verfügbaren Landes käme schon aus klimatischen und gewässertechnischen Gründen nicht in Frage, selbst wenn neue Nahrungsquellen erschlossen würden. Dennoch werfen solche Rechnungen ein bezeichnendes Licht auf die Dynamik der baulichen Entwicklung der Gegenwart. Das moderne Baugewerbe ist zu einer Macht angewachsen, die nur noch mit einer geologischen Naturgewalt vergleichbar ist. Im Lauf der letzten drei Jahrzehnte hat es die Erdoberfläche stärker verändert als in all den Jahrhunderten seit Christi Geburt. Wenn von heute an alle Bauten, die in den nächsten 30 Jahren mit der vorhande-

---

* Der Überbauungsgrad in der Schweiz beträgt zur Zeit ca. 180 m²/Person oder 1100 km². Hierin sind Naherholungsgebiete noch nicht eingeschlossen, wohl aber öffentliche Spiel- und Sportplätze. Das sind rund 10% der verfügbaren Kulturlandfläche oder 2,7% der gesamten Fläche einschließlich Wald, Firn, Seen und Berge.

nen Baukapazität geschaffen werden, nicht zu einer dichteren Bebauung des eigenen Landes, sondern zur Erschließung eines gleich großen unbesiedelten Gebietes verwendet würden, dann ließe sich das Neuland – abgesehen vom Transportproblem – in dieser Zeitspanne genau auf den heutigen Stand der Bebauung bringen. Auf konkrete Landflächen bezogen, ergäben sich folgende Mengenvergleiche: Der Voralpengürtel der Schweiz wäre in dieser Zeitspanne gleich dicht überbaut wie es das Mittelland heute ist. Europas Bauproduktion vermöchte ein Gebiet von der Größe der Sahara ebenso dicht zu überbauen wie Westeuropa; die Bauproduktion der Vereinigten Staaten vermöchte ganz Kanada zu füllen.

Diese theoretischen Überbauungen wären innerhalb von 30 Jahren mit der *heute* vorhandenen Baukapazität erreichbar. Wenn diese aber auch in Zukunft weiter anwachsen wird, reduziert sich die Zeitspanne auf rund 20 Jahre. Mit solchen Vergleichen wird auch klar, weshalb 25 Jahre nach dem Zweiten Weltkrieg der Wiederaufbau der zerstörten Städte nicht nur abgeschlossen ist, sondern den alten Baubestand bei weitem übertrifft. Die noch verbliebene Infrastruktur und der Marshallplan haben das nötige Ausgangskapital geliefert, um dieses Wachstum zu ermöglichen. Wie aber sieht Europa in weiteren 25 Jahren aus, wenn derselbe prozentuale Zuwachs, wie er sich von 1945 bis heute ergeben hat, auf die entsprechende Zeitspanne in der Zukunft angewendet wird? In der Schweiz ist das physische Bauvolumen von 1945 bis 1970 verdreifacht worden. Wenn unsere Neugeborenen heiraten, wird es dreimal mehr als heute betragen und neunmal mehr als 1945 – wenn alles nach bisherigen Gesetzmäßigkeiten fortschreiten sollte.

Die gesteigerte Bautätigkeit mit ihren Begleiterscheinungen wie der dauernden Verkehrszunahme hat nun einen Druck hervorgerufen, der in den Ballungsräumen als eine eigentliche Verengung des Lebensraums empfunden wird. Dabei ist es nicht nur die ständige Zunahme der Baumassen und der Verkehrsträger, die zu raumplanerischen Problemen führt; fast stärker noch ist es die unorganische und kaum mehr überblickbare Art, in der das Wachstum verläuft. Das Ungeregelte dieser Entwicklung hängt nicht nur mit der Sprunghaftigkeit des Wachstums zusammen, sondern auch mit einer seiner Folgeerscheinungen, nämlich mit der Unverbindlichkeit, mit der heute das Bauwesen als funktionaler und geschäftsmäßiger Prozeß betrieben wird. Wenn früher der Landbesitz eine menschliche Bindung bewirkte und die Errichtung eines Bauwerks eine persönliche Tat — fast ein Lebenswerk — war, mit der sich der spätere Bewohner identifizieren konnte, so ist bereits im 19. Jahrhundert eine tiefgreifende Wandlung eingetreten: Mit der allmählichen Entwurzelung der ansässigen Land-, Dorf- und Kleinstadtbevölkerung, mit der Errichtung sogenannter Mietskasernen und Arbeitersiedlungen, ist eine neue, vom Menschen abgelöste Art des Baudenkens und der Bodennutzung aufgekommen. Das Bauen trat allmählich aus seinen ursprünglichen Bindungen heraus und wurde zu einem Bestandteil der industriellen Güterproduktion mit ihrer wirtschaftlich-funktionellen Eigengesetzlichkeit. Dadurch gehorchte es immer mehr den Geboten der kommerziellen Investition: Wie der Mensch des Industriezeitalters als ein austauschbares Glied zur Erfüllung bestimmter Funktionen innerhalb der Gesellschaft betrachtet werden konnte, so konnten nun auch Boden und Bauwerke als versetzbare und umschlagbare Kapitalwerte behandelt werden. Damit entband sich das Bauwesen aus seinen alten menschlichen und natürlichen Verflechtungen. Es hörte auf, Ausdruck einer menschlichen Lebensgemeinschaft und ihrer landschaftlichen und sozialen Bindungen zu sein. In dem Maße aber, wie es selbst an innerem Gehalt und inneren Bindungen verlor, wurde es auch unfähig, Bindungen auszuüben und dem Menschen nicht nur eine Behausung, sondern auch eine Heimat zu vermitteln.

Die Folgen dieser Entwicklung treten heute offen zutage: Die Gesichtslosigkeit unserer von anonymen Gesellschaften erstellten Siedlungen, die Zerstörung der sozialen Verflechtungen innerhalb der städtischen Lebensgemeinschaft, die mechanische Kanalisierung spontaner menschlicher Bedürfnisse, die willkürliche und ungestaltete Zersiedlung von Landschaftsräumen, — all diese Erscheinungen, die heute der Raumplanung fast unüberwindliche

Probleme aufgeben, hängen eng mit der Kommerzialisierung des Bodens und des Bauens zusammen. Wenn Land und Häuser nur noch als anonymes Handelsgut betrachtet werden, wird es immer schwieriger, Strukturen der Besiedlung zu erzielen, die der Gesamtheit menschlicher Bedürfnisse Rechnung tragen und in wohlabgewogenem Verhältnis zu sich und zur umgebenden Landschaft stehen; denn die Verteilung der Baumassen folgt den mechanischen Gesetzen des kurzfristigen wirtschaftlichen Nutzens, die mit den tieferen Lebensbedürfnissen der Bewohner nur mehr wenig zu tun haben. Je weniger aber unser Bauwesen in der Lage ist, lebensfreundliche und umweltgerechte Arten der Besiedlung hervorzubringen, um so stärker wird nun das Gefühl der Beengung im Lebensraum zunehmen, denn dieses wird nicht nur durch die übermäßige Füllung, sondern auch durch mangelnde Gestaltung hervorgerufen.

Was hier angesprochen wird, ist die Wechselwirkung zwischen quantitativem Wachstum und qualitativen Beeinträchtigungen. Ein regelloses und ungestaltetes Wachstum des Bauwesens wirkt sich erniedrigend auf die Qualität des Lebensraumes aus. Besonders gut läßt sich dieser Zusammenhang am Beispiel der wachsenden Agglomerationen darlegen: Ein städtischer Ballungsraum kann den Bewohnern durch seine Verdichtung kulturelle und soziale Vorteile bieten und schont die Landschaft durch den konzentrierten Grad der Bebauung. Zugleich bietet seine Dichte auch wirtschaftliche und organisatorische Vorteile, die als materielle Triebkräfte der Verstädterung angesehen werden können. Wenn aber diese materiellen Triebkräfte zu dominieren beginnen, kann leicht das Optimum der Konzentration überschritten werden. Es beginnen sich Strukturveränderungen im Stadtgebilde durchzusetzen, die nicht mehr die Förderung des urbanen Lebens in seiner Gesamtheit zum Ziel haben, sondern nur ein möglichst reibungsloses Funktionieren wirtschaftlicher und organisatorischer Mechanismen. Die Stadt verwandelt sich dann aus einem vielfältig verflochtenen Lebenskörper in ein funktionales System, in dem die einzelnen Funktionen säuberlich voneinander geschieden sind. Eine

Die Verwandlung der Stadt aus einem organischen Lebenskörper in ein me-
chanisches System isolierter Funktionen: Bauten von mehrfacher Nutzung
(Wohnen, Gewerbe, Läden, Gaststätten, usw.) werden durch reine Geschäfts-
häuser ersetzt. Der zunehmende Verkehr verselbständigt sich und beginnt die
alte bauliche Substanz aufzureißen. Lebensräume werden zu Durchgangs-
räumen, die baulichen Elemente verlieren ihre Beziehung untereinander, die
Wohnlichkeit der Stadt ist im Schwinden.

solche Scheidung ist die Voraussetzung dafür, daß einzelne dieser Funktionen, wie die Wirtschaftätigkeit oder das Verkehrswesen, zu ihrem optimalem Wirkungsgrad gesteigert werden können. Die Entmischung geschieht jedoch immer auf Kosten des Zusammenhanges, der sich in der Wohnlichkeit der Stadt ausdrückt. Entmischung ist deshalb auch Verarmung. Hat sie einmal stattgefunden, so wird die städtische Dichte, die im früheren Stadium der Verflochtenheit als belebend und anregend empfunden werden konnte, nur mehr als drückende Enge oder als Verkehrschaos erfahren. Der städtische Lebensraum beginnt zu verfallen und gerät in den Zustand der Unwirtlichkeit, um diesen von Mitscherlich geprägten Ausdruck aufzunehmen.

Die Reaktion auf die Effekte der Beengung und der Unwohnlichkeit läßt nicht auf sich warten: Für das Baugewerbe wie für den potentiellen Stadtbewohner besteht sie darin, auf die noch ländlichen Vorgebiete auszuweichen, die der Stadt eigentlich als Naherholungsraum dienen sollten. Nur hier findet eine kinderreiche Familie noch genügenden Lebensraum. Damit beginnt eine verhängnisvolle Polarisierung: Die Stadt wird zum Sammelpunkt der Geschäftätigkeit und ersetzt Wohnstätten durch Arbeitsplätze, während das Vorland ausschließlich für die Erstellung von Wohnungen genutzt wird. Das Ergebnis ist eine doppelte Verödung: Die Stadt verliert an Vielfalt und menschlicher Wärme, die neu entstehenden Ableger («Schlafstädte») zerstören den Landschaftsraum, weil sie sich ihm nicht im gleichen Maße anzupassen vermögen wie eine organisch gewachsene Siedlung. Da sie meist auf die eine Funktion der Unterbringung beschränkt sind, verfügen sie über zu wenig Eigenleben und bleiben auf die Stadt, besonders auf die Stadtkerne, als Vermittlerin von Arbeitsplätzen und von städtischen Erlebnissen angewiesen. Dies bedingt wiederum großräumige Systeme der Verkehrserschließung, welche die umgebende Landschaft vollends entwerten und die Erholungsräume in immer weitere Ferne rücken. Damit ist der Stadtbewohner, der die Naturlandschaft als Ausgleich zur unwirtlich gewordenen städtischen Umwelt sucht, gezwungen, immer weiter auszuholen, was das

Die Begleiterscheinungen des regellosen städtischen Wachstums: Die Bewohner der unwirtlich gewordenen Stadt suchen den Ausgleich im naturnahen Erholungsraum, dieser aber wird fortlaufend durch die um sich greifende Verstädterung zunichte gemacht. Die chaotische Bauweise der sich auflösenden Stadt erfaßt und zerstört in Form von zusammenhanglosen Streusiedlungen auch die freie Landschaft. Oben: Das Bild der naturnahen Erholungslandschaft. Unten: Eine regellose und unangepaßte Verbauung, die zur Entwertung der Erholungslandschaft führt.

Gefühl der Beengung im Lebensraum zunehmend steigert. Dies
bedingt wiederum neue Erschließungen, womit ein unheilvoller
Kreislauf einsetzt, ein Prozeß, der immer weitere Räume erfaßt und
nur auf der Basis eines Raubbaus an den beschränkten Gütern
der Naturlandschaft möglich ist*.

Der Einblick in diese Mechanismen der systematischen
Umweltzerstörung zeigt, daß wohl nirgends so sehr eine Über-
prüfung des quantitativen Wachstums notwendig ist wie im Bereich des Bauwesens und der Baulanderschließung. Die exponentiell zunehmende Bautätigkeit gehorcht Impulsen, die dem Gemein-
wohl immer abträglicher sind und dringend neu überdacht werden
müssen. Denn durch die Schaffung von immer mehr Wohnraum
ist die sogenannte Wohnungsnot ebensowenig gelöst worden wie
die Verkehrsnot durch die Bereitstellung neuer Straßen und Auto-
bahnen. Anderseits aber hat diese Bautätigkeit einen Energiebe-
darf hervorgerufen, der in seinen Ausmaßen beängstigend ist
und die Gesellschaft in neue Zwangslagen zu bringen droht. Rund
50% des gesamten Energiebedarfs der Schweiz wird für die
Heizung der umbauten Räume benötigt und weitere 25% für den
Verkehr, woraus sich wiederum entsprechende Umweltbelastungen
im Bereich der Luftverschmutzung ergeben.

---

*Am Modellfall des Tourismus ist der Prozeß der Zerstörung der eigenen
Grundlagen besonders anschaulich zu verfolgen: Die Fremdenverkehrsindustrie
beruht auf der Erschließung unberührter Landstriche zu Erholungszwecken.
Durch die Maßlosigkeit ihrer baulichen Eingriffe vernichtet sie aber oft ihre
eigenen Existenzgrundlagen und ist so gezwungen, dauernd neue Landschaften
zu erschließen.

III. Teil: Neue zivilisatorische Ziele

Angesichts der in den ersten beiden Teilen des Buches beschriebenen Auswüchse des Wachstums und des zivilisatorischen Fortschritts ist deutlich geworden, daß neue zivilisatorische Ziele nur dann sinnvoll sein können, wenn sie sich bemühen, das gestörte Gleichgewicht der Naturgrundlagen wieder herzustellen und die menschliche Wirtschaftstätigkeit im Einklang mit den natürlichen Gegebenheiten zu halten. Voraussetzung dazu ist ein erneuertes Verständnis für das Wesen und die Zusammenhänge der Naturvorgänge, wie es uns heute durch die ökologischen Wissenschaften vermittelt werden kann. Bevor wir zur Nennung neuer zivilisatorischer Ziele übergehen und daraus die wünschbaren Verhaltensregeln für die Bewirtschaftung des Lebensraums ableiten, sollen einige Grundzüge der Ökologie dargelegt werden.

1. Ökologische Grundbegriffe

Ohne hier ein umfassendes Bild der Ökologie vermitteln zu können, beschränken wir uns auf eine vereinfachte Darstellung dreier grundlegender Mechanismen des Ökosystems. Mit dem Begriff des Ökosystems, der im folgenden durchgehend verwendet wird, ist eine in sich geschlossene und vielfältig verbundene Gemeinschaft pflanzlicher und tierischer Lebewesen gemeint. Der Leser, der sich noch stärker in ökologische Zusammenhänge vertiefen möchte, sei auf die Werke von E. P. Odum verwiesen, denen auch die Verfasser verpflichtet sind. *(17).*

Der Energiefluß

Die Lebensbedingungen innerhalb eines Ökosystems hängen weitgehend von der zur Verfügung stehenden Sonnenenergie ab, welche die lebensnotwendigen chemischen und physikalischen Prozesse antreibt und die stoffliche Zirkulation ermöglicht. Nur etwa die Hälfte der auf die Erde eingestrahlten Sonnenenergie weist Wellenlängen auf, die für die Photosynthese der grünen

Pflanzen verwendet werden können. Der Rest wird von den verschiedensten Materialien der Biosphäre absorbiert und in Wärme umgewandelt. Aber auch der von den grünen Pflanzen absorbierte und für die Assimilation genutzte Teil der Sonnenenergie wird, wie wir später sehen werden, letztlich wieder in Wärme umgewandelt. Die Vielfalt eines Ökosystems wächst mit dem Zuwachs an verfügbarer Sonnenenergie. Die größere Sonneneinstrahlung am Äquator ist dafür verantwortlich, daß dort wesentlich reichere Ökosysteme ausgebildet werden – man denke an den tropischen Regenwald – als beispielsweise im mitteleuropäischen Klima. Die unterschiedlichen Temperaturzonen der Erde dienen wiederum dazu, die globalen Windströmungen und Wasserkreisläufe aufrecht zu erhalten.

Der erste Hauptsatz der Thermodynamik sagt aus, daß Energie in einem geschlossenen System nie vernichtet, sondern nur umgewandelt werden kann. Die Biosphäre, das heißt diejenige Zone des Erdballs, die Lebewesen zu beherbergen vermag, erweist sich somit bezüglich der Energie als ein offenes System. Sonnenenergie wird aufgenommen, treibt und unterhält Lebensprozesse, wird schließlich wieder in Wärme umgewandelt und verläßt die Erde in Form von langwelliger Wärmestrahlung.

Ein weiteres für die Ökologie wesentliches Phänomen wird durch den zweiten Hauptsatz der Thermodynamik beschrieben: Keine Energieumwandlung findet mit hundertprozentiger Wirksamkeit statt, weil während des Umwandlungsprozesses immer ein Teil der Energie in Form von nicht weiter verwertbarer Wärme an die Umwelt verloren geht. Beim Autofahren können zum Beispiel nur 10 bis 15% der im Benzin gespeicherten Energie für die Fortbewegung des Fahrzeuges genutzt werden. Der Rest geht in Form von Wärme und unverbrannten Abgasen verloren. Ähnliche Verhältnisse zeigen die natürlichen Systeme.

So können vom Sonnenlicht, das die grünen Pflanzen mit Energie versorgt, im Maximum nur rund 10% in organisches Material umgewandelt und dort gespeichert werden. Der Wirkungsgrad ganzer natürlicher Systeme ist jedoch noch bedeutend kleiner, wie aus nachstehender Tabelle ersichtlich ist (18):

Tropischer Regenwald	Wirkungsgrad: 3,5%
Biologische Stufe einer Kläranlage	2,8%
Algenkulturen	3,0%
Tundra	0,08%
Zuckerrohrplantage	1,8%

Die Wirkungsgrade bei der Energieumwandlung sind von höchster Bedeutung für die Betrachtung der Nahrungsproduktion. Wenn beispielsweise eine Pflanze von 1,5 Millionen Kilokalorien eingestrahlter Sonnenenergie pro Tag 1%, also 15 000 Kilokalorien in Form von Zellulose, Stärke oder Zucker zu speichern vermag, so verbleiben für den Körper der Pflanzenfresser (Kühe, Nagetiere usw.), nur noch etwa ein Hundertstel dieser 15 000 Kilokalorien, also etwa 150 Kilokalorien. Die übrigen 14 850 Kilokalorien werden zum größten Teil von der Pflanze zur Produktion der eigenen Biomasse verwendet. Dieser abgestufte Wirkungsgrad setzt sich nun durch die ganze Nahrungskette fort. Für einen Fleischfresser erster Ordnung, zum Beispiel das Wiesel, das die Maus frißt, bleiben nur noch 15 Kilokalorien, und ein Raubtier wie der Luchs, der das Wiesel frißt, gewinnt aus den eingestrahlten 1,5 Millionen Kilokalorien nur noch 1,5 Kilokalorien für seine Lebensprozesse *(19)*. Entsprechend unwirtschaftlich vom Standpunkt der Energieausnutzung ist die Ernährung des Menschen, soweit sie auf fleischlicher Kost beruht*.

---

*Die Tatsache, daß der Mensch seine Nahrung aus jeder der sogenannten trophischen Stufen zu beziehen vermag, gibt ihm eine gewisse Sicherheit gegen Nahrungsmangel. Wenn es nicht mehr für fleischliche Kost reicht, kann er auf die rund zehnmal größere Quelle von pflanzlicher Nahrung ausweichen. Schlimmer steht es bei denjenigen Teilen der Erdbevölkerung, die schon auf ein Ernährungsniveau gedrückt sind, wo fast keine tierischen Nahrungsquellen mehr vorhanden sind. Aus dieser Perspektive läßt sich die Frage des «Tragvermögens» eines Raumes oder eines Landes bezüglich der Nahrungsversorgung nicht so einfach beantworten. Wie wertvoll sind die Reserven oder Ausweichmöglichkeiten einer gemischten pflanzlichen und tierischen Kost? Wie schwerwiegend ist es für eine Gesellschaft, wenn sie über keine Möglichkeiten mehr verfügt, um Mißernten zu überbrücken?

Bei einer gegebenen Menge an Sonnenenergie kann also unter natürlichen Verhältnissen nur eine bestimmte Menge organischer Substanz produziert und für die Zwecke der Ernährung genutzt werden. Die moderne Landwirtschaft versucht diese Grenzen zu durchbrechen und mit Hilfe künstlicher Mittel die Ausbeute zu erhöhen: sie führt zusätzliche Energie in Form von Kunstdünger, Pestiziden und maschineller Arbeit zu, wodurch der Ertrag gewaltig gesteigert werden kann. Der so erzielte Gewinn wird allerdings mit einer zunehmenden Anfälligkeit des forcierten Systems bezahlt. Bleibt eine bestimmte Komponente der künstlichen Energiezufuhr aus (z.B. eine wichtige Düngerkomponente oder ein Schädlingsbekämpfungsmittel), so fällt die Produktion fast vollständig zusammen. Das System ist dann, wie B. Commoner zu sagen pflegt, an eine Droge gebunden. Der Ausfall der «Droge» kann den Zusammenbruch des ganzen Systems bewirken, das nachher eventuell nur noch in beschränktem Maße über die Kräfte der natürlichen Regeneration verfügt oder einer sehr langen Zeit zu seiner Erneuerung bedarf.

Der Kreislauf der Materie

Im Unterschied zur Energie, welche durch die Biosphäre fließt, bleibt die Materie der Biosphäre erhalten. Teile davon zirkulieren in einem geschlossenen System. Das Prinzip der Materienkreisläufe kann am Beispiel der Assimilation und Atmung gezeigt werden: Der Kohlenstoff wird als Kohlendioxid (CO_2) von den Pflanzen aufgenommen und zusammen mit Wasser und Sonnenlicht zu Zucker (CH_2O)n aufgebaut, wobei Sauerstoff (O_2) freigesetzt wird. Beim umgekehrten Prozeß der Atmung (Respiration) wird der durch die Pflanzen produzierte Zucker durch die tierischen Organismen oxidiert, wobei Sauerstoff verbraucht wird, und Wasser, Kohlendioxid und Wärme entstehen. Die Materienkreisläufe sind voneinander abhängig. Wenn mehr organische Substanz aufgebaut wird, so muß auch entsprechend mehr veratmet werden, damit das Ökosystem im Gleichgewicht bleibt. Eine gewisse kurzfristige

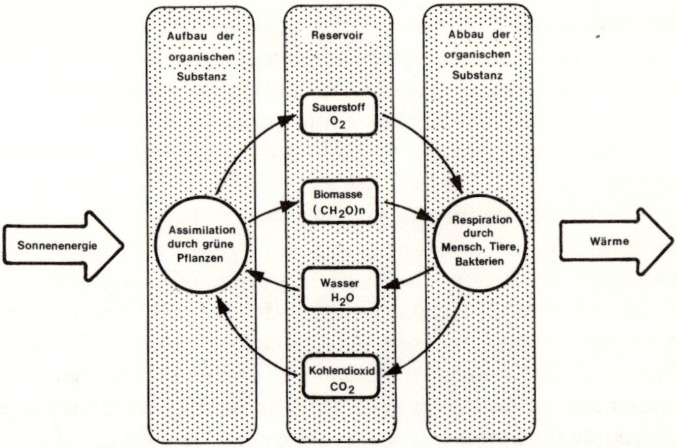

Figur11: Schema zum Kreislauf der Materie in der Natur: Unter Zufuhr von Sonnenenergie produzieren die grünen Pflanzen die organische Substanz, die von den atmenden Lebewesen unter Aufnahme von Sauerstoff und unter Abgabe von Wärme wieder in die ursprünglichen Bestandteile (Wasser und Kohlendioxyd) zerlegt werden. Im Gegensatz zur Materie wird die Energie nicht rezirkuliert, sondern muß zur Aufrechterhaltung der Lebensprozesse dauernd neu zugeführt werden. Die bei der Respiration in Wärme verwandelte Energie kann nicht mehr weiterverwendet werden.

Übernutzung ist wegen des großen Speichervermögens der Gewässer und der Atmosphäre zulässig. Auch allmähliche Gleichgewichtsverschiebungen können stattfinden, sie müssen aber so langsam vonstatten gehen, daß sich Tiere und Pflanzen den neuen Umweltbedingungen auf evolutionärem Weg anzupassen vermögen.

Seit Beginn des Kambriums vor 600 Millionen Jahren wird ein geringer Teil des produzierten organischen Materials nicht vollständig abgebaut, sondern kontinuierlich in der Erdkruste eingelagert. Diese geringe Störung des Gleichgewichts hatte zur Folge, daß der Kohlendioxidgehalt der Erdatmosphäre allmählich bis auf den heutigen Gehalt von 0,03 Prozent abgesunken ist. Dagegen stieg der Sauerstoffgehalt auf 21 Prozent, was erst die Entwicklung von höheren Lebewesen ermöglichte. Die Kohlen- und Erdölvorkommen, die heute durch den Menschen ausgebeutet werden, sind aus dem nicht abgebauten organischen Material gebildet worden, das vor etwa 300 Millionen Jahren in der Erdkruste eingelagert wurde. Die Nutzung dieser scheinbar unbegrenzten Rohmaterialien hat den gewaltigen technischen Fortschritt der vergangenen 100 Jahre ermöglicht.

Da bei der Verbrennung von fossilen Brennstoffen Kohlendioxid und Wasser entstehen und andererseits Sauerstoff verbraucht wird, stellt sich die Frage, welche Auswirkungen die bis heute verbrauchten fossilen Brennstoffe auf die Erdatmosphäre gehabt haben. Weiter müssen wir uns fragen, was für Sauerstoff- beziehungsweise Kohlendioxidgehalte zu erwarten sind, wenn sämtliche bekannten Vorräte an fossilen Brennstoffen verbraucht würden. Nach W. S. Brœcker *(20)* wurden bis 1970 120 Milliarden Tonnen Kohlenstoff in Form von fossilen Brennstoffen verbrannt. Die dazu benötigte Sauerstoffmenge von rund 640 Milliarden Tonnen entspricht etwa 0,7 Promillen des Sauerstoffvorrates der Erdatmosphäre. Wenn alle bekannten fossilen Brennstoffvorräte verbrannt würden, wären immer noch kaum 3% des atmosphärischen Sauerstoffes dadurch aufgebraucht. Von einer zukünftigen Verknappung des Sauerstoffes, selbst in dichtbevölkerten Gebieten wie der Schweiz, kann daher nicht die Rede sein.

Wesentlich stärker wird hingegen der Kohlendioxidgehalt der Atmosphäre beeinflußt. Die bis 1970 verbrannten Kohlenwasserstoffe verursachten einen Anstieg des Kohlendioxidgehaltes der Atmosphäre von etwa 13% *(21)*. Der Anstieg wäre noch größer, etwa 20%, wenn nicht ein wesentlicher Teil des überschüssigen Kohlendioxids von den Weltmeeren absorbiert worden wäre. Unter der Voraussetzung, daß die Meere etwa 50% des produzierten CO_2 absorbieren, läßt sich aus dem Zahlenmaterial von W. S. Brœcker berechnen, daß der Kohlendioxidgehalt der Atmosphäre nach der Verbrennung sämtlicher bekannter Brennstoffreserven etwa auf das Vierfache des heutigen Wertes (rund 0,12 % statt 0,03 %) ansteigen würde. Über die klimatischen Folgen einer solchen Kohlendioxidvermehrung sowie über die Rückwirkungen auf die Lebensprozesse ist man sich noch nicht im klaren. Sie könnten aber entscheidende Gefahren für künftige Lebensbedingungen in sich bergen.

Das Prinzip der Sukzession

Jedes natürliche System (Ökosystem) durchläuft eine gerichtete Entwicklung, wenn es vom Menschen nicht beeinflußt wird. Diese Abfolge von Zuständen wird als Sukzession bezeichnet, ihr stabiler Endzustand als Klimaxstadium. Als Beispiel für eine solche natürliche Sukzession diene eine nicht mehr bewirtschaftete Mähwiese im schweizerischen Voralpengebiet: Das erste Anzeichen der Brachlegung ist eine zunehmende Verkrautung. Nach einigen Jahren wächst auf dieser Wiese eine Buschvegetation von Erlen, Aspen und anderen schnellwachsenden, lichtbedürftigen Baumarten. Nach weiteren zwanzig Jahren ist von dieser Buschvegetation nicht mehr viel zu erkennen. Wir finden hauptsächlich Buchen und Fichten, vielleicht auch wenige Weißtannen. Die ursprünglichen Lichtholzarten sind in hartem Konkurrenzkampf den Buchen und Fichten unterlegen. Der Wald kommt nun in seine produktivste Phase, und der jährliche Holzzuwachs erreicht ein Maximum. Nach etwa 200 Jahren erreicht dieser Fichten- und Buchenwald die Altersphase. Ganze Teile brechen unter der Einwirkung von Wind, Insekten und Pilzbefall zusammen. Im Schatten der alten Bäume sind jedoch bereits Weißtannen nachgewachsen, die nun die Funktion der Fichten und Buchen übernehmen können. Der Wald hat damit sein Klimax- oder Endstadium erreicht. Die Anpassungsfähigkeit der Natur zeigt sich daran, daß sich bei gegebenen klimatischen und geologischen Bedingungen unweigerlich jenes Ökosystem ausbildet, das den bestehenden Verhältnissen am besten angepaßt ist.

Als allgemeine Regel wäre also festzuhalten, daß die Biomasse (d.h. die Gesamtheit der lebenden Pflanzen- und Tierwelt)

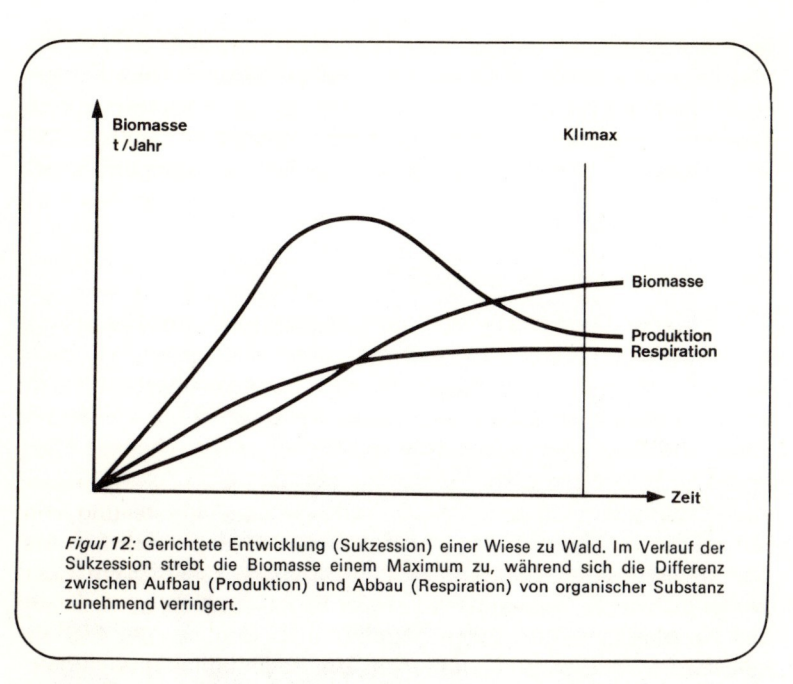

Figur 12: Gerichtete Entwicklung (Sukzession) einer Wiese zu Wald. Im Verlauf der Sukzession strebt die Biomasse einem Maximum zu, während sich die Differenz zwischen Aufbau (Produktion) und Abbau (Respiration) von organischer Substanz zunehmend verringert.

und die in ihr gespeicherte Energie einem Maximum zustrebt. Im Stadium der Klimax sind die Produktion und die Veratmung (einschließlich Zersetzungsprozesse durch Fäulnis) gleich groß, und das Ökosystem als Ganzes wächst dann nicht mehr weiter an. Es befindet sich in einem Gleichgewichtszustand, und die Stoffe befinden sich in dauernder Zirkulation. Die gesamte durch das Ökosystem fließende Energie wird dann zur Aufrechterhaltung und zur Stabilisierung der bestehenden Ordnung verwendet.

Die feststehenden Lebensbedingungen, insbesondere die beschränkt vorhandenen Nährstoffe und Energie zwingen das Ökosystem zur bestmöglichen (optimalen) Ausnützung seiner Ressourcen. Deshalb trachtet das natürliche System danach, seine Energien solange wie möglich innerhalb seiner Kreisläufe zu behalten und Schwankungen zwischen Produktion und Respiration möglichst zu verringern. Artenvielfalt und Arbeitsteilung, wie sie sich im Zuge der Sukzession ergeben haben, führen zu ausgeglichenen Lebensbedingungen für die Einzelindividuen. Das Ökosystem wird dadurch unabhängiger gegenüber Schwankungen der äußeren Lebensbedingungen, es vermag Störungen standzuhalten und unerwartete Erschütterungen aufzufangen, ohne als Ganzes daran zu zerbrechen.

2. Ein Modell zur nachhaltigen Bewirtschaftung des Lebensraums

Vielleicht hat es der Raumschiffahrt bedurft, um dem Menschen deutlich zu machen, wie sehr er auf die naturgegebenen Lebensbedingungen seiner Biosphäre angewiesen ist. Anhand der Bilder aus dem Weltraum gewann er eine neue Vorstellung von seinem Lebensraum: Er sah einerseits, wie öde und unwirtlich das Weltall ist, und andererseits, wie schmal sich die Schicht ausnimmt, in der menschliches Leben überhaupt möglich ist. Aus diesem Abstand gesehen erscheint die Erde als *Raumschiff*, und die Erdbewohner gleichen Reisegefährten, die auf Wohl und Wehe miteinander verbunden sind. Sie tragen gemeinsame Verantwortung für Wohlfahrt und Sicherheit ihres Gefährtes und sehen sich dazu verpflichtet, ihre Tätigkeiten auf die Möglichkeiten des irdischen Raumschiffs abzustimmen. Die Verträglichkeitsbedingungen, die erfüllt werden müssen, wenn ein dauerndes und ungestörtes menschliches Leben auf dem Raumschiff Erde gewährleistet sein soll, werden im nächsten Kapitel als die fünf Merkmale einer Raumschiffökonomie näher besprochen. Sie lassen sich alle auf die fundamentale Annahme zurückführen, daß wir die Biosphäre mit ihren begrenzten Ressourcen nicht beliebig verändern können. Denn die herrschenden biologischen Gleichgewichte, die zugehörigen Materialkreisläufe und der Energiefluß können nicht wesentlich verschoben werden, ohne daß sich dadurch lebensfeindliche Verhältnisse einstellen.

Angesichts der Zustände, die in den ersten beiden Teilen des Buches geschildert worden sind, haben solche Randbedingungen eine Hemmung, wenn nicht gar Beschneidung des zukünftigen Wirtschaftswachstums zum Inhalt. So fremd und zunächst unvorstellbar dem industrialisierten Menschen ein Zustand ohne quantitatives Wachstum vorkommen mag, so sind doch einige Analogien zu bekannten Zuständen möglich. Die Waldwirtschaft in der Schweiz stellt eine solche Insel im Strom des Fortschrittes dar, die alle Merkmale einer Raumschiffökonomie weitgehend erfüllt; ebenso die Alpwirtschaften unserer Bergbauern bis weit in die Neuzeit hinein. Die stabilen Kulturen der alten Mesopotamier oder Ägypter basieren auf Zivilisationen, wo Menschen auf beschränktem Lebensraum während 70 bis 100 Generationen ohne Umweltzerstörungen gelebt haben. Von anderen, nomadisierenden Völkern wissen wir, daß sie von Land zu Land zogen, sobald sie die Erde nicht mehr genährt hat. Während es aber früher immer noch viele Möglichkeiten gab, in ein «gelobtes Land» auszuwandern, werden diese unerschlossenen Gebiete heute immer spärlicher und sind als notwendige Pufferzonen immer unantastbarer.

Auch die Kriegswirtschaften zeigten in vielen Ländern Merkmale einer Raumschiffökonomie. Diese Gedankenverbindung ist zwar nicht besonders angenehm, doch sind daraus nützliche Lehren zu ziehen, denn gesperrte Grenzen bieten eine gewisse Analogie zur Begrenzung der Biosphäre. Hätte man einer belagerten Stadt des Mittelalters eine Landfläche, die sich in einem Tagesmarsch durchschreiten ließ, zur Verfügung gestellt, so wäre innerhalb dieses Raumes ein unbeschränktes Leben ohne allzu große Umstellung möglich gewesen. Heute ist es bereits fraglich, ob ein westeuropäisches Land oder Japan eine langjährige Blockade ohne drastische Umstellungen überdauern könnte. Wie schon aus dem früheren Vergleich der zivilisatorischen Tätigkeit mit dem Kriegswesen hervorging, sind es auch hier nicht die feindlichen Absichten des Menschen gegen den Menschen, welche die Grenzen auferlegen. Es handelt sich um das Aufprallen der expansiven menschlichen Tätigkeit an naturgegebenen Grenzen.

Wenn wir nach der Geisteshaltung suchen, die mit den eingangs erörterten Zielen einer Raumschiffökonomie verträglich wäre, stoßen wir auf zwei Grundsätze: auf ein ethisches Postulat und einen mehr naturwissenschaftlich orientierten Auftrag. Der ethische Grundsatz, der als ein Grundzug menschlichen Wesens und als Unterscheidungsmerkmal zum tierischen Verhalten gelten darf, äußert sich darin, daß wir uns unseren Nachfolgern gegenüber verantwortlich fühlen. Auf das Haushalten in beschränktem Raum bezogen, bedeutet das, daß wir keinen Raubbau betreiben dürfen, also keine Wirtschaftsführung tolerieren sollten, welche einen hohen Ertrag anstrebt ohne Rücksicht auf die Erzeugungsgrundlagen von morgen zu nehmen. Die bisherigen Ausführungen bringen uns zum Bewußtsein, daß viele der bisherigen Fortschrittsziele – zum Beispiel das Primat des quantitativen Wachstums – gegen dieses Gebot verstoßen.

Der naturwissenschaftliche Auftrag besteht in der Rückbesinnung auf die Kräfte und Möglichkeiten der Natur. Man könnte ihn damit umschreiben, daß der Mensch wieder lernen muß, seine zivilisatorischen Ziele in Anlehnung an die Natur zu verfolgen, indem er ihre Gesetzmäßigkeiten kennenlernt und darauf Rücksicht nimmt. Daß diese Zielvorstellungen sich in der wirtschaftlichen und sozialen Umwelt auf demokratischem Weg durchzusetzen vermögen, zeigt das Beispiel der Forstwirtschaft in der Schweiz. Es ist dies so lehrreich und so hoffnungsvoll, daß dem in der Sprache des Försters so zentralen Begriff der Nachhaltigkeit eine spezielle Betrachtung gewidmet sein soll.

Die Forstwirtschaft hat in manchen Ländern Europas im Laufe der letzten hundert Jahre das sogenannte Prinzip der Nachhaltigkeit zum obersten Grundsatz forstwirtschaftlichen Denkens und Handelns gemacht und damit wohl als erste den heute geforderten Gesinnungswandel vollzogen. *Nachhaltigkeit* meint vorerst das Streben nach einem dauernden, gleichmäßigen und möglichst vielfältigen Holzertrag. Diese selbstverständlich erscheinende Forderung mußte aber mühsam errungen werden, denn auch in der Forstwirtschaft stehen die kurzfristigen Wirtschaftsinteressen der Eigentümer oder Nutzungsberechtigten im Gegensatz zu den langfristigen Zielen einer größeren Gemeinschaft. Auch hier mußte der Lernprozeß vollzogen werden, welcher aus einer im Überfluß vorhandenen Ressource eine sorgfältig zu pflegende und maßvoll zu nutzende Naturausstattung werden ließ*.

So wurde die Waldrodung, also der unwiederbringliche Abbau von Holz, in der Schweiz bis ins späte Mittelalter als kulturelle Tat gewertet. Daneben diente der Wald als unversiegbare Rohstoffquelle für Werkzeuge, Bauten und Brennstoff, aber auch als Weide für Rinder, Ziegen und Schafe. Erst als sich unerwünschte Nebenerscheinungen und ihr ursächlicher Zusammenhang mit der Rodung immer deutlicher zeigten, hat der Umdenkungsprozeß eingesetzt, der schließlich nicht ohne Kampf zu den Forstpolizeigesetzen von 1876 und 1902 führte, welche den weiteren Raubbau verhindern. Seither ist nicht nur der binnenländische Holzertrag, also die jährliche Verfügbarkeit dieser einen Ressource, sondern auch der Waldbestand an sich zu einer «Randbedingung» geworden, der sich die übrigen Tätigkeiten bis zur Landesplanung weitgehend fügen müssen und fügen werden.

Gegen welche Vorurteile und Kurzsichtigkeiten mußte im Vorfeld dieser schützenden Gesetze angekämpft werden? Sie treten im folgenden Ausschnitt aus dem «Bericht an den Bundesrath über das Forstwesen in der Schweiz» von Elias Landolt deutlich hervor. Dieser Bericht wurde 1856 im Auftrag des schweizerischen Forstvereins verfaßt. Es ist beeindruckend, wie sich jene Situation in der Waldnutzung auf viele Bereiche der heutigen Umweltübernutzung wörtlich und inhaltlich übertragen läßt:

---

*Auf die hier wiedergegebenen Zusammenhänge sind wir durch die Schrift von Dr. R. Zürcher *(22)*, die Aufsätze von Prof. H. Leibundgut *(23)* sowie durch Gespräche mit Dr. Ch. Schuster aufmerksam gemacht worden. Sehr informativ zur Entwicklungsgeschichte der Bemühungen um den Wald ist das Werk von A. Barthelmeß *(24)*.

«Überall tritt das Streben, aus den Waldungen möglichst hohe Erträge zu ziehen, deutlich hervor. Sie sollen nicht nur den Bedarf der Einwohner decken, sondern auch Material zur Ausfuhr liefern und − wo immer möglich − die reichlichste Einnahmequelle von Gemeinden und Privaten bilden...

Ohne eine Berechnung über das Ertragsvermögen der Waldungen und ohne einen bestimmten Plan für die Reihenfolge der Abholzung wird alljährlich so viel geschlagen, als man eben braucht und vortheilhaft verkaufen kann, und dieses Quantum, sei es durch Anlegung von Kahlschlägen oder unregelmäßige Auspländerungen, da genommen, wo das Holz eben die geeignete Stärke besitzt und leicht weggeschafft werden kann. Ob dadurch der einfache, doppelte oder dreifache Betrag des jährlichen Zuwachses genutzt werde, ob nebenliegende Bestände gefährdet und beschädigt, ob die Wiederbewaldung begünstigt oder erschwert werde, darum kümmert sich in der Regel Niemand ernstlich. So lange Holz vorhanden ist, denkt niemand daran, daß es ausgehen könnte; nur Einzelne haben einen klaren Begriff davon, daß man die Waldungen Jahre lang übernutzen könne, ohne es zu bemerken und nur wenige wollen begreifen, daß die von den Vätern ererbten Holzvorräthe ein Kapital bilden, ohne das die Forstwirtschaft nicht bestehen könne; ein Kapital, auf dessen Erhaltung die Nachkommen ein bestimmtes Recht haben; ein Kapital also, von dem die jetzige Generation nur die Zinsen zu benutzen berechtigt ist.

Daß dieses Kapital in den meisten stark bevölkerten Gebirgsgegenden angegriffen werde, daß also die Gegenwart auf Kosten der Zukunft lebe, könnte man mit Zahlen nachweisen ... und dennoch ist dieses nicht das größte Übel, an dem unsere Waldungen leiden. Viel verderblicher und mit weit nachtheiligeren Folgen begleitet ist der Übelstand, daß für die Wiederaufforstung der entholzten oder durchplänterten Flächen in der Regel Nichts geschieht, daß sogar die Natur in ihrem vorsorglichen Walten gestört und gehemmt wird. Die abgetriebenen Schläge, wie die durchplänterten Bestände werden sofort dem Weidevieh überlassen, das die von der Natur gesäeten Pflanzen durch Tritt und Biß beschädigt und so die Wiederbewaldung bald gänzlich hemmt, bald um Jahrzehnte verzögert. Dadurch wird das Waldareal vermindert, das Ertragsvermögen des Restes geschwächt, und das durch die Holzvorräthe gebildete Betriebskapital nicht nur konsumirt, sondern sogar dessen Reproduktion unmöglich gemacht ...

Man kann und wird uns einwenden, daß das Gesagte noch keinen Eingriff in das Eigenthumsrecht der Waldeigenthümer rechtfertigt und keine Veranlassung dazu gebe, dieselben im freien Genuß ihrer Güter zu beeinträchtigen, weil die Mehrheit des Volkes nicht das Recht habe, von der Minderheit zu verlangen, daß sie Holz produzire und zu wohlfeilen Preisen verkaufe. Wir könnten uns, − obgleich sich schon von diesem Standpunkte aus vieles für eine vorsorgliche Beaufsichtigung der Forstwirthschaft durch die Regierungen sagen ließe − auch mit dieser Ansicht einverstanden erklären, wenn die Waldungen nur der Holzproduktion wegen da wären. Da sie aber, wie wir bereits gesagt haben, im Haushalt der Natur auch noch andere sehr wichtige Zwecke zu erfüllen haben und davon, daß dieselben wirklich erfüllt werden, das Wohl des Volkes in hohem Maße abhängig ist, so müssen wir auf unserer Ansicht: es habe der Staat nicht nur das Recht, sondern die Pflicht, dem Mißbrauch des Eigenthums zu steuern, sobald die allgemeinen Interessen durch denselben gefährdet werden, beharren.»

Das Studium der allmählichen Verwirklichung des Nachhaltigkeitsprinzips im schweizerischen Forstwesen zeigt allerdings auch, daß diese schützenden Forstgesetze und der damit verbundene große Eingriff in althergebrachte Eigentumsrechte und Nutzungsgewohnheiten ohne Furcht vor Zerstörung des Bodens und Veränderungen des Lokalklimas nicht zustande gekommen wären. Es bedurfte der Schrecken von Hochwasserkatastrophen und der dadurch verursachten Verwüstungen, um die Bereitschaft zur «Wendung der Not» zu wecken. Angst war wohl eine ebenso große Triebkraft wie weise Vorausschau und Fürsorge. Der stabile, gesunde Wald wurde als Anker gegen die unheilvollen Veränderungen im Wasserkreislauf erkannt, ganz ähnlich wie das heute auch der Fall ist, wenn im Interesse eines intakten Naturhaushaltes Landschaftspflege und Umweltschutz gefordert werden. Bei den eingeleiteten ersten Maßnahmen hat man – wie im heutigen Umweltschutz – vorerst nur Symptombekämpfung betrieben. Nur der oberflächliche und für jedermann sichtbare Zusammenhang wurde korrigiert, indem man überall die Flüsse einzudämmen und die Bachbette zu verbauen begann. Wie mit dem heutigen Umweltschutzgesetz läßt sich damit etwas Zeit gewinnen, die Ursachen sind damit noch nicht wirkungsvoll bekämpft. Hören wir zu diesen offenbar typischen Begleiterscheinungen jedes notwendigen Wandels noch einmal E. Landolt in seinem oben erwähnten Bericht *(24)*:

«Die immer häufiger werdenden Bergstürze und Erdabrutschungen, das Abnehmen oder gänzliche Versiegen der Quellen, das schnelle Anschwellen und Abnehmen der Flüsse, die Ausfüllung ihrer Betten mit Geschiebe und die so oft wiederkehrenden Verheerungen durch die austretenden Gewässer sind Erscheinungen, welche nicht nur den Gebirgsbewohnern, sondern auch denjenigen der fruchtbarsten Täler Verderben bereiten und laut um Abhilfe rufen. Dieser Ruf, Herr Präsident, hochgeachtete Herren! ist auch zu Ihnen gedrungen. Sie haben ihn gehört und Bereitwilligkeit gezeigt, die Gemeinden und Kantone, deren Kräfte zur Unschädlichermachung der nicht wegzudisputirenden Übelstände nicht hinreichen, zu unterstützen. Tausende sind zur Eindämmung der Flüsse und zur Reinigung ihrer Rinnsale bereits ausgegeben und Millionen ist man in Begriff dafür zu verwenden; aber mit allen diesen Summen wird das Übel nicht beseitigt, sondern nur für einige Zeit – vielleicht nicht einmal für ein Menschenalter – aufgehalten. Die Ursache liegt nicht in den Flüssen selbst, sie ist da zu suchen, wo das die Flüsse speisende Wasser aus 1000 Rinnsalen zusammenfließt; und dort findet man sie in der unvorsichtigen Entwaldung der Berge.»

Rückblickend stellen wir fest, daß es in der Schweiz ohne Revolution und auf dem demokratischen Wege gelungen ist, dieser indirekten und allem engen marktwirtschaftlichen Denken abholden langfristigen Wohlfahrtswirkung des Waldes zum Durchbruch zu verhelfen. Dies war nur dank der intensiven natur- und heimatkundlichen Ausbildung möglich, die in den Volks- und Mittelschulen eingesetzt hat. Das Verständnis für die Zusammenhänge konnte einer genügenden Zahl von Bürgern bewußt gemacht werden, so daß eine freie Gesellschaft bereits 1874 sich selbst Beschränkungen zum Wohl der Nachwelt auferlegt hat[*].

Weltweit gesehen wird eine nachhaltige Holznutzung leider erst auf etwa einem Sechstel des gesamten Waldareals praktiziert

---

[*] Im Zusammenhang mit der Totalrevision der Bundesverfassung wurde am 19. April 1874 auch Artikel 24 der BV angenommen mit folgendem Wortlaut:

«Der Bund hat das Recht der Oberaufsicht über die Wasserbau- und Forstpolizei im Hochgebirge. Er wird die Korrektion und Verbauung der Wildwasser sowie die Aufforstung ihrer Quellgebiete unterstützen und die nötigen schützenden Bestimmungen zur Erhaltung dieser Werke und der schon vorhandenen Waldungen aufstellen.»

Aufgrund dieser Verfassungskompetenz wurde bereits 1876 ein erstes Forstpolizeigesetz erlassen, welches sich vorerst nur auf den Schutz der Gebirgswaldungen bezog. Noch schien ein staatlicher Eingriff wie beispielsweise das Rodungsverbot zu groß, und man einigte sich auf ein bald erreichbares Teilziel. Dieses Gesetz glich eher einem Notstandsgesetz und mußte sich, der da-

(25). Der größte Teil des jährlich immer noch anwachsenden Holzbedarfs wird auf dem Wege roher Waldausbeutung bezogen. Gleichzeitig zehren Rodung, Waldweide, Wanderfeldbau und Feuer am Waldareal. Dem schonungslosen Waldabbau folgen Wind- und Wassererosion und damit auch ein rascher Schwund des landwirtschaftlich nutzbaren Bodens. Besonders beängstigend ist diese Entwicklung in den Hungergebieten der Erde. Der Einführung einer geordneten und pflegenden Waldwirtschaft und der Schutz des Bodens vor Übernutzung und Erosion muß deshalb in einer langfristig wirksamen Entwicklungshilfe größte Aufmerksamkeit geschenkt werden.

Zum Abschluß der grundsätzlichen Gedanken über die nachhaltige Bewirtschaftung des Lebensraumes möge ein Versuch erlaubt sein, das Nachhaltigkeitsprinzip, wie es in der Forstwirtschaft als oberstes Ziel aller Bemühungen erarbeitet worden ist, auf die gesamte zivilisatorische Tätigkeit des Menschen auszuweiten. Als mögliche Formulierung könnte die folgende Umschreibung dienen, die der «Strategie des Fortschritts» entnommen ist *(26)*:

«Wir möchten dauerndes menschliches Leben auf dem ‹Raumschiff Erde› ermöglichen. Deshalb wollen wir die irdischen Hilfsquellen schonen und den irreversiblen Veränderungen im Haushalt der Natur durch unüberlegte und wahllose Nutzung entgegentreten. Wir anerkennen, daß auch unsere Nachfolger das Recht auf eine natürliche Existenzgrundlage haben, möchten eine ebenso

---

maligen Rechtsauffassung entsprechend, mit der öffentlichen Sicherheit legitimieren.

Bereits eine Generation später, im Jahre 1897, wurde Artikel 24 der Bundesverfassung in dem Sinne revidiert, daß der Zusatz «Im Hochgebirge» gestrichen wurde. Bei der nachfolgenden Gesetzesrevision, welche 1902 in Kraft trat, hat man sich aber nicht damit begnügt, das alte Gesetz einfach auf das ganze Waldareal der Schweiz auszudehnen. Während das Gesetz von 1876 den Namen Polizeigesetz noch rechtfertigte, war das modernere bereits vom Pflegegedanken durchdrungen. Der aktiven Förderung des Waldbaues und der Ausbildung von Forstpersonal wurde vermehrtes Gewicht gegeben. Rückblickend betrachtet müßte das Forstpolizeigesetz von 1902 der vielfältigen wohlfahrtsfördernden Wirkung wegen eher als Sozialgesetz bezeichnet werden!

stabile Umwelt, eine ebenso große Vielfalt von Gütern, einen ebenso großen Reichtum an Pflanzen und Tierarten, eine nicht weniger lebensfreundliche Umwelt hinterlassen, wie wir selbst sie vorgefunden haben.»

3. Fünf Merkmale einer umweltgerechten Zivilisation

Mit dem Prinzip der nachhaltigen Bewirtschaftung des irdischen Raumschiffs ist der übergeordnete Rahmen gegeben worden, innerhalb dessen sich eine umweltschonende Wirtschaftstätigkeit zu bewegen hat. Die nachfolgenden fünf Merkmale oder Randbedingungen einer Raumschiffökonomie* mögen als nähere Ausgestaltung dieses zivilisatorischen Leitbildes dienen. Die fünf Postulate sind nicht unabhängig voneinander zu betrachten, doch leistet bereits jedes einzelne für sich einen wesentlichen Beitrag zur zukunftsgerechten Nutzung des Raumes. In ihrer Gesamtheit berücksichtigt, sollten sie dauerndes menschliches Leben in hoher Qualität gewährleisten können.

Erhaltung geschlossener Kreisläufe (1. Merkmal)

An erster und zentraler Stelle steht ohne Zweifel das Postulat nach geschlossenen Stoffkreisläufen. Hier zeigt sich das Auseinanderklaffen von biologischen und technologischen Prinzipien am augenfälligsten. In der Zirkulation von Stoffen in geschlossenen Kreisläufen liegt das Geheimnis der Natur, um an Stelle von einmaligem Verbrauch Wiederholung und Dauer treten zu lassen. So ist es nicht verwunderlich, daß es in der Natur – im Gegensatz

---

*Der Begriff der Raumschiffökonomie ist nicht selbsterklärend. Neben dem wesentlichen Merkmal der Begrenztheit müßte vor allem auch dasjenige der Dauerhaftigkeit oder der Nachhaltigkeit enthalten sein. Als Alternative hat der Verfasser der «Strategie des Fortschritts» den erweiterten Begriff «stationäre Raumschiffökonomie» verwendet, dabei aber die Beobachtung gemacht, daß die negativen Vorurteile und Mißverständnisse noch größer werden, weil stationär wohl noch zu oft mit starr und «undynamisch» gleichgesetzt wird.

zur Zivilisationsmaschine – keine Abfälle, nichts Unverwertbares gibt. Alles Lebendige wird geboren, wächst, vermehrt sich, stirbt und zerfällt wieder in mineralische Basisprodukte*, ja, der Mensch selbst, «die Krone der Schöpfung», unterliegt dieser Ordnung.

Im Gegensatz dazu beruht ein Großteil der modernen Zivilisation auf der Brechung natürlicher Zyklen. Immer mehr leben wir im Zeitalter einer «Ökonomie der Halbkreise». Der industrialisierte Mensch stellt Dinge her, verbraucht sie und läßt sie liegen oder übergibt sie der Natur ohne Gedanken an Wiederverwendung. Das ist auch nicht verwunderlich, denn solange ihn das Problem der Nachhaltigkeit nicht beschäftigt, sieht er die Rohstoffe als unerschöpflich an, und er fragt sich höchstens, ob es billiger kommt, Neues herzustellen als Altes zu reparieren oder wieder zu verwenden. Mit jedem Fortschritt der Produktivität wird die Antwort aber immer mehr zuungunsten der Wiederverwendung ausfallen, und es sind dann höchstens Kriegsereignisse, welche die Länder von gewissen Rohstoffquellen abschneiden, oder erste Knappheitserscheinungen, welche zu solchen Maßnahmen zwingen.

Aus dem Modellbild der Zivilisationsmaschine erkennen wir nebst der Verknappung der Ressourcen noch einen zweiten Grund zur baldigen Umstellung auf Rezirkulation: Die Abfälle lagern sich oftmals so konzentriert oder in so unverwertbarem Zustand an, daß sie sich zu ortsfremden, für die Natur unverträglichen Mengen anhäufen. Der Entzug von Rohstoffen auf der einen Seite und die Anhäufung von Abfall auf der andern Seite sind teilweise kumulativ. Beide Prozesse summieren sich, so daß für viele Probleme der

---

*Als Widerspruch in dieser Behauptung könnten die fossilen Brennstoffe, also Erdöl, Naturgas und Kohle, angesehen werden. Hier handelt es sich um organische «Abfallprodukte», die aus der Biosphäre ausgeschieden und damit dem Kreislauf entzogen sind. Man beachte aber, mit welch geduldiger, abgestimmter und schonungsvoller Art sie beseitigt wurden, so daß dadurch keine Gefahr für das Leben entstand. Außerdem können sie bei langsamem Wiedereindringen in die belebten Teile der Biosphäre, das heißt bei Zutritt von Sauerstoff, weiter abgebaut werden, sei es durch bakterielle Tätigkeit oder Verbrennung.

Umweltbelastung nicht nur der Zufluß entscheidet, sondern die Gesamtmenge des Vorhandenen.

Wenn wir uns von der Natur inspirieren lassen wollen, wie sie ihre Kreisläufe formt und antreibt, so müssen wir uns auf die Modellvorstellungen der Natur- und Heimatkunde besinnen. Als Beispiel eines geophysikalischen Kreislaufs möge der Weg des Wassers dienen: Durch Sonnenenergie wird Meerwasser verdampft, die feuchte Luft verschiebt sich über das Festland und läßt einen Teil des Wassers als Regen, Schnee oder Hagel darauf niedergehen; durch die Schwerkraft fließt es dann über Bäche, Flüsse, Seen und als Grundwasser wieder dem Meere zu. Dieser Wasserkreislauf bewegt auch mineralische Teile der Erdoberfläche: Durch Verwitterung gelangen viele Mineralien über die Flüsse in die Täler, die Seen und ins Meer. Aus den Ablagerungen entstehen in geologischen Zeiträumen wieder neue Gesteine, die einer Umwandlung oder erneuter Erosion unterliegen können. Beispiele für den Stoffwechsel der Pflanzen, insbesondere den Kohlenstoff- und Sauerstoffkreislauf, sind bei den Grundbegriffen der Ökologie aufgeführt.

Für die Zivilisationsmaschine sehen wir nur zwei grundsätzliche Möglichkeiten, das Kreislaufproblem zu lösen. Eine erste Alternative besteht darin, daß die in das menschengemachte technische System aufgenommenen Stoffe dort dauernd zirkulieren und gar nicht mehr ausgeschieden werden. In diesem Falle müßten die Kamine, die Kanalisationssysteme und das Abfuhrwesen zu Sammel- und Ausgangspunkten von Rohstoffen für neue Produkte werden. Freilich erforderte dieses Filtrieren, Trennen, Sortieren, Einschmelzen und Aufbereiten auch vermehrte Energie und zusätzliche Transporte, und es sind den Gütermengen für die Rezirkulation und ihrer Durchflußgeschwindigkeit dadurch neue Grenzen gesetzt.*

---

* Die zusätzlich notwendige Energie für die Rezirkulation von Stoffen wird oft überschätzt. Da weniger als 25 % des gesamten Energieverbrauchs auf die Prozeß-Energie und das Transportsystem entfallen, ist leicht ersichtlich, daß die «Rückbewegung» keinesfalls mehr als 50 % des gegenwärtigen Energiebedarfs ausmachen kann. In Wirklichkeit dürfte der prozentuale Zuschlag noch viel kleiner sein, da bei der Rückgewinnung oftmals ein Teil der beim Her-

Die zweite Alternative besteht darin, daß die Produkte noch innerhalb der Zivilisationsmaschine so weit abgebaut und verteilt werden, daß sie sich später automatisch wieder in den natürlichen Kreislauf eingliedern. Als Illustrationsbeispiel mögen die Autoabgase dienen. Wenn aus dem Auspuffrohr nur Wasserdampf und Kohlendioxid oder reiner Stickstoff entweichen würden, so wäre dieses Postulat weitgehend erfüllt, handelt es sich doch um Gase, die alle auch in der natürlichen Luft vorkommen und relativ leicht wieder in die Zirkulationssysteme der Atmosphäre und Hydrosphäre eingegliedert werden können. Nun sind aber diesen unschädlichen Bestandteilen der Abgase auch luftfremde Stoffe beigemengt, zum Beispiel Kohlenmonoxid (unvollständig verbrannter Kohlenstoff) oder Stickoxide, eine «unnatürliche» Verbindung zwischen den beiden Hauptelementen der Luft, nämlich Stickstoff und Sauerstoff. Diese sind wie Staub und Ruß als luftverschmutzend zu beurteilen.

Entgiftung zivilisatorischer Prozesse (2. Merkmal)

Die Giftigkeit von Stoffen haben wir Menschen ebenso egozentrisch definiert wie die Güterherstellung als Ganzes. Was dem Menschen unmittelbar nützlich oder schädlich erscheint, lenkt all sein Handeln. Aus ökonomischer Sicht wird die ganze Güterproduktion zu einem Prozeß, wo Stoffe in eine nach menschlichen Wertmaßstäben nützlich erscheinende Form umgewandelt werden. Das, was wir als Verbrauch von Gütern bezeichnen, bedeutet aus dieser Sicht aber lediglich, daß die Gegenstände an menschlichem Interesse verloren haben, daß sie dem Konsumenten gleichgültig, nutzlos oder gar zum Ballast geworden sind. Für andere Teile der belebten Natur sind die Produkte, die aus der Zivilisationsmaschine

---

stellungsprozeß zugeführten Energie freigesetzt wird, und weil beim Transportaufwand der größte Teil auf Personentransporte entfällt, die hievon nur wenig berührt werden. Wir schätzen, daß ein Energiemehrbedarf von etwa 10 % für eine vollständige Rezirkulation der Güter innerhalb der Zivilisationsmaschine eher der Wirklichkeit entsprechen würde.

herausfallen, aber immer noch da und möglicherweise noch nicht in harmlose Basisprodukte zerlegt und in die natürlichen Kreisläufe integriert. Umgekehrt definieren wir als Gift all das, was schon in verhältnismäßig geringen Mengen der menschlichen Gesundheit abträglich ist und deshalb besonderer Vorsicht in der Handhabung bedarf.

Das Postulat, vermehrt im Einklang mit der Natur zu handeln, bedingt, daß wir uns bemühen, den Standpunkt der Natur einzunehmen. Allzu oft zeigt es sich nämlich, daß das, was der Mensch aus seiner Sicht als harmlosen Abfall in verhältnismäßig geringen Mengen betrachtet, für gewisse Teile der belebten Umwelt giftig ist. Gemäß unserer Definition im 3. Kapitel des I. Teiles verstehen wir unter Umweltverschmutzung alles, was aus der Zivilisationsmaschine ausgeschieden wird und von der natürlichen Umwelt nicht sofort abgebaut und wieder in natürliche Kreisläufe integriert werden kann. Die nicht abbaubaren Stoffe können sich nun dauernd anreichern, wobei manche von ihnen bereits in kleinen Mengen große biologische Veränderungen hervorrufen.

Etwas simplifizierend aber recht schlagkräftig könnte man sagen, daß alle organischen (oder «natürlichen») Stoffe, also solche, die durch Lebensprozesse entstanden sind, wie zum Beispiel Fleisch, Knochen, Holz, Leder, Wolle, Wachs usw., sich auch wieder natürlich abbauen lassen. Es gibt für alles Organische in der Natur auch die entsprechenden Enzyme und Fermente, also die chemischen Werkzeuge, welche die Verfallsreaktionen beschleunigen und den Abbau einleiten. Umgekehrt läßt sich nicht von vorneherein behaupten, daß alle synthetisch hergestellten Verbindungen unabbaubar und somit umweltbelastend sind. Drei Faktoren tragen aber dennoch dazu bei, daß die modernen künstlichen Stoffe immer giftiger für die Umwelt werden.

Erstens: Der Mensch erschließt für seine Zivilisationsmaschine chemische Stoffe, die gar nie in großen Mengen in der Biosphäre zirkuliert haben. Im Verlauf der evolutionären Entwicklung hat deshalb keine Anpassung an diese «versteckten» Substanzen stattfinden können. Viele Erzlager, aber auch Schwefel,

Phosphor, Fluor, Bor und andere Elemente haben sich bereits beim Abkühlvorgang der Erdkruste durch stufenweise Auskristallisation gebildet (zum Beispiel sogenannte Ganggesteine). Aber auch diejenigen Ablagerungen, die sich später durch Anreicherung gebildet haben, etwa durch Ausscheidungen aus den Gewässern, haben sich über Zeiträume erstreckt, die rund eine Million mal länger dauerten als der heutige Rückgewinnungsprozeß. W. Stumm hat die Geschwindigkeit, mit der die Zivilisationsmaschine einzelne Elemente aus den natürlichen Lagerstätten herausholt, mit der sogenannten Sedimentationsgeschwindigkeit der Meere verglichen *(27)*. Das Verhältnis von Förderungs- zu Ablagerungsgeschwindigkeit beträgt zum Beispiel bei Chlor 0.5, bei Phosphor 6, bei Quecksilber 10, bei Kupfer 63, bei Blei 100. Daraus läßt sich schließen, daß durch die Zivilisationsmaschine wahllos Substanzen ausgebaggert und in der Biosphäre zerstreut werden, die vorher in ihren geochemischen Kreisläufen nur in unwesentlichen Mengen freigesetzt wurden. Außerdem werden sie an ungeeigneten Orten, wie zum Beispiel im Meer, abgelagert und angereichert, wo sie langfristige Schäden bewirken können.

Zweitens: Im Bestreben, unsere Güter immer unabhängiger von den Launen der Natur zu machen und sie den bakteriellen Angriffen, also der Verwesung und der Fäulnis, zu entziehen, sind die alten organischen Produkte durch viel widerstandsfähigere synthetische Erzeugnisse ersetzt worden. So sind zum Beispiel Holz, Papier und Leder in immer größerem Ausmaß durch Plastikmaterial ersetzt worden; Kunstfasern verdrängen Wolle, Baumwolle, Zellwolle, Seide, Hanf und andere Naturfasern; Detergentien ersetzen die aus natürlichen Fettstoffen hergestellten Seifen. Diese Verdrängungsprozesse von Naturprodukten durch resistentere, weniger gut abbaubare Kunstprodukte ließen sich vielleicht noch rechtfertigen, wenn dadurch die Lebensdauer dieser Güter entsprechend heraufgesetzt würde. Wie wir später sehen werden, ist dies aber nicht der Fall. Die in jüngster Zeit notwendig gewordenen Wald-, Bach- und Seeuferreinigungen geben genügend Illustrationsmaterial für diese Entwicklung.

Drittens: Durch das dauernde Rationalisieren ist ein differenzierteres, abgestuftes Vorgehen gegenüber der Natur weitgehend verloren gegangen. Analog zu den neuen Massenvernichtungswaffen schlägt der moderne Mensch mit überdimensionierten Instrumenten um sich. Als anfangs der vierziger Jahre ein neuer Kartoffelkäfer, der sogenannte Koloradoköfer, die Kulturen bedrohte, haben die Schweizer Bauern noch in mühsamer Handarbeit die Kartoffelstauden durchsucht und gesäubert. Heute benützt man Pestizide und läßt im Zweifelsfall die ganze Ernte spritzen. Um die gefällten Waldbäume vor dem Borkenkäfer zu schützen, mußte man früher kurz nach dem Fällen eines Baumes seine Rinden wegschälen und verbrennen. Heute kommt es billiger, die Stämme chemisch behandeln zu lassen, wodurch sie in einen giftigen Zustand versetzt werden. Wenn man ausrechnet, wieviel Giftstoffe für unerwünschte Lebensprozesse aufgewendet werden, wie pauschal und undifferenziert sie eingesetzt werden, wie wenig ihre Weiterexistenz im Haushalt der Natur überdacht wird und wie oft sie durch Hervorrufung restistenter Schädlingsstämme das Gegenteil des gewünschten Effektes erzielen, so ist dieser Form von Rationalisieren bald einmal eine Grenze zu setzen. Die brutalen Eingriffe in die Natur, die damit einhergehen, müssen ersetzt werden durch ein sanfteres und angemesseneres Vorgehen – auch wenn dadurch keine technische Leistungssteigerung mehr möglich ist.

Ebenso wird es unumgänglich sein, die zunehmende Verschlechterung des Wirkungsgrades zum Stillstand oder gar zur Umkehr zu bringen. Betrachtet man die zunehmende Giftigkeit unserer modernen Abfallprodukte, stellt sich unwillkürlich die Frage, welche Materialien und Prozesse andere, umweltgerechtere Kulturen verwendet haben. Viele Hochkulturen der Welt – die wir oft zu leichtfertig als zivilisatorisch unterentwickelt bezeichnen – haben die hier gestellten Forderungen weitgehend erfüllt. Freilich wurden ihre Zivilisationsgüter nicht industriell, sondern handwerklich hergestellt. So wurden vor allem natürliche Materialien verarbeitet, welche durch die Tierhaltung gegeben waren. Häute wurden durch

Einweichen in einer Lösung aus Alaun und Galläpfeln gegerbt. Aus dem Leder entstanden nicht nur Schuhe, Saumzeug und Sättel, sondern auch Beutel und Flaschen. Die Wolle lieferte das Material für das Textilgewerbe, und aus Schilf und faserigen Pflanzen wurden Körbe gefertigt und Schnüre gewonnen. Die wichtigsten Rohstoffe dieser Kulturen, wie Holz, Lehm und Steine, sind rezirkulationsfähig und ungiftig für die Umwelt.

Es soll damit nicht die Zivilisationsstufe der Dritten Welt oder des Altertums glorifiziert werden. Auch soll die Vergänglichkeit vieler organischer Materialien, wie etwa die Anfälligkeit von Holz auf Fäulnis oder Brand, nicht als Tugend gepriesen werden. Aber vielleicht ist es doch unerläßlich, daß wir den höheren Sinn der natürlichen Vorgänge neu zu begreifen lernen. Aus ökologischer Sicht, beziehungsweise aus der Vision einer Raumschiffökonomie, sind viele unserer haltbaren, schwer abbaubaren Kunstprodukte der Chemie primitiv und unfertig, nicht zu Ende gedacht, und vorläufig noch untauglich für eine Zivilisation, die auf Dauer Bestand haben soll. All das rechtfertigt eine gewisse Bescheidenheit, was die zivilisatorischen Errungenschaften anbelangt, und gibt Anlaß zu Anstrengungen auf Gebieten, wo der Fortschritt etwas zu rasch und leichtfertig vorangetrieben wurde.

Wahrung biologischer Gleichgewichte (3. Merkmal)

Unter der Stabilität eines Ökosystems verstehen wir seine Fähigkeit, nach einer gewollten oder unbeabsichtigten Veränderung wieder in seinen ursprünglichen Zustand zurückzukehren, wie sich etwa ein schlagseitig belastetes Boot von selbst wieder aufzurichten vermag. Welche ungewollten Ereignisse können das natürliche Gleichgewicht stören? Es mögen zufällige natürliche Ereignisse sein, wie Stürme, Wolkenbrüche, Vulkanausbrüche, Bergstürze, Trockenheit oder Kälte, aber auch tierische und pflanzliche Krankheiten oder Seuchen. Dazu kommen zusätzliche Beanspruchungen durch die zivilisatorische Tätigkeit des Menschen; Beanspruchungen, die meist ungewollt sind, jedenfalls kaum als wis-

senschaftliches Experiment entworfen wurden, sondern eher als un-
beabsichtigte Nebenwirkungen seiner zivilisatorischen Tätigkeit bezeichnet werden müssen. Sie können der Agrikultur, der Jagd, dem
Holzschlag oder dem Bergbau entstammen; ebenso stark sind die
Industrie, das Verkehrswesen und die zivilisatorischen Abfälle daran
beteiligt.

Ob eine Zusatzbelastung durch solche zivilisatorischen Eingriffe stabilitätsgefährdend ist oder nicht, hängt von verschiedenen
Faktoren ab. Vorerst ist sicher das *Maß* der Beanspruchung entscheidend. Geringfügige Veränderungen, lokale Umleitungen von
gewissen Kreisläufen, einzelne Trennungen von ökologischen Verflechtungen sind ebenso ungefährlich wie geringe Schwankungen
einzelner Tier- und Pflanzenarten. Daneben ist es dem geduldig
beobachtenden Menschen möglich, durch geschickten Eingriff in
den Naturhaushalt das Widerstandsvermögen zu festigen. Beispielsweise kann in einem gut durchforsteten und sinnvoll zusammen-
gesetzten Wald nicht nur der jährliche Holzzuwachs im Vergleich zu
einem Urwald um ein Mehrfaches gesteigert werden, auch sein
Widerstandsvermögen gegen Windanfall, Schneedruck und Dürre
läßt sich durch geschickte selektive Eingriffe verbessern. Jeder Landwirt, Gärtner, aber auch jeder Jäger und Fischer weiß, daß es möglich ist, mit geschickter und geduldiger Hand die Natur zu reicherer
Entfaltung zu bringen. Das bedingt aber Rücksichtnahme auf die
gegenseitige Abhängigkeit der verschiedenartigen Organismen sowie eine gewisse Konstanz in den physischen, chemischen und
klimatischen Verhältnissen.

In einem zu hektischen Fortschrittsstreben wird nun anstelle solcher echten Verbesserungen der Umweltqualität (im Sinne
einer zunehmenden Stabilität) oft das Gegenteil bewirkt: So erfordert die ungestüm vorangetriebene Produktivitätssteigerung der
Landwirtschaft gleichartige Monokulturen, damit Maschinen und
Geräte rationeller eingesetzt werden können. Durch die Einseitigkeit werden die Kulturen anfälliger auf Krankheiten, auf Insekten-
und Pilzbefall. Mittels Herbiziden und Pestiziden werden die unerwünschten Eindringlinge abgewehrt, doch ist der Erfolg oft nur

vorübergehend, da sie in resistenteren Formen wiederkehren können. Dadurch wird der Mensch zu immer höheren Einsätzen gezwungen und muß schließlich selbst einen Teil des Regelmechanismus der Natur übernehmen. Die Gefahr besteht nun, daß dadurch auch *nützliche* Lebewesen ausgemerzt werden, und daß sekundäre chemische Veränderungen des Bodens oder der Gewässer entstehen, die es nicht mehr gestatten, das Experiment abzubrechen und wieder einen naturnahen Zustand herzustellen.

Wenn der Mensch aber die Kontrollmechanismen der Natur übernehmen will, bedingt das neben einer vertieften Kenntnis ökologischer Zusammenhänge auch einen sehr hohen Grad von gesellschaftlicher Ordnung und Selbstverantwortung. In der Jagd und der Fischerei ist diese Voraussetzung in einzelnen Ländern gegeben. Wenn die Jagd gut organisiert ist, kann der Jäger gewisse Raubtiere (die oberste Stufe der Nahrungskette) verdrängen und die Selektion der Beutetiere selbst übernehmen. Das Rotwild wurde früher in unseren Breitegraden durch Wölfe, Pumas, Luchse unter Kontrolle gehalten, heute übernimmt der Jäger deren Funktion. Was bei diesen zahlenmäßig überblickbaren Populationen noch möglich ist, wird bei den Vögeln schon schwieriger. Die Vielfalt der Regelmechanismen ist hier sehr viel größer, und der Mensch kann die Rolle der teilweise ausgerotteten Raubvogelarten nicht mehr in eigener Regie erfüllen. Wenn man beispielsweise den Bestand an Wachteln erhöhen möchte und folgerichtig ihren Räuber, den Habicht, vernichtet, stellt man später möglicherweise fest, daß auch die Wachtelpopulation zurückgeht, da der Habicht auch die Nagetiere unter Kontrolle hielt, welche die Wachteleier fressen *(17)*.

Es liegt also nicht im Interesse des Menschen, durchgehend die Vielfalt der natürlichen Ökosysteme zu entflechten, wie das bei der Haustierhaltung oder bei gewissen Formen des Pflanzenbaues der Fall ist. Der Mensch kann nur solange erfolgreich domestizieren, als es noch eine große, natürlich regulierte und stabile Umwelt gibt, die als Anker oder Reserve für alle schiefgelaufenen Experimente im zivilisatorischen Bereich dient. (Auch in Zeiten gesellschaftlicher Unordnung oder Krieg ist es entscheidend, daß gewisse Naturbereiche, wie zum Beispiel Wälder, Seen und Weideland noch über die Kraft zur Selbstregulation verfügen). Alles, was zur Festigkeit, Dauerhaftigkeit, Anpassungsfähigkeit oder Plastizität eines Ökosystems beiträgt, muß als ausgleichend und lebenserhaltend bezeichnet werden, weil es die natürliche Stabilität fördert. Je langsamer und verwobener die Kreisläufe, je mehr sie miteinander gekoppelt sind, je länger die Nahrungsketten, je vielfältiger die Tier- und Pflanzenarten, um so größer die Pufferwirkung, um so dauerhafter, stabiler ist auch das System als Ganzes.

Beruhigung des Güterflusses (4. Merkmal)

In diesem und im nächsten und letzten der hier aufgezählten Merkmale nehmen wir noch einmal Bezug auf die Formel für die Umweltbelastung aus dem 3. Kapitel des I. Teils. Ihr Zähler oder die Belastungsgröße kann günstig beeinflußt werden durch eine Verringerung der Bevölkerungszunahme sowie durch einen verringerten Güterkonsum oder, präziser ausgedrückt, einen geringeren Durchfluß von materiellen Gütern. In bezug auf den Güterfluß ergibt sich nun eine einfache Rechnung: Wenn wir einmal von den Nahrungsmitteln und von den Betriebsstoffen absehen, dann könnte eine Verdoppelung der Lebensdauer den Durchfluß materieller Güter auf die Hälfte reduzieren, ohne daß der bestehende Reichtum eine Einbuße erlitte. Wenn also unsere Autos oder Haushaltapparate im Mittel 16 statt 8 Jahre im Dienst stünden, wenn die Flugplätze nicht alle 15 Jahre umgebaut würden, und die Kleidermode nicht alle zwei bis drei Jahre wechseln müßte, dann wäre das Ziel weitgehend erreicht*.

Was verursacht nun die immer kürzere Lebensdauer unserer Güter? Es sind wohl drei Triebfedern für diesen Prozeß zu nennen. Nach der Definition, wonach die zivilisatorischen Güter zu Abfall

---

* In der Textilbranche rechnet man, daß ohne Modewechsel nur rund ein Drittel der Textilien gebraucht würden.

werden, sobald sie dem Menschen gleichgültig sind und wertlos erscheinen, fällt vieles aus der Zivilisationsmaschine heraus, was an sich noch brauchbar wäre. Durch dauernde Beeinflussung der menschlichen Wunschvorstellungen kann man nun dafür sorgen, daß der Durchlauf, das heißt das Aufnehmen und Abstoßen von materiellen Gütern, immer schneller vonstatten geht. Die moderne Reklametechnik besorgt diese Transformation von Wünschenswertem zu Abstoßungswürdigem mit großer Virtuosität: Je nach der Marktlage werden kurze Röcke, lange Röcke, spitze Schuhe, breite Schuhe, viel Chrom, wenig Chrom propagiert. Wenn die Reserve manipulierbarer Wunschvorstellungen nicht mehr ausreicht, kann der Zyklus wieder von neuem begonnen werden – Hauptsache ist, daß dem Konsumenten die Unbrauchbarkeit der veralteten Erzeugnisse vorgespiegelt wird.

Eine weitere Triebfeder des beschleunigten Güterdurchflusses ist im technologischen Fortschritt zu suchen. Verbessern heißt in unserer auf Konkurrenz aufgebauten Marktwirtschaft Älteres durch Moderneres verdrängen. Wenn neue Passagierflugzeuge mehr Reisende anziehen als alte, so hat das alte keine wirtschaftliche Existenzbasis mehr. Es muß ausgeschieden werden, der Fortschritt hat es überholt. Dasselbe gilt für die Waschmaschine, für den Televisionsapparat oder für die Schreibmaschine. Der Fortschrittsprozeß zerstört dadurch laufend seine bisherigen Errungenschaften.

Die dritte Triebfeder liegt im modernen Zwang zur Rationalisierung. Neue Standardprodukte kann man maschinell in großen Serien billig herstellen. Reparaturen lassen sich zeitlich weniger gut einplanen, müssen individuell und dezentralisiert durchgeführt werden und erfordern somit viel mehr Handarbeit und Lohnaufwand. Es kommt den Konsumenten also oft billiger zu stehen, wenn er ein neues Produkt kauft, als wenn er das alte reparieren läßt.

Für die Umweltbelastung fallen nun nicht nur der Rohstoffverbrauch und der Ausstoß von Abfällen ins Gewicht, sondern ebenso die Energiemengen, die zur Herstellung und Verschiebung der Güter benötigt werden. Auch hier ist die Zivilisationsmaschine noch weit davon entfernt, ihre Betriebsmittel in ökologisch sinnvoller Weise einzusetzen. Während die Natur danach trachtet, ihre Energien solange wie möglich in ihren Kreisläufen zu erhalten, findet innerhalb der Zivilisationsmaschine ein maßloser Verschleiß an Betriebsstoffen statt. Wenn wir an die Distanzen denken, welche unsere arbeitsteilige und kolonial orientierte Wirtschaft den Güterströmen auferlegt, so erkennen wir bald, daß hier eine sinnlose Steigerung des Aufwandes stattgefunden hat. Von den Nahrungsmitteln wünschen wir, daß sie uns alle zu jeder Jahreszeit an jedem Ort zur Verfügung stehen sollen, selbst wenn das bedingt, daß sie von andern Kontinenten eingeflogen werden. Dasselbe trifft für alle möglichen Rohstoffe und Fertigprodukte zu. Nun ist zu bedenken, daß solche Güterverschiebungen nicht nur Unmengen kostbarer Energie verbrauchen, sondern auch entsprechender Verkehrswege bedürfen. Die notwendigen Straßen, Bahnen und Flugnetze bewirken wiederum schwere Einschnitte im zusammenhängenden Netz der Ökosysteme. Ihre baulichen Einrichtungen sind wie anorganische Knoten im Gewebe der belebten Umwelt. Den Schäden, die daraus entstehen, kann nur durch eine Reduktion beziehungsweise den Einhalt des gedankenlosen Anwachsens der Mobilität und des Tempos der Güter- und Menschenverschiebungen abgeholfen werden.

Eine stationäre Bevölkerungszahl (5. Merkmal)

Der Einfluß der Bevölkerungszahl auf die Umweltbelastung bedarf keiner näheren Erläuterung mehr, denn es ist naheliegend, daß mehr Menschen auch mehr Nahrung und Energie brauchen, mehr Abfälle erzeugen, mehr Wohnraum, mehr Arbeitsraum und mehr Straßen erstellen. Freilich stimmt das proportionale Verhältnis zwischen Bevölkerungszahl und Umweltbelastung nur unter der Annahme eines gleichbleibenden Verhaltens des Menschen gegenüber der Umwelt. So könnte selbst bei gleichbleibender Umweltbeanspruchung die Bevölkerungszahl noch weiter zunehmen, wenn sich die übrigen Faktoren, welche in diesem Kapitel erörtert sind, in günstigem Sinne entwickelten. Aber selbst wenn alle Bedingungen für eine umweltgerechte Raumschiffökonomie gleichzeitig erfüllt wären, so muß früher oder später das Wachstum der Weltbevölkerung dennoch zu einem Stillstand kommen.

Es gibt kaum ein Gebiet wie dasjenige der Bevölkerungsentwicklung, wo längerfristige Voraussagen so sinnvoll, ja zwingend sind. Denn die gegenwärtige Geburtenrate ist maßgebend für die Zahl der Erwerbstätigen und Reproduktionsfähigen in zwanzig oder dreißig Jahren, vorausgesetzt, daß die Sterblichkeit nicht zunimmt. Wenn die heutige Zuwachsrate der Weltbevölkerung von jährlich zwei Prozent anhalten würde (das entspricht einem täglichen Zuwachs von rund 200 000 Menschen), so müßte die Weltbevölkerung von heute 3,8 Milliarden auf sieben Milliarden im Jahre 2000 anwachsen. Alle weiteren 35 Jahre würde sie sich verdoppeln, und alle 115 Jahre verzehnfachen. Wäre es anderseits möglich, die Vermehrung der Weltbevölkerung auf durchschnittlich zwei Kinder pro Familie zu senken, also auf die Ersatzrate, die zur Wahrung einer stationären Bevölkerungszahl dient, so würde die Gesamtbevölkerung immer noch um zirka zwei Milliarden zunehmen und erst bei rund 5,8 Milliarden zum Stillstand kommen. Der Grund für dieses trotz der gedachten Verhaltensänderung anhaltende Wachstum liegt darin, daß wegen der hohen Wachstumsraten der letzten zwanzig Jahre ein überdurchschnittlicher Teil der Bevölkerung Jugendliche sind, was die Zahl der im reproduktionsfähigen Alter stehenden Personen weiterhin anwachsen läßt. Erst wenn sich auch die «Alterspyramide», das heißt die prozentuale Aufteilung der Lebensalter, stabilisiert hat, kann der Gleichgewichtszustand erreicht werden.

Während sich heute Demographen, Planer und Ökologen einig sind, daß das globale Bevölkerungswachstum zum Stillstand kommen muß, bleibt die Frage offen, wann, auf welchem Stand, mit welchen Mitteln dieser Stillstand eintreten soll und wer davon betroffen wird. Die Frage, wann und auf welchem Stand dies geschehen soll, läßt sich aus der Sicht dieses Buches dahingehend beantworten, daß ein rasch eingeleiteter, aber sanft vollzogener Übergang zu einer gleichbleibenden (oder leicht abnehmenden)

Bevölkerungszahl die beste Entschärfung vieler ökologischer Probleme wäre. Wenn ein behutsames Vorgehen vorgeschlagen wird, so nur deshalb, weil anzunehmen ist, daß alle überstürzten und partiellen Eingriffe wieder neue Probleme hervorrufen würden, die ihrerseits schwerwiegende Nachteile mit sich brächten.

Eine Antwort auf die Frage, mit welchen Mitteln das Ziel erreicht werden und wen es betreffen soll, muß notwendigerweise von persönlichen Wertungen ausgehen. Wenn man sich zur weltpolitischen Vorstellung bekennt, daß jedes Land souverän sei, und daß in absehbarer Zukunft keine Weltregierung mit universalen Machtbefugnissen existieren wird, dann leitet sich daraus auch die Verpflichtung ab, daß jeder Staat sich so verhalten soll, wie er wünscht, daß andere sich ihm gegenüber verhalten. Konkret bedeutet dies, daß jedes Land seinen eigenen territorialen Verantwortungsbereich hat, in welchem es das Bevölkerungsgleichgewicht wahren muß. Dies erscheint als vernünftige Forderung, denn die optimale Bevölkerungsdichte ist nicht nur eine Frage der ökologischen Tragfähigkeit sondern auch der besonderen kulturellen, gesellschaftlichen und wirtschaftlichen Situation jedes Landes. Freilich muß dabei an die früher erwähnten Verlagerungen erinnert werden, die durch den weltweiten Handel mit Rohstoffen und Energie oder durch die Ausfuhr von Umweltbelastungen über das Gewässersystem entstehen können.

Die Frage, mit welchen Mitteln eine Stabilisierung der Bevölkerung zu verwirklichen ist, läßt heute nur mehr einen geringen Spielraum offen. Eine Erhöhung der Sterblichkeit, wie sie früher durch Hunger und Seuchen eintrat und heute immer noch durch kriegerische Konflikte möglich ist, liegt außerhalb der möglichen Zielsetzungen. Aber auch den Auswanderungsmöglichkeiten in neu erschlossene Gebiete, also der Ausbreitung und Verdünnung der Bevölkerung, sind heute enge Grenzen gesetzt. So kann der entscheidende Beitrag heute nur noch von der Senkung der Geburtenrate erwartet werden. Obwohl gegenwärtig die Senkung der Geburtenzahl eine wesentlich größere Bedeutung für die Weltbevölkerungspolitik hat, verfügen wir über einen wesentlich größeren Erfahrungsschatz im Feld der Geburten*förderung*. Hohe Geburtenzahlen waren früher erforderlich, um die durch Seuchen, Krankheiten, Kriege, Dürren und Hochwasserkatastrophen verursachten Sterberaten auszugleichen*.

Die inzwischen eingetretene Reduktion der Sterblichkeit dürfte etwa zu gleichen Teilen auf die Hebung des Versorgungsniveaus und des Nahrungsangebots, auf die Kontrolle von Seuchen und Epidemien mittels öffentlicher Vorkehrungen und persönlicher Hygiene, sowie auf gezielte Eingriffe der modernen Medizin entfallen. Sie ist aber nicht in gleichem Maße von einer Senkung der Geburtenrate begleitet worden, die sich gezwungenermaßen ebenfalls auf der Basis medizinischer und hygienischer Erkenntnisse bewegen muß. Die religiösen Widerstände gegen eine solche Art der Geburtenregelung sind bekannt und stehen in diesem Rahmen nicht zur Diskussion. Ohne die dogmatische kirchliche Ethik angreifen zu wollen, muß aber festgehalten werden, daß sich auch der Wunsch zur Geburtenregelung auf ethische Motive zurückführen läßt, nämlich auf das Verantwortungsgefühl gegenüber der Gemeinschaft. Falls sich eine Bevölkerung mehrheitlich zugunsten einer stabilen oder nicht wachsenden Bevölkerungspolitik entschlossen hat, steht heute ein großer Fächer von sozialen, wirtschaftlichen, bildungsmäßigen und hygienisch-medizinischen Möglichkeiten zur Verfügung, um das Ziel zu erreichen, ohne einen ungebührlichen Druck auf die Entscheidungsfreiheit des Individuums auszuüben.

Dies trifft freilich nur auf eine Bevölkerung zu, wo jeder einzelne über ein Mindestmaß an technischer Bildung und Kommunikation verfügt. Was in den industrialisierten Ländern ohne große Schwierigkeiten erreichbar scheint, mutet in gewissen Gebieten der

---

*Auch tendierten diktatorische oder absolutistische Herrschaftsformen immer zu einer starken Bevölkerungsvermehrung. Mehr Arbeitskräfte und Soldaten wurden als wichtige Voraussetzungen für die wirtschaftliche und politische Machtentfaltung angesehen. Turmeau de la Morandière brachte die Bevölkerungsdoktrin des französischen Absolutismus auf die Formel: «Die Untertanen und die Tiere müssen vermehrt werden.» Aus: «Dynamik der Bevölkerungsentwicklung», Hanser Verlag, 1973.

Dritten Welt fast aussichtslos an, denn das Verhältnis zu Geburt und Tod beruht dort auf ganz anderen kulturellen Voraussetzungen. Somit ist auch eine «Entwicklung» nach europäischem oder nordamerikanischem Muster höchst fragwürdig. Zu oft hat man durch einen hastigen, einseitigen und massiven Eingriff bestehende kulturelle und wirtschaftliche Gleichgewichte zerstört. Der eilige Einsatz gewisser Pharmazeutika und Schädlingsbekämpfungsmittel hat die Probleme des Hungers und des Sterbens nur verlagert, nicht gelöst. Aus ökologischer Sicht deuten alle Überlegungen darauf hin, daß auch in der sogenannten Entwicklungshilfe nur ein geduldiger, gesamtheitlicher Umgang mit den Gegebenheiten zu dauerhaften Gleichgewichtszuständen führt.

Dementsprechend kann die Bevölkerungsfrage in diesen Ländern nur im Zusammenhang mit der Gesamtheit sozialer und kultureller Faktoren gelöst werden. Im Vordergrund müßte nicht die rasche Industrialisierung stehen, sondern die Anpassung an bestehende Verhältnisse, vor allem aber die Förderung der kleinräumlichen Selbstversorgung, welche auf das Tragvermögen des Bodens Rücksicht nimmt, die Ertragskraft durch sinnvolles Zusammenwirken von Boden, Wasser und Sonnenlicht steigert, Pflanzen und Tiere zu einem ausgewogenen Gleichgewicht führt und durch handwerkliche Herstellungsprozesse Verdienstmöglichkeiten für alle schafft. Auf dieser Grundlage und mit dem notwendigen Respekt für die örtlich gegebenen Kulturwerte ließen sich wohl am ehesten die vorbeugenden hygienischen und ernährungsbezogenen Erkenntnisse vermitteln, die eine langfristige Lösung der Bevölkerungsprobleme in der Dritten Welt gestatten würden.

Wo von der Weltbevölkerung in ihrer Gesamtheit die Rede ist, taucht auch das Problem der ungleichen Güterverteilung und der ungleichen Umweltbelastung auf. Wenn wir uns nämlich fragen, in welchem Maße einzelne Teile der Erde die Umwelt belasten, beziehungsweise die nicht erneuerbaren Güter abbauen, dann ist die Verteilung höchst ungleich. Innerhalb einer Stadt oder eines Landes ergeben sich ähnliche Unterschiede wie innerhalb der Weltbevölkerung im Ganzen. Obwohl diese Problematik im Rahmen dieses

104

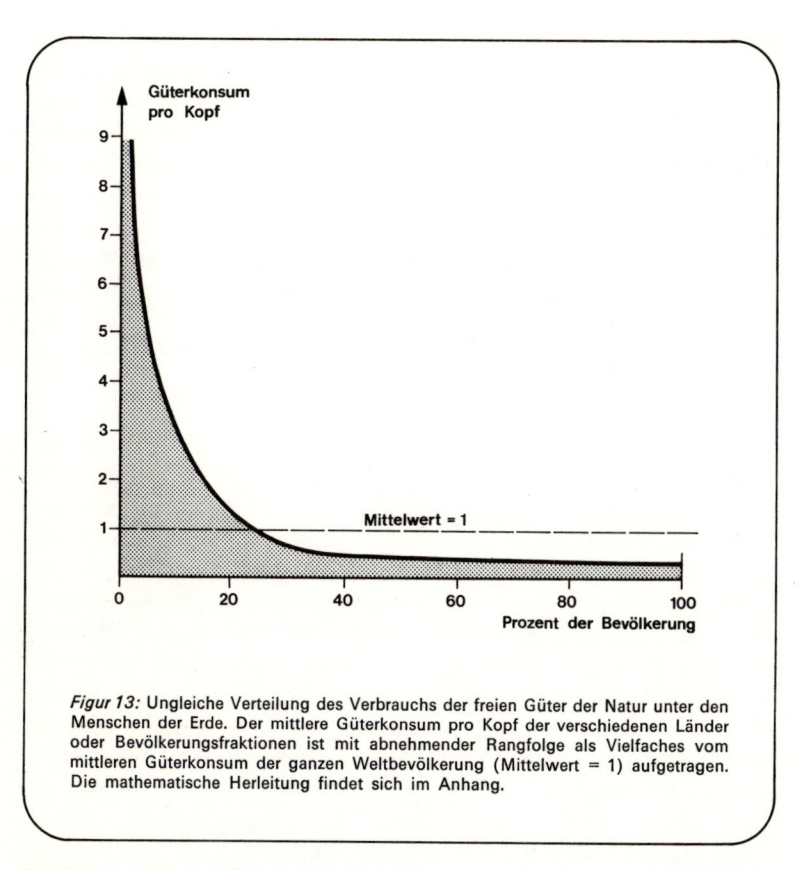

Figur 13: Ungleiche Verteilung des Verbrauchs der freien Güter der Natur unter den Menschen der Erde. Der mittlere Güterkonsum pro Kopf der verschiedenen Länder oder Bevölkerungsfraktionen ist mit abnehmender Rangfolge als Vielfaches vom mittleren Güterkonsum der ganzen Weltbevölkerung (Mittelwert = 1) aufgetragen. Die mathematische Herleitung findet sich im Anhang.

Buches nicht ausführlich besprochen werden kann, sollen doch einige Hinweise in Form einer graphischen Darstellung gegeben werden. Figur 13 zeigt den Versuch, den unterschiedlichen Güterverbrauch pro Kopf in den industrialisierten und den nicht-industrialisierten Ländern darzustellen. Auf der Horizontalen ist die gesamte Weltbevölkerung von 0 bis 100% in abnehmender Reihenfolge ihres Verbrauches aufgetragen. Die getönte Fläche stellt ein Maß für den gesamten Güterverbrauch der Weltbevölkerung dar. Aus einem Vergleich von Teilflächen läßt sich unter anderem herauslesen, daß rund 6% der Weltbevölkerung, die USA als die größten Verbraucher, 30 bis 40% der Ressourcen konsumieren, während sich alle Entwicklungsländer, also zwei Drittel der Weltbevölkerung, in rund 12,5% aller Güter teilen*. Wollte man umgekehrt die Entwicklungsländer auf den heutigen wirtschaftlichen Stand der Industrieländer anheben, so würde das einem 13- bis 15mal größeren Umsatz an Gütern entsprechen. Dies wäre für die Biosphäre als Gesamtheit so belastend, wie wenn heute in jedem Land 13- bis 15mal mehr Menschen mit den gegenwärtigen Verbrauchsraten leben würden.

Wenn sich also ein industrialisiertes Land damit brüstet, daß seine Bevölkerung jährlich nur um einen Prozent zunehme, während gewisse unterentwickelte Völker ein dreiprozentiges Wachstum aufweisen, so muß man sich gleichzeitig bewußt sein, daß der Mensch eines hochindustrialisierten Landes in seinem Leben, unter Berücksichtigung der längeren Lebenserwartung, rund 25mal mehr von den nicht erneuerbaren Ressourcen konsumieren wird als ein Kind eines unterentwickelten Landes. Gesamthaft bestätigt sich dadurch die Auffassung, daß mit der sogenannten Entwicklungshilfe, wie sie heute noch üblich ist (raschmöglichste Industrialisierung nach dem Muster der Industrieländer), unerwünschte Zustände hervorgerufen werden. Denn dadurch werden die bisher «raumschiffgerechten» Kulturen in einen labilen Zustand äußerer Abhängigkeit versetzt, und ein Prozeß wird eingeleitet, der notwendigerweise in eine Sackgasse führt.

*Wie man aus Einzelangaben (ein Land mit einem Bevölkerungsanteil von b Prozent verbraucht g Prozent eines Rohstoffes) zu der durchschnittlichen Pro-Kopf-Intensität eines Volkes gelangt, ist im Anhang dargestellt. Die Hauptschwierigkeit liegt in der Auswahl beziehungsweise der Gewichtung verschiedener Güter oder Betriebsmittel. Es zeigt sich aber bald, daß der Unterschied von wichtigen Ressourcen – zum Beispiel der einmalige Verbrauch von fossilen Brennstoffen – zu demjenigen des in monetären Einheiten gemessenen Sozialproduktes nicht stark voneinander abweicht. Die hier dargestellte Kurve – die zu verfeinern höchst verdienstvoll wäre – ist aus Werten über Verbrauch von Erdöl, Stahl, Energie, und dem Lebensstandard, also dem pro Kopf bezogenen Bruttosozialprodukt, entstanden.

IV. Teil: Die Gestaltung des Lebensraums

1. Mensch und Lebensraum

Umweltprobleme zeigen sich heute nicht nur in physikalisch meßbaren Schäden wie in der Verschmutzung der Luft und der Gewässer, sondern ebenso in sinnlich wahrnehmbaren Beeinträchtigungen des Lebensraums. So in der Verarmung oder der Zerstörung von gewachsenen Natur- und Kulturlandschaften durch zivilisatorische Eingriffe, aber auch in der Verödung der von Menschenhand gestalteten Bauten und Räume, die den baulichen Lebensrahmen unseres Alltags bilden — die Umgebung, in der Menschen aufwachsen, wohnen und arbeiten, sich begegnen und miteinander umgehen.

Vom subjektiv erlebenden Individuum aus gesehen können solche sinnlich wahrgenommenen Umweltbelastungen sogar schwerwiegender sein als die physikalisch meßbaren Schäden; denn der Mensch braucht sie sich nicht rational bewußt zu machen, sondern er *fühlt* sie, wodurch sie einen größeren Wirklichkeitsgehalt für ihn haben. Dadurch, daß sie unmittelbar in seine Innenwelt eintreten können, wirken sie sich auf die menschliche Psyche aus, weshalb wir die empfundenen und erlebten Belastungen des Lebensraums auch als psychische Belastungen des Menschen bezeichnen können. Nun sind die sogenannten psychischen Belastungen aber eng mit den physikalisch meßbaren Umweltbelastungen verbunden; denn wie sich der aufnehmende und der handelnde Teil des Menschen nicht voneinander abspalten lassen, so wirkt sich die psychische Struktur im menschlichen Verhalten aus, welches seinerseits den Zustand der Umwelt beeinflußt. Die so verursachten Veränderungen der Umwelt haben ihrerseits Rückwirkungen auf die individuellen Empfindungen zur Folge, und diese psychischen Einflüsse wirken wiederum als Impulse zu weiterem Handeln und Gestalten.

Die gegenseitige Beeinflussung kann in positiver oder in negativer Weise vor sich gehen: Ein Lebensraum kann wohltätige Reize aussenden, kann befriedigend und anregend auf die Sinne wirken und dadurch den Einklang zwischen Mensch und Umwelt fördern. Durch Überreizung oder durch Entzug von Erlebnismöglichkeiten kann er den Menschen aber auch in seelische Drucksituationen versetzen. Der Einzelne kann dadurch – je nach Veranlagung – in seiner Entfaltung gehindert oder aber zu einem übersteigerten Grad von Aktivität getrieben werden, der nicht mit seinen inneren Bedürfnissen übereinstimmt. Aktivitäten dieser Art, oft nur dem uneingestandenen Wunsch entsprungen, einem seelischen Druck auszuweichen oder innere Mangelerscheinungen auszugleichen, können ihrerseits vermehrte materielle Umweltbelastungen hervorrufen, denn oft suchen sie Ersatzbefriedigungen durch übersteigerten Güterkonsum oder durch wahllosen Gebrauch zivilisatorischer Errungenschaften herbeizuführen.

Mit der Beschleunigung des zivilisatorischen Fortschritts ist nun eine gefährliche Steigerung der gegenseitigen Belastung von Mensch und Lebensraum eingetreten. Die Fortschrittsgeschwindigkeit beginnt die natürliche Anpassungsfähigkeit des Menschen so sehr zu übersteigen, daß dieser oft nicht mehr in der Lage ist, die Veränderungen zu verkraften, die er selbst ausgelöst hat. Angesichts dieser Entwicklung muß man sich ernsthaft fragen, ob Anpassungen solcher Art überhaupt noch wünschbar sind, oder ob nicht schon ihre Erwägung auf grundsätzlich verkehrten Annahmen beruht. Denn die Belastungen, die auf den Lebensraum und auf den Menschen einstürmen, können mit zunehmender Ausbreitung der zivilisatorischen Einrichtungen zu irreversiblen Schäden führen, sei es durch die Minderung der physischen Lebensgrundlagen oder sei es durch die Verschließung der sinnlichen und seelischen Erlebensquellen, die ebenso vitale Lebensbedürfnisse zu erfüllen haben.*

---

*Die biologischen Verarmungen des Naturraums und die physikalischen Umweltbelastungen sind großenteils naturwissenschaftlich meßbar. Mit dem seelisch-geistigen Innenleben des Menschen ist es weniger einfach bestellt, da sich der Mensch nicht unabhängig gegenüberzutreten vermag. Die Beurteilung seiner selbst ist an seine seelisch-geistigen Voraussetzungen gebunden. Die Verluste an seelisch-geistiger Substanz treten also nicht unbedingt ins Bewußtsein dessen, der sie selbst erleidet. Weitere, allzu oft ver-

Wenn wir den Lebensraum auf die menschlichen Tätigkeiten hin betrachten, die sich darin abspielen und ihrerseits auf den Menschen zurückwirken, so zeigt sich, daß dem Begriff des Raumes sehr vielfältige Bedeutungen innewohnen. Im einfachsten Fall wird er als eine geographische, politische oder verwaltungsmäßige Größe erfaßt und durch entsprechende Kriterien begrenzt. Will man jedoch die von einer bestimmten Menschengruppe oder einem Land ausgehenden Umweltbelastungen untersuchen, so muß der Raum als *Wirtschafts*raum betrachtet werden. Denn von den verschiedenen Betätigungen des Menschen verursachen die wirtschaftlichen Aktivitäten, das heißt jene, welche die Nutzung von Rohstoffen, die Energiegewinnung, die Güterherstellung, die Güterverteilung, den Konsum und den Abfall umfassen, die größte physikalische Belastung der Umwelt. Der Wirtschaftsraum ist dann der Raum, den eine Gesellschaft oder eine Bevölkerungsgruppe für ihr Wirtschaftsleben von der Rohstoffgewinnung über die Produktion und den Konsum bis zur Abfallbeseitigung beansprucht. Wie schon im zweiten Teil im Zusammenhang mit dem Begriff der Zivilisationsmaschine dargelegt wurde, deckt sich der Wirtschaftsraum eines industrialisierten Volkes meist nicht mehr mit seinem geographischen oder politischen Lebensraum.

Wenn der Aspekt der baulichen Gestaltung und der sinnlichen Wahrnehmung des Lebensraums im Vordergrund steht, muß dementsprechend vom *Siedlungs*raum ausgegangen werden. Der Siedlungsraum kann gekennzeichnet werden als der überbaute Raum, in dem sich die Bevölkerung eines bestimmten Gebietes

---

nachlässigte Beurteilungsschwierigkeiten treten auch dadurch ein, daß die menschliche Psyche nicht eindeutig faßbar oder auf dem Prüfstand zu zerlegen ist. Ihr Kennzeichen und das Merkmal ihrer gesunden Funktion ist gerade ihre «Unberechenbarkeit» innerhalb der ihr gegebenen Spannweite von Empfindungen und Impulsen. (Beispiel: eine Belastung oder ein Streß kann von Fall zu Fall schwächend wirken oder aber die Widerstandskräfte fördern.) Damit ist auch die Frage, welche Anpassung der Mensch verträgt, schwierig zu beantworten. Was ist noch Anpassung, was ist bereits bleibende Deformation?

(sei es nun eine Gemeinde, eine Region oder ein ganzes Land) ein-gerichtet hat. Er umfaßt nicht nur die ruhenden Bauwerke, sondern auch die Verkehrsträger, auf denen sich die Bewegungen der ent-sprechenden Bevölkerung und ihrer Güter vollziehen. Ähnlich wie beim Wirtschaftsraum hat die steigende Mobilität eine Verwischung der Abgrenzungen mit sich gebracht, indem sich die physikalischen Belastungen des Siedlungsraums immer weiter über seine eigenen Grenzen hinaus auf den Naturraum ausdehnen und verlagern. Mittels raumplanerischer Maßnahmen wird heute versucht, die weitere Zersiedlung des Landes zu limitieren, die Verkehrs- und Leitungskorridore zu kanalisieren, die Ausscheidung von Landwirt-schaftsland und Siedlungsgebiet zu erwirken, in der Hoffnung, der weiteren unkontrollierten Inanspruchnahme des Naturraums durch die Besiedlung Einhalt zu gebieten.

Geringere Möglichkeiten bietet die Raumplanung im Fall der psychischen Belastungen, die vom Siedlungsraum ausgehen können. Diese entstehen vor allem im kleinräumlichen Bereich der Wohnung und des Hauses und in deren unmittelbarer Umgebung, also in der nächsten Umwelt des Individuums. Sie fallen deshalb eher in den Gestaltungsbereich des Bauherrn und des Architekten als in den des Raumplaners, der nur die Rahmenbedingungen abstecken kann. Bedenkt man, daß der Stadtmensch heute bis zu zwei Drittel seiner Zeit in seinen Wohnräumen und einen Drittel in seinen Arbeitsräumen verbringt, so kann man die Bedeutung er-messen, die der Gestaltung dieser unmittelbarsten baulichen Um-welt für den Menschen zukommt*. Die moderne Architektur steht hier vor Aufgaben, die mit Zweckdenken und mit Ästhetik im kon-ventionellen Sinne nicht zu lösen sind, sondern eine Berücksichti-

---

*Der Wiener Baupsychologe M. Piperek *(28)* hat auf Grund langjäh-riger Untersuchungen und zahlenmäßiger Auswertungen auf die wichtigsten Zivilisationsschäden hingewiesen, die durch schlecht gestaltetes oder unge-mäßes Wohnmilieu entstehen können. An vorderster Stelle nennt er Natur-entfernung, innere Unruhe, Konzentrationsmangel, Gedächtnisschwäche, Ge-fühlsverarmung, Phantasiearmut, Anfälligkeit für Neurosen, — alles Erscheinun-gen, die das Verhältnis des Menschen zur Umwelt empfindlich stören können.

gung umfassenderer Vorstellungen von Lebenssinn und Lebensfreude bedingen.

Ein weniger faßbarer Aspekt des Lebensraums ist der *gesellschaftliche* Raum, das heißt der Raum der zwischenmenschlichen Beziehungen, der weniger meßbar als fühlbar und erlebbar ist. Was hier als Raum erfahren wird, ist das Netz der sozialen Bezüge und die darin herrschende Ordnung. So kann der Grad des inneren Zusammenhalts oder der inneren Zersplitterung einer Gesellschaft einen starken Einfluß auf das Maß der psychischen Belastung des Einzelnen haben, und dies kann sich wiederum sehr konkret im räumlichen Verhalten äußern: Wo enge soziale Bindungen und eine verpflichtende innere Ordnung vorherrschen, wird eine höhere räumliche Dichte zulässig sein oder sogar angestrebt werden als in Fällen, wo die ursprünglichen Bindungen gelockert sind. Besonders deutlich tritt dieses Phänomen bei den sogenannten Primärgruppen (Familie, Hausgemeinschaft, Freundeskreis) hervor, wo die Gründe für das Zusammenleben mehr gefühlsmäßiger als rationaler oder funktionaler Natur sind. Jeder Zerfall solcher natürlich gewachsener Lebensgemeinschaften ruft als Ersatz künstliche Sicherungen in Form von staatlichen Institutionen, Verwaltungen oder Fürsorgeeinrichtungen hervor, die sich wegen ihrer Starrheit als starker sozialer Zwang auswirken können. Dies ist besonders dann der Fall, wenn sie nur einen *Teil* des Menschen, zum Beispiel seine momentane Krankheit, sein Alter oder eine spezielle Fertigkeit berücksichtigen und ihn damit in ein bestimmtes Rollenverhalten zwingen, wie dies in einem großen Teil der modernen Arbeitswelt bereits stattgefunden hat. Den daraus entstehenden Spannungen versucht der Einzelne durch Ausbau seines individuellen Lebensraums zu entrinnen, was wiederum einen höheren Raumbedarf und höhere Umweltbeanspruchung mit sich bringt.

Wie die Vorstellung der erträglichen Dichte einerseits von hergebrachten kulturellen Normen abhängt (der Südländer hält andere soziale Distanzen als der Nordländer) und anderseits von der inneren Struktur der sozialen Gemeinschaft, so auch der Wunsch nach sozialen Kontakten. Auch hier sind keine absolut gültigen

Mittelwerte zu bestimmen; ja, die Festlegung und Einhaltung solcher Mittelwerte würde stärkste psychische Belastungen zeitigen, weil der Mensch jedes Erlebnis, so auch das soziale Erlebnis, nur in rhythmischem Wechsel innerhalb einer harmonischen Skala auszukosten vermag. Entscheidend ist vielmehr, daß der gestaltete Lebensraum eine größtmögliche Vielfalt an sozialen Begegnungsmöglichkeiten anbietet, denn jedes Individuum hat je nach Charakter, Lebensalter und momentaner Stimmung wechselnde Bedürfnisse nach Öffnung oder nach Abschließung. So kann ein Zwang zur Geselligkeit ebenso aufreibend sein wie die Unmöglichkeit, aus der sozialen Isolation herauszutreten.

Abschließend sei noch auf einen weiteren materiell nicht greifbaren Aspekt des Lebensraums hingewiesen, der sich mit dem Begriff des *qualitativen* Raumes umschreiben ließe. Es ist ein altes Bedürfnis des Menschen, im sichtbaren und erlebbaren Raum bestimmte Bedeutungsgehalte vorgezeichnet zu finden, die ihm das Bewußtsein einer verbindenden Ordnung und geistiger Werte geben, in die er sich und sein Handeln sinnvoll einfügen kann. Je nach dem Inhalt und der Ausgestaltung einer Kultur kann die Art der räumlichen Sinngebung wechseln, doch daß es zu den Notwendigkeiten des Menschenlebens gehört, solche Zeichen zu setzen und aufzunehmen, ist unbestreitbar. So kann man feststellen, daß jede Kultur und jede Zeit eine Art von gemeinsamer Zeichengebung hat, die auch das ihr gemäße Raumerleben bezeichnet. Die Geschichte zeigt, daß jedes menschliche Bewußtsein von der Thematik, die den geistigen Schwerpunkt einer Epoche bestimmt, so stark durchdrungen wird, daß es die Denkformen und die Verhaltensweisen seiner Kultur für die einzig natürlichen und vernünftigen hält.

Anschauliche Beispiele dafür ergeben sich aus der Betrachtung verschiedener Kulturbereiche des Menschen: Der archaische oder der «primitive» Mensch erlebte den Raum im magischen Sinne, als eine geheimnisvolle, von dämonischen Mächten durchzogene Welt, der er sich selbst einverwoben fühlte und mit der er sich durch seine Riten in Einklang setzte. Der Grieche erfuhr die Erscheinungen der Natur und die Werke begnadeter Menschen als unmittelbare Einwirkungen seiner allgegenwärtigen Götter. Der gläubige Mensch des Mittelalters sah den Raum von den Wahrzeichen der göttlichen Schöpfung erfüllt. In seinen großen Bauwerken bemühte er sich darum, die himmlische Ordnung zu vergegenwärtigen und im irdischen den heiligen Raum zu gestalten, der durch die Kraft seiner Symbole den Bezug zum Kosmos öffnete.

Anders der moderne Mensch des technischen Zeitalters. Auch er hat seinen Mythos: den Glauben an die Allmacht der exakten Wissenschaften. Doch hat dieser moderne Glaube den Menschen nicht dazu anleiten können, den Raum mit lebendigen Bildern und Gestalten zu erfüllen, weil er an sich schon dem bildhaften Ausdruck entgegengesetzt ist. Vielmehr hat er ihn dazu geführt, den Raum seiner qualitativen, das Gefühl und die Einbildungskraft ansprechenden Werte zu entblößen, denn erst im entseelten, materiell und zahlenmäßig erfaßbaren Raum konnte sich die Eroberung der Natur durch die Technik vollziehen. Die Sinnentleerung des Raumes, die dadurch stattfand, beruhte auf der Voraussetzung, daß sich der Mensch nicht mehr als Teil seines Lebensraums begreifen, sondern ihm als unabhängige Größe gegenübertreten wollte. Diese Abstraktion, die ja auch die Voraussetzung jedes wissenschaftlichen Ansatzes ist, führte dazu, daß die lebendigen Zusammenhänge zwischen Mensch und Umwelt immer weiter durchschnitten wurden. Die Leere und die Beziehungslosigkeit, die sich dadurch einstellten, haben sich zu einem Grundproblem der Gegenwart ausgewachsen, dessen Thematik sich ebenso in der modernen Philosophie und im zeitgenössischen Drama spiegelt wie in der bildenden Kunst.

Aber nicht nur die Kulturgeschichte des Menschen, auch die Beobachtung der Tierwelt lehrt uns, daß die bildhafte Prägung der Umwelt eine Grundvoraussetzung sinnvollen Lebensverhaltens ist und entscheidenden Einfluß auf das Wohlbefinden ausübt. So hat die Verhaltensforschung darauf hingewiesen, daß für höhere Lebewesen weniger die absolute Größe des Raumes zählt als dessen sinnlich wahrgenommene Gliederung und Ausgestaltung, sobald gewisse Minimalbedürfnisse erfüllt sind. Ebenso verhält es sich mit den eingehaltenen Sicherheitsabständen: Je weniger Anhaltspunkte, je weniger Abwechslung, Deckung und Sicherheit das Lebewesen findet, um so größer sind die eingehaltenen Distanzen und damit auch die mengenmäßigen Raumansprüche.

Aus dem Gesagten mag deutlich geworden sein, welcher Art die dringenden Aufgaben der Umweltgestaltung sind, für die der Politiker ebenso wie der Planer, der Bauherr ebenso wie der Architekt, der Einzelne ebenso wie die Gesellschaft verantwortlich sind. Es geht darum, die trennenden Einschnitte zu überbrücken, die sich durch einseitiges, quantitatives Denken und durch den wahllosen Gebrauch zivilisatorischer Mittel zwischen den Menschen und seinen Lebensraum gelegt haben. Es geht darum, die qualitativen Werte im Lebensraum zu fördern, jene Marksteine der Empfindung, die den Menschen anzusprechen vermögen und ihm das Gefühl der Verbundenheit mit seinesgleichen wie mit der belebten Umwelt vermitteln. Diese Verbundenheit zeigt sich nicht zuletzt darin, daß für den Bereich der Natur und für die vom Menschen gestaltete Umwelt ähnliche Gesetze gelten. Wie der Mensch und sein natürlicher Lebensraum von alters her aufeinander abgestimmt sind — dies ist ja der eigentliche Sinn des der Biologie entstammenden Umweltbegriffs —, so sind es auch die gleichen Lebensbedingungen, die der Pflanzenwelt, der Tierwelt und den Menschen bekömmlich sind: Artenreichtum, vielfältige Verflechtung der Lebenselemente, natürliches Gleichgewicht innerhalb einer Vielzahl spontaner Ausbildungen, zyklisch sich wiederholende Lebensvorgänge, Reichtum an individuellen Merkmalen innerhalb einer größeren Ordnung — alle diese Erscheinungen enthalten Werte, die sowohl im ökologischen wie im raumplanerischen Bereich aufbauend und wohltuend wirken und die nicht ohne Schaden angegriffen werden können.

Die Entsprechungen zwischen der naturnahen Kulturlandschaft und der baulichen Umwelt des Menschen: In beiden Bereichen sind es die Vielfalt der organischen, beziehungsweise der baulichen Ausbildungen sowie der innere Zusammenhang der einzelnen Elemente, welche die tragenden Werte des Lebensraums entstehen lassen. Linke Bildseite: Oben eine vielfältige und harmonische Architektur am Beispiel eines gewachsenen Stadtkerns. Unten architektonische Monotonie und Unwirtlichkeit am Beispiel einer schematisch geplanten Siedlung, wie sie heute überall in der Welt stehen kann. Die Funktion der Unter-

bringung ist aus dem ganzen Lebenszusammenhang herausgerissen und isoliert, was in letzter Konsequenz zur serienmäßigen Stapelung von Menschenmassen und zur beziehungslosen Aneinanderreihung von Gebäudeblöcken führt.
Rechte Bildseite: Oben der Reichtum einer vielfältigen Kulturlandschaft, wie sie nur durch bäuerliche Pflege entstehen kann. Unten die Öde einer landwirtschaftlichen Monokultur, die durch die Beschränkung auf die eine Funktion der Nahrungsbeschaffung nicht mehr gleichzeitig als Erholungslandschaft zu dienen vermag.

2. Die gefühlsmäßige Bindung des Menschen an seine Umwelt

«Der Mensch wird in der Welt nur das gewahr, was schon in ihm liegt; aber er braucht die Welt, um gewahr zu werden, was in ihm liegt. Dazu aber sind Tätigkeit und Leiden nötig.»

In großer Knappheit spricht dieses Wort des Dichters Hugo von Hofmannsthal *(29)* aus, wie sich Mensch und Umwelt gegenseitig bedingen: Der geistige Bestand im Menschen kann nur durch das Erleben der Umwelt gefördert werden, die Umwelt muß aber auch den Anlaß dazu bieten, daß sich die Innenwelt nach außen hin verwirklichen kann. «Tätigkeit und Leiden», also aktives Handeln und passives Erfahren, sind dabei die Brücken, über die sich die Verbindungen zwischen Innenwelt und Außenwelt, zwischen Mensch und Umwelt herstellen lassen. Fehlen diese Verbindungen oder sind sie nur schwach, so kann weder das Innere des Menschen zu Tage treten, noch kann der Mensch zu einem vollen Erlebnis der Außenwelt gelangen.

Um den Zusammenhang zwischen Innenwelt und Umwelt zu veranschaulichen, versetzen wir uns am besten in die Erlebnissphäre des Kindes, denn hier läßt sich besonders deutlich verfolgen, wie der Mensch seinen Lebensraum zu erfahren beginnt, und wie diese Erfahrung zugleich die Freisetzung seiner schlummernden Anlagen und Kräfte bewirkt. Dem werdenden Menschen ist die erste Umwelt der Körper der Mutter; dann wendet er sich allmählich fremden Gesichtern und Stimmen zu, und mit wachsendem Bewegungsvermögen folgen die ersten tastenden Schritte zur Eroberung des Raumes. Der erste räumliche Erfahrungsbereich sind die Wiege, das Laufgatter mit seiner begrenzten Spielwelt, dann folgt das Zimmer mit den darin befindlichen Gegenständen und den darin sich bewegenden Menschen, später die Wohnung und schließlich das Vorgelände: Straße, Garten, Außenwelt. Dieser Prozeß der Raumerfahrung vollzieht sich in konzentrisch nach außen wachsenden Ringen, die eine zunehmende Erweiterung des Lebensbereiches anzeigen und gleichsam die persönliche Umwelt des einzelnen Menschen bilden. Jede Ausweitung des Lebensbereiches, das heißt jeder Zuwachs an Welterfahrung, bedeutet zugleich eine Zunahme an Selbsterkenntnis und Selbsterfahrung. Mit der sukzessiven Erweiterung des Lebensbereiches werden auch die inneren Kräfte gefördert, die im Kern dieser konzentrischen Ringe ruhen, und die man als das innerste Eigenwesen des Menschen bezeichnen könnte.

Die Wechselwirkung zwischen Mensch und Lebensraum, die sich in der Art der ersten kindlichen Welterfahrung zeigt, bestimmt aber auch das menschliche Leben als Ganzes. Durch seine gestalterischen Eingriffe prägt der Mensch den Lebensraum; der Lebensraum wirkt seinerseits prägend und verändernd auf den Menschen zurück. Dieses unablässige Wechselspiel kann freilich mit starken Verzögerungen vonstatten gehen, so daß der auslösende Mensch nicht immer mit dem empfangenden übereinzustimmen braucht. Oft sind es erst die Nachkommen, die die Auswirkungen der Handlungen der Väter spüren. Daraus ergibt sich die Verantwortung, die jede Generation mit der Gestaltung ihres Lebensraumes übernimmt: Indem sie bereichernd oder verarmend auf die Umwelt einwirkt, steckt sie die Erlebens- und Entfaltungsmöglichkeiten der nächsten Generation ab, bestimmt das Maß und die Art der menschlichen Verwirklichung, die den Nachfolgenden gegeben ist.

Welches sind nun die Elemente des Lebensraums, die dem Bewohner die Möglichkeit zur individuellen Entfaltung und Verwirklichung geben? Damit fruchtbare Wechselbeziehungen zwischen dem Menschen und seinem Lebensraum entstehen können, müssen Entsprechungen zwischen den inneren Anlagen des Individuums und dem erlebten Außenraum bestehen. Die Eindrücke und Erfahrungen, die der Mensch, vor allem der junge Mensch, in der Außenwelt gewinnt, müssen etwas Inneres anklingen lassen, müssen als Auslöser latenter Empfindungen und Erlebnisse wirken können. Ausgehend von der Annahme, daß der Mensch nicht unabhängig von der übrigen Schöpfung erschaffen worden ist, und daß er nicht getrennt davon bestehen kann, darf man auch annehmen, daß seine seelische Struktur und seine Erlebensmöglichkeiten auf die naturgegebenen Reize der Umwelt abgestimmt und dadurch vorgeprägt sind. Die naturnahe Landschaft ist der *ursprüngliche* Lebensraum des Menschen und sein ureigenstes Erlebensfeld. Auch wenn der Mensch der Gegenwart den engen Zusammenhang mit der Natur weitgehend unterbunden hat, ist seine psychische Struktur immer noch davon geprägt. Der Biologe Adolf Portmann spricht von einem Quell der seelischen Regeneration, der in der Naturlandschaft enthalten sei und die seelischen und schöpferischen Kräfte im Menschen zu erneuern vermöge *(30)*:

«Obwohl wir uns in unserem Denken über die Natur erhoben haben, bilden in uns selbst die Urkräfte der Natur den Nährboden für unser Leben. Diese Kräfte werden aber genährt aus dem ständig immer erneuerten Zusammenhang mit der Natur. Ständig frische Eindrücke aus der lebendigen außermenschlichen Natur sind Voraussetzung für das Strömen der Kräfte. Wo dieser Strom unterbrochen ist durch ein von der Natur abgeschnittenes Leben, da verkümmert unsere Einbildungskraft als die Quelle menschlicher Taten. (...) Unsere Seele verarmt heute infolge der Mangelwirtschaft an Natureindrücken. Sie leidet auch unter dem Mangel an Beziehungen zur Geschichte usw., aber für den Biologen steht der Umstand im Vordergrund, daß unsere Naturbeziehungen verkümmern. Der Mensch ist so geschaffen, daß er abhängig ist von Duft, Ton, Farbe, Form, daß der Umgang mit dem Sternenhimmel, mit den Jahreszeiten in der Natur, mit allem, was lebt und ist, zum normalen Umschwung seines Lebens gehört. Wo diese Beziehungen – zum Beispiel nur schon die Beziehung zu Tag und Nacht, zu Sonne, Mond und Sternen – für den heutigen Menschen belanglos geworden sind, da hat er gleichzeitig ein Stück seines Menschseins preisgegeben und den Zusammenhang seiner eigenen Person verloren. Von da aus erhebt sich die letzte Forderung nach einer neuen Art von Verantwortung anderem Lebendigen gegenüber, nach einer lebendigen Auseinandersetzung über das Recht des Lebens aller außermenschlichen Gestaltungen.»

Auch für diese Art des Umwelterlebens können wir wieder auf das Beispiel des Kindes zurückgreifen: Denken wir daran, wie die vielfältigen Reize und Anregungen der Natur das primäre Erleben des werdenden Menschen ansprechen und ihm wahre Befriedigungen vermitteln: Mit Sand und Erde spielend umzugehen, einen

Bachlauf zu verfolgen, im Gehölz sich zu verbergen, eine Felsen-
höhle zu erforschen, Steine zu schichten, Bäume zu erklettern, eine
Kuppe zu besteigen oder sich in einer Mulde einzuschmiegen, in
einer selbsterbauten Hütte zu übernachten, all diese Erlebnisse geben
Impulse zur Entdeckung und Entfaltung des Menschenwesens,
die auch im Erwachsenen nachwirken.

In und neben den Bildern aus der Landschaft erfährt der
Mensch auch Eindrücke aus der kulturell geschaffenen Umwelt,
die der Natur eingeflochten ist. Ihre Erscheinungsformen sind Siedlungen und landwirtschaftlich gestaltete Gebiete, soziale, wirtschaftliche und politische Einrichtungen. Obwohl diese kulturell geprägte
Umwelt in einem gewissen Gegensatz zum Naturraum stehen kann,
gehorcht sie ganz verwandten Grundsätzen. Auch hier sind Vielfalt
und Beziehungsreichtum die entscheidenden Kriterien für die Güte
des Lebensraums und den Gehalt der vermittelten Erlebnisse. Je
mehr ein Stadtteil, ein Platz, ein Gebäude oder eine soziale Einrichtung den Menschen als Ganzes anspricht statt nur einzelne
Aspekte seines Daseins zu berühren (wie etwa seine Funktionen als
Einkäufer, als Berufsmensch, als Verkehrsteilnehmer, oder als Ver-
gnügungssuchender), um so stärker wird er sich ihnen durch das
Erlebnis verbunden fühlen. Je mehr Vielfalt und Bewegungsmög-
lichkeiten ein umbauter Lebensraum bietet, je mehr visuelle und
soziale Kristallisationspunkte er enthält, um so einladender wirkt er,
und um so mehr wird der Einzelne darin eingehen und sich darin
betätigen wollen.

Dies aber, die Möglichkeit und der Wunsch zur tätigen Anteilnahme ist es, was die gefühlsmäßigen Bindungen des Menschen an seinen Lebensraum entstehen läßt, was ein Stück Umwelt
zur *Heimat* macht. Denn je stärker diese Beziehung zwischen
Mensch und Lebensraum ist, um so stärker fühlt sich der Einzelne
zur individuellen Mitgestaltung seiner Umwelt berufen. Erst dadurch
entstehen die einmaligen Züge, durch die sich das Individuum
und die Gesellschaft ausprägen: Erst die Unverwechselbarkeit
eines Gartens, eines Bauwerks oder eines ganzen Ortsbildes
kann dem Lebensraum sein Gesicht geben und ihn mit Sinn und

seelischer Bedeutung erfüllen. Mit jedem solchen Akt der gestaltenden Selbstverwirklichung schlägt der Mensch neue Wurzeln in
seiner Umwelt: Dadurch, daß er ihr ein Stück seines eigenen
Wesens gegeben hat, findet er sich in ihr verkörpert. Indem er
sich in ihr wiedererkennt, vermag er sich mit ihr zu identifizieren.
Damit wächst seine Bereitschaft zur Liebe und zur Pflege, und
nur so kann er dazu gelangen, sich für seinen Lebensraum *verantwortlich* zu fühlen. Der Identifikationsprozeß, der auf diese Weise
stattfindet, ist ein wesentliches Moment zur Abkehr vom unersättlichen Fortschrittsstreben. Denn der Mensch, der sich an seine
Umwelt gebunden und sich in ihr zuhause fühlt, wird nicht die
Veränderung um der Veränderung willen anstreben.

3. Umweltplanung als Erfüllung menschlicher Grundbedürfnisse

Ausgehend von den bisherigen Ausführungen wollen wir die
wichtigsten Grundbedürfnisse aufzählen, die erfüllt sein müssen,
um das psychische Wohlbefinden innerhalb der menschlichen zu
gewährleisten. Die Aufzählung soll nicht nur deutlich machen,
welche zivilisatorischen Einflüsse die erlebnisfördernden Qualitäten
des Lebensraums gefährden, sondern auch, welcher Art die kulturellen Werte sind, die zur Erhaltung dieser Qualitäten beitragen und
deshalb besondere Förderung im Rahmen der Planung verdienen.
Eine erste Reihe von Grundbedürfnissen läßt sich unter dem
Stichwort der *Geborgenheit* vereinen. Die Suche nach Schutz und
Sicherheit ist ein elementarer Trieb, der zur Errichtung von Bauten
und zur gesellschaftlichen Organisation des Menschen in hohem
Maße beigetragen hat. Unter diesem Aspekt empfindet der Mensch
vor allem jene Raumelemente als wohltuend, die Deckung und
Rückhalt gewähren: In der Natur etwa die Höhle, den schattigen
Baumwipfel, den bergenden Wald, die geschlossene Waldlichtung,
die Talmulde, den Baumgarten um das Gehöft oder auch nur die
Hütte auf weiter Flur. Im dörflichen und städtischen Lebensbereich

Kontinuierliche Gestaltung des Lebensraums durch die Kraft der lebendigen Überlieferung: Der Prozeß des schöpferischen Gebens und Nehmens spiegelt sich besonders schön im Bild unserer Altstädte, wo eine über Jahrhunderte fortgesetzte Wechselwirkung zwischen Aufnehmen und Neugestalten zu einem reichen und reizvollen Stadtbild geführt hat. Die vielfältigen individuellen Merkmale, mit denen sich die Bausubstanz angereichert hat, stehen nicht für sich, sondern verbinden sich zu einem harmonischen Gesamtgefüge.

Folgende Bildseite: Die Bindung des Menschen an seinen Lebensraum: Bis ins 19. Jahrhundert hinein waren Straßen und Plätze ein vollwertiger Bestandteil des öffentlichen Lebensraums. Sie dienten als voll einsehbare Spielräume des tätigen Lebens und der sozialen Kontakte, in denen sich der Bürger durch eigene Anteilnahme mit seiner Stadt verband. Die Belebung des Raumes, die dadurch entsteht, zeigt sich deutlich in der vorliegenden Zeichnung, die den früheren Zustand der Spitalgasse in Bern festhält.

sind es die Bindungen an eine vertraute Menschengruppe und an einen vertrauten Lebensrahmen, die Überschaubarkeit der räumlichen und sozialen Verhältnisse, welche die Geborgenheit vermitteln.

Alle unüberblickbaren und nicht durch das eigene Erlebnis überprüfbaren Erscheinungen können dagegen unheimlich und beunruhigend wirken. Dies gilt ebenso für die Unberechenbarkeit und die oft nicht mehr nachzuvollziehende Sprunghaftigkeit des privaten Motorfahrzeugverkehrs wie auch für die Anonymität bestimmter moderner Dienstleistungen, die nicht mehr von Menschen, sondern von Automaten erfüllt werden. Bedeutsam sind in diesem Zusammenhang auch die Elemente und Materialien, die zur Gestaltung der Umwelt verwendet werden. Organische Werkstoffe, die das Wirken der Natur erkennen lassen, oder solche, die den Ausdruck der gestaltenden menschlichen Hand tragen, vermögen sehr viel mehr Wärme zu vermitteln als künstliche und mechanisch geformte Elemente.

Als wesentlicher Beitrag zur Vermittlung von Geborgenheit dürfen ferner alle jene Elemente des Lebensraums angesehen werden, die durch ihr Wesen Dauer und Beständigkeit ausstrahlen. Als Erstes ist hier die Beständigkeit des baulichen Lebensrahmens zu nennen, die in angenehmem Kontrast zum Wechsel des Alltags steht und nicht durch allzuviel Unrast gestört werden darf; ebenso die Unverwechselbarkeit der näheren, täglich durchgangenen Umwelt mit ihren besonderen Kennmarken und Wahrzeichen und nicht zuletzt der überlieferte Bestand an historischen Bauten und Ortskernen. Sie lösen vielleicht am stärksten die Empfindungen von Dauer und Kontinuität aus und geben dem Menschen gleichsam die Versicherung des bruchlosen Übergangs aus der Vergangenheit in die Zukunft — Werte, die über die denkmalpflegerische Schutzwürdigkeit hinausgehen und durch das entfesselte quantitative Wachstum allzu leicht und unwiderruflich vernichtet werden können.

Eine zweite Reihe von Grundbedürfnissen wollen wir unter dem Begriff der *Anregung* zusammenfassen. Wie sich das menschliche Erleben nur im rhythmischen Wechsel entfalten kann, und wie

die Wahrnehmung des Kontrastes bedarf, so brauchen die Werte der Ruhe und der Geborgenheit den Kontrapunkt der Bewegung und des Heraustretens. Nur durch dieses Wechselspiel kann ein Erlebnis wahre Befriedigung schenken, erst so kann auch Ruhe zum Erlebnis werden. Deshalb ist es ein Merkmal sinnvoller Lebensgestaltung, daß immer wieder der harmonische Ausgleich zwischen den Gegensätzen hergestellt wird. Hierzu hat die Umweltgestaltung wichtige Voraussetzungen zu liefern, wenn auch der Ausgleich selbst mehr in den Bereich der individuellen Lebensführung fällt.

Was dabei unter dem Aspekt der Anregung gesucht wird, sind vor allem die Reize des offenen Raums und die Momente der Überraschung: Im Naturraum etwa die Weite der Landschaft oder der Berggipfel, wo sich der Mensch der Natur ausgesetzt fühlt. Auch die schnellen Wechsel und Übergänge zwischen den Elementen der Landschaft vermögen diese anregende Spannung zu vermitteln und müssen deshalb besonders beachtet werden, – man denke nur an die beziehungsreichen und gern besuchten Orte wie Seepromenaden und Flußufer, Waldränder und Bachtobel. Im kulturell gestalteten Raum wären vor allem die vielfältigen und ungezwungenen Begegnungsmöglichkeiten zu nennen, die das gut gestaltete Quartier und die Stadt zu bieten haben: Begegnungen zwischen Mann und Frau, zwischen Jung und Alt, Berühmt und Unbekannt, abwechslungsreiche Bauten und Freiräume, Fußgängertreffpunkte und einladende Platzgestaltungen, all das sind Möglichkeiten zur Bereicherung der Kontakte und zur Belebung. Wichtig ist dabei, daß Reize und Anregungen nicht in Überreizung ausarten, daß sie im menschlich aufnehmbaren Maß bleiben und durch räumliche und zeitliche Ruhepunkte gestützt werden, die ihre Verarbeitung ermöglichen. Wie entscheidend die Frage des Maßes ist, läßt sich etwa aus den Auswüchsen der Reklametechnik beobachten, die das menschliche Bedürfnis nach Stimulation auf ihre eigene Weise verwertet und dabei oft Verunstaltungen der Ortsbilder und der Landschaften erzeugt.

Die dritte Art von Grundbedürfnis, die wir mit dem Begriff

der *Verwurzelung* bezeichnen könnten, gründet sich auf die vorangegangenen beiden Bedürfnisse der Sicherheit und der Stimulation. Denn wie zu zeigen versucht wurde, ist die gefühlsmäßige Verwurzelung des Menschen in seinem Lebensraum das Ergebnis eines Identifikationsprozesses, der sich im nehmenden und gebenden Erleben abspielt und deshalb auf die genannten Aspekte der Geborgenheit und der Anregung angewiesen ist.

Was nun die Umwelt bieten muß, um den Verwurzelungsvorgang zu fördern, sind gleichsam Anknüpfungspunkte, an denen sich das individuelle Erlebnis im aufnehmenden oder im gestaltenden Sinne festhalten und an die sich die Erinnerung ranken kann. So sind es vor allem die unverwechselbaren und kennzeichnenden Merkmale des Lebensraums, die zu diesem Zweck erhalten oder geschaffen werden müssen: In der Landschaft sind es etwa die besonderen Bodengestalten, einmalige Gesteinsformationen, seltene Pflanzen, ehrwürdige Baumgestalten und heimische Tierarten, an die sich menschliche Empfindungen knüpfen können. Im Kulturraum ist es dagegen die Eigenart bestimmter Räume, Bauten und Einrichtungen, die besonderen Sinngehalt vermitteln und Symbolwert ausstrahlen. Man denke etwa an den Reiz von Plätzen, in deren Baugestalt sich über Jahrhunderte hinweg der Geist einer bestimmten Gemeinschaft spiegelt, an die Eigenart historischer Bauten, in denen sich der genius loci kundgibt, an die Anziehungskraft gut gestalteter öffentlicher Bauten wie Theater und Ausstellungshallen, oder auch nur an die besondere Stimmung eines baumbestandenen Platzes oder einer einladenden Brunnenanlage.

Ästhetik im engeren Sinne spielt hier eine geringere Rolle als die Einmaligkeit solcher Kennzeichen und ihre Fähigkeit, den Menschen anzusprechen, ihn zu individuellen schöpferischen Leistungen anzuregen, durch die er sich seinerseits der Umwelt eingestaltet. Entsteht diese lebendige Schwingung zwischen Aufnehmendem und Gestaltendem, zwischen Vergangenem und Gegenwärtigem, so kann der Gestaltende aus einem inneren Einverständnis mit seiner Umwelt schöpfen. Dadurch wieder entstehen die ausgewogenen Übergänge und die stimmigen Gesamteindrücke inner-

126

halb eines Ortsbildes, entstehen zwanglose Einheit und Harmonie in
der Vielfalt des individuellen Ausdrucks*.

Um den Spielraum und die konkrete Bedeutung dieser drei
Grundbedürfnisse näher zu beleuchten, soll nun ein Ausblick auf
die räumliche Anwendung solcher Grundsätze in der Umweltpla-

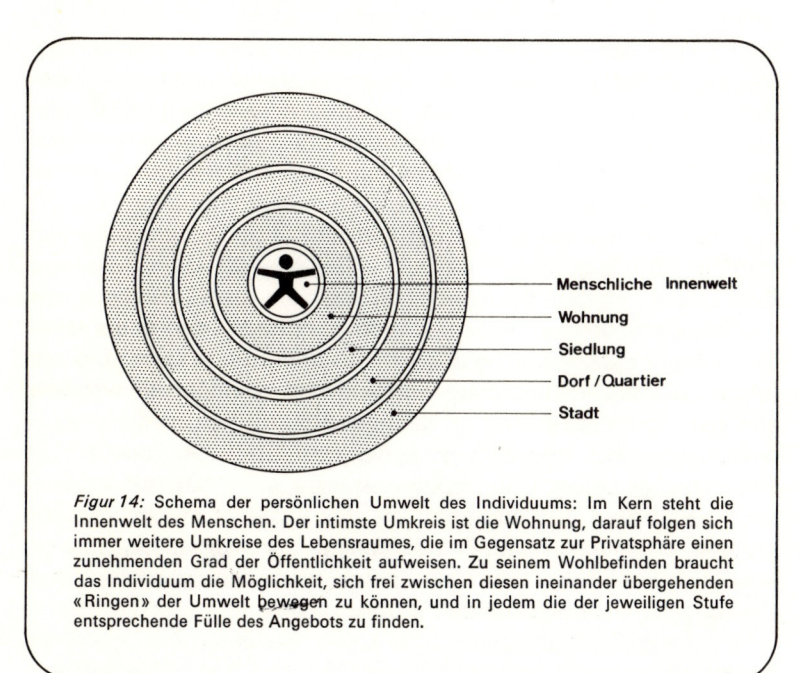

Figur 14: Schema der persönlichen Umwelt des Individuums: Im Kern steht die
Innenwelt des Menschen. Der intimste Umkreis ist die Wohnung, darauf folgen sich
immer weitere Umkreise des Lebensraumes, die im Gegensatz zur Privatsphäre einen
zunehmenden Grad der Öffentlichkeit aufweisen. Zu seinem Wohlbefinden braucht
das Individuum die Möglichkeit, sich frei zwischen diesen ineinander übergehenden
«Ringen» der Umwelt bewegen zu können, und in jedem die der jeweiligen Stufe
entsprechende Fülle des Angebots zu finden.

*Es ist diese Art harmonischer Verbindung zwischen Vielgestaltigkeit
im Einzelnen und Einheitlichkeit im Ganzen, die der modernen Architektur
kaum mehr zu gelingen scheint. Wie der Architekt Rolf Keller in seinem Buch
«Bauen als Umweltzerstörung» *(31)* zeigt, drohen die beiden Pole heute immer
stärker auseinanderzuklaffen: Vielgestaltigkeit wird zu Chaos verzerrt, Einheitlichkeit erstarrt zu Monotonie.

nung gegeben werden. Wie am Beispiel des aufwachsenden Menschen gezeigt worden ist, kann die subjektiv erlebte Umwelt in Ringen zunehmender räumlicher Ausdehnung und wachsender Welterfahrung dargestellt werden. Wir können dieses archetypische Bild als ein unsichtbares Weltgehäuse verstehen, das jedes menschliche Individuum um sich ausgebildet hat und das in mannigfachen räumlichen Schichten alle seine Lebens- und Erfahrungsbereiche enthält. Versuchen wir, diese Schichten, in denen der Mensch sich denkend und handelnd bewegt, räumlich zu bezeichnen, und halten wir uns dabei vor allem an die kulturell gestaltete Umwelt, so werden wir grundsätzlich folgende vier Bereiche unterscheiden können: den Wohnraum, die Siedlung, das Quartier oder das Dorf und die Stadt.

Im Kern, gleichsam als engste Schale des Individuums und seiner Innenwelt, steht der *Wohnraum* des Menschen. Es kann dies das Zimmer, eine ganze Wohnung oder ein Haus sein, das der Einzelne zu seiner Verfügung hat, also jener Raum, den er als seine privateste Sphäre besitzt, in die er sich zurückziehen kann, und wo er mit sich selbst ins Reine kommen muß. Demgemäß ergeben sich bestimmte Anforderungen nach Ruhe und Abgeschlossenheit, die der Wohnraum zu erfüllen hat. Als *Innen*raum soll er Abschirmung gegen Lärm, Erschütterungen und übermäßige Bewegungen bieten. Er soll der Außenwelt auch optisch nicht zu sehr ausgesetzt sein aber doch den sicheren Ausblick in die Außenwelt gewährleisten. Besonders wichtig ist also die Gestaltung der Kontaktzonen, wie der Balkone, Terrassen und Vorplätze, während übermäßige Verglasungen das erwünschte Spannungsfeld zwischen Innenraum und Außenraum zu sehr abbauen.

Im Grundriß sollten das Zimmer, die Wohnung oder das einzelne Haus nicht derart eingeengt oder standardisiert werden, daß dem Bewohner nur noch eine einzige Nutzung der Räume und nur eine Anordnung der Möbel offen steht. Denn damit ist ihm die Möglichkeit genommen, mit der Ausgestaltung seiner Räume seine Eigenart zum Ausdruck zu bringen. Auch eine übermäßige Perfektion im Ausbau kann sich als Einengung der Bewohner auswirken, weil sie ihnen unter Umständen einen teuer bezahlten Komfort aufzwingt, auf den sie zugunsten von mehr Wohnraum oder mehr eigenen Gestaltungsfreiheiten zu verzichten gewillt wären. Ein unentbehrlicher Komfort ist freilich eine gute Schallisolation zwischen den Wohnungen und innerhalb der Wohnung selbst. Denn innerhalb jeder Wohngemeinschaft sollte dem Einzelnen die Möglichkeit zu einem eigenen Raum oder einem eigenen Raumteil gegeben sein, in dem er für sich selbst leben kann. Bereits auf der Stufe der Wohnung ist die Möglichkeit zur Abscheidung ebenso wichtig wie die des ungezwungenen vertraulichen Kontaktes.

Eine zweite Schale umhüllt diesen engeren Wohnbereich und bildet den Übergang zur Außenwelt und zum öffentlichen Bereich: die Sphäre der *Wohnsiedlung* oder der Häusergruppe, in welchen sich die Nachbarschaftsbeziehungen entfalten können. Besonders wichtig sind hier die halböffentlichen Zwischenräume, die den Wohnbereich nach außen hin erweitern und ungezwungene soziale Begegnungen ermöglichen. Treppenhäuser und Vorplätze, aber auch der Vorgarten, die Zufahrtsstraße und die Kinderspielplätze bilden das engere Außenrevier, über das die Bewohner eine Art gemeinsames Verfügungsrecht ausüben. Ihre Gestaltung durch den Architekten oder ihre Gestaltbarkeit durch den Bewohner selbst ist außerordentlich wichtig. Dies gilt besonders für die Übergänge vom Haus zum Garten: Große, gepflegte aber unbelebte Rasenflächen wirken hier wie Ödland, während naturnah gestaltete Kinderspielplätze, einladende Baumgruppen, Sitzplätze oder Wasserbecken sofort Leben anziehen. Besonders erwünscht wären bestimmte Reviere, die vom Bewohner selbst unterhalten werden können. Man dürfte sich dabei ruhig der alten Schrebergärten erinnern, die ganz andere Pflegetriebe wecken als das sogenannte soziale Grün. Individuelle Gestaltung der Bauten und der dazwischenliegenden Räume trägt auch dazu bei, daß jeder Teil der Siedlung sein eigenes, unverwechselbares Gesicht erhält, daß also auch der Bewohner selbst das Gefühl des Eigenwertes innerhalb der Gemeinschaft erhält. Dasselbe gilt nicht zuletzt für die Über-

Der Widerstreit zwischen den Erfordernissen des Verkehrsflusses und der Qualität des Raumes. Das reiche Beziehungsspiel der individuell versetzten und einander zugewandten Baukörper eines alten Dorfes läßt hochwertige öffentliche Räume entstehen. Verengung und Erweiterung fördern das Raumerlebnis und schaffen den Eindruck einer Abfolge von Aufenthaltsräumen im Freien. Alle diese lebensfördernden Reize laufen aber den mechanischen Gesetzen des Verkehrsflusses zuwider und sind immer wieder in Gefahr, ihm geopfert zu werden.

Beispiel eines architektonischen Kahlschlages zugunsten einer «Sanierung» des Durchgangsverkehrs. Die ganze rechte Hälfte eines Dorfgebildes wurde hier dem Verkehr geopfert, wodurch der in sich geschlossene Lebensraum des Dorfes aufgerissen und zerstört worden ist. Die verbleibenden Bauten sind zur eindimensionalen Staffage herabgemindert.

gänge vom Haus zur Straße, also für Gehsteige, Vorplätze, Sack-
gassen, welche die Vermittlung zum öffentlichen Leben herstellen und den spielenden Kindern gleichsam zur Einübung in
andere Lebensverhältnisse dienen. Abrupte Einschnitte, wie sie zum
Beispiel der Durchgangsverkehr verursacht, können diese wichtigen
Bereiche in lebensfeindliche Zonen verwandeln.

Zusammen mit der räumlichen Gestaltung spielt auch das
Spektrum menschlicher Begegnungen und Kontakte eine große
Rolle innerhalb des Siedlungsbereiches. Denn hier sind noch Möglichkeiten zu fast familiären Kontakten gegeben, welche in den Bereichen des Quartiers und der Stadt nicht mehr gesucht und kaum
mehr möglich sind. Durch ein geeignetes Angebot verschiedener
Wohnungsgrößen und -typen sowie durch eine entsprechende
Vielfalt von Mietern kann in der Siedlung eine altersmäßige und be-
rufliche Durchmischung entstehen, die auch die natürliche Erneuerung der Siedlungsgemeinschaft erleichtert. Die Siedlung sollte nach Möglichkeit nicht nur einzelne Teile, sondern die Vielfalt der
Gesellschaft repräsentieren. Erwünscht ist freilich nicht eine wahllose, sondern eine abgestimmte Durchmischung, die zu gegenseitigen Verflechtungen einlädt und nicht zur gegenseitigen Abscheidung Anlaß gibt.

Ein dritter Umkreis, der nun bereits öffentlichen Charakter
zeigt, ist der Bereich des Dorfes oder des städtischen *Quartiers*, wo
mehrere Wohnsiedlungen oder Häusergruppen zu einer größeren
Einheit zusammengefaßt und mit den für den täglichen Bedarf
notwendigen Einrichtungen versehen werden. Dazu gehören vor
allem Primarschulen, Kirchen und Versammlungsräume, Lebensmit-
telläden und Restaurants, die alle in Fußwegdistanz erreichbar
sein sollten. Die Straßenräume, Fußwege, Plätze und Grünanlagen,
die zu den zentralen Einrichtungen des Quartiers führen oder direkt
damit verbunden sind, werden vom Bewohner als angestammte
und besonders vertraute Reviere empfunden, wenn auch der
öffentliche gegenüber dem privaten Charakter überwiegt. Ebenso
haben menschliche Begegnungen in diesem Bereich immer noch
den Charakter des Vertrauten, Gewohnten (im Dorf grüßt man sich

noch bei jeder Begegnung), wenn auch mit steigendem Öffentlichkeitsgrad der Zug zur Repräsentation stark zunimmt.

So kann das räumliche Erlebnis auf der Stufe des Quartiers
etwas von einem öffentlichen Schauspiel in gewohnten und all-
täglichen Kulissen haben. Fußwege, Trottoirs und Platzgestaltungen
sollten auf dieses Bedürfnis des Sehens und Gesehenwerdens
Rücksicht nehmen, indem sie das Promenieren gestatten, den ungezwungenen Sichtkontakt mit der Umgebung fördern und die
durchschrittenen Räume möglichst abwechslungsreich und interessant gestalten. Doch nicht nur die spontane Begegnung, auch
das gegenseitige Ausweichen sollte ermöglicht werden. Plätze und
Straßen bewahren in diesem Rahmen den Charakter eines öffentlichen Wohnraums, der nicht vom motorisierten Verkehr dominiert
werden sollte. Denn sein höchster Reiz liegt im Gleichgewicht
zwischen Elementen der Ruhe und Bewegung, zwischen den Bauten und Naturelementen wie Bäumen, Gärten und Anlagen einerseits und den darin sich bewegenden Menschen anderseits.

Als vierte und äußerste Schale der subjektiv erlebten Umwelt nennen wir den Umkreis der *Stadt*, der den höchsten Grad
der Öffentlichkeit aufweist und bereits stark von der Anonymität
des Einzelnen gekennzeichnet ist. Hier kann und will sich das
Individuum der vollen Öffentlichkeit aussetzen, Ungewohntes und
Überraschendes, auch Fremdes und Exklusives erleben. Die bevölke-
rungsmäßige und kulturelle Verdichtung der Stadt mit ihren besonderen Einrichtungen, wie Theater, Hallen, Stadien, Warenhäuser,
Spezialgeschäfte, erlaubt auch besondere Arten von Öffentlichkeits-
erlebnissen. Zugleich aber trägt das reich gegliederte Gebilde der
Stadt auch alle vorhergehenden Sphären in sich: die Wohnsiedlung ebenso wie den Arbeitsplatz, der dem Öffentlichkeitsgrad
des Quartiers entspricht, und auch die Versammlungsstätten und
Stammlokale, die als zentrale Treffpunkte im Quartier dienen.

So liegt der besondere Reiz der Stadt in der Vielfalt ihrer
Lebensbereiche und nicht zuletzt im Kontrast, der sich dadurch ein-
stellt. Sie lebt nicht nur vom kosmopolitischen Charakter ihres
Kerns, sondern auch von der Eigenständigkeit ihrer Quartiere. Denn

Gehsteige als Träger des öffentlichen Lebens im Quartier. Oben: Ein breit angelegter, mit Bäumen bestandener und gut abgeschirmter Gehsteig kann zu einer Promenade werden, die Leben anzieht und Leben ausstrahlt. Ungezwungene soziale Kontakte und ein bunter Querschnitt von Läden, Betrieben und Gaststätten geben dem Anwohner vielfältige Anregungen. Die Möglichkeit, auf der vertrauten Bühne des Alltags sein Eigenwesen zum Ausdruck zu bringen und die Einordnung in die Gemeinschaft zu erfahren, vermittelt lebensnotwendige Impulse. Unten: Die Lebensfülle des oberen Bildes ist hier durch den Verkehrsstrom beschnitten. Die Art, wie sie sich dennoch zu behaupten sucht, weist auf die Stärke des dahinterstehenden Bedürfnisses.

je höher die Eigenart und die Selbständigkeit der Quartiere sind, um so höher ist auch die Attraktivität und die Lebenskraft der Stadt als Ganzes. Dementsprechend ist das Wachstum der Stadt nur so lange sinnvoll, als dadurch geschlossene Einheiten entstehen, die sich organisch aneinanderfügen. Eine ungegliederte Ausbreitung der Stadt in das umgebende Land dagegen kann ein Wachstum mit sich bringen, das die optimale Größenordnung der Stadt überschreitet. Die neu angehängten Stadtbezirke wirken dann als schwere Gewichte, die von der bestehenden städtischen Substanz der alten Kernquartiere zehren, ohne selbst einen aufbauenden Beitrag zu leisten. Ihre mangelnde Eigenständigkeit wirkt sich in einem übermäßigen Verkehrsaufkommen aus, das seinerseits die Selbstzerstörung der Stadt einleitet, indem es die baulichen und sozialen Bezüge zerschneidet, die das Wesen der Stadt ausmachen.

Der besondere Geist einer Stadt, der sich im Stadterlebnis kundtut, besteht einerseits in den reichen sozialen Verflechtungen und Begegnungsmöglichkeiten, anderseits in der Eigenart ihrer baulichen Kennzeichen, die der Mensch nur in der ungestörten Begehung aufnehmen und erleben kann. Dazu gehören traditionsreiche Plätze, in denen sich die Bedeutung und die Geschichte der Stadt spiegeln, monumentale Bauten, in denen sich kollektive Hoffnungen und Bestrebungen der Bürgerschaft äußern, sowie gewachsene Kerne und Quartiere, in denen sich eine eng verbundene Lebensgemeinschaft verkörpert hat. Nicht weniger bedeutsam sind die Kennzeichen der landschaftlichen Lage, die der Stadt ihr besonderes Gepräge leihen – welche Unterschiede bestehen zwischen Seestädten, Flußstädten und Gebirgsstädten! – und die ihre bauliche Entfaltung von Anfang an mitbestimmt haben.

Die schematische Abstufung der individuellen Lebensbereiche, wie sie hier aus städtebaulicher Sicht skizziert wurde, erhebt keinen Anspruch auf Vollständigkeit oder Allgemeingültigkeit. In unserem Zusammenhang soll sie nur dazu dienen, die Differenzierungen zwischen öffentlicher und privater Sphäre anschaulich zu machen, welche die räumlichen Lebensbereiche prägen und das menschliche Erleben fördern. Es muß ein wesentliches Anliegen der Raumplanung sein, den Reichtum dieser Lebensbereiche zu erhalten und zu stärken und dem Bewohner zu ermöglichen, die freie Wahl innerhalb des gegebenen Spielraums zu treffen. Denn je nach Alter, Stimmung oder Veranlagung wird der Mensch andere räumliche Umkreise bevorzugen; der Sinn der Planung kann also nicht darin bestehen, dem individuellen Lebensfluß feste Regeln aufzuzwingen, sondern nur darin, dem Einzelnen jene Vielfalt von Möglichkeiten zu öffnen, deren er zu einer sinnvollen Lebensführung bedarf. Besonders sind deshalb die sogenannten irrationalen Bedürfnisse des Menschen zu beachten, etwa sein Wunsch nach spontanem Ausdruck, nach freier Gefühlsäußerung und unberechneter Lebensfreude, sein Bedürfnis auch nach dem Einschluß des Zufalls, der so zum menschlichen Schicksal gehört wie die volle Berechenbarkeit ein Merkmal der Maschinenwelt ist*.

Der Planer muß sich hier eingestehen, daß der menschliche Lebensraum nicht nur nach funktionellen Zweckmäßigkeiten plan-

---

*Kennzeichnend für das allmähliche Durchdringen solcher Erkenntnisse in den Kreisen der Architekten und Planer wie auch der Hochschulen ist die jüngst geäußerte These des Architekten Benedikt Huber *(32)*:

«Wenn die Stadtplanung sich nicht mehr in erster Linie mit der Bewältigung des Wachstums beschäftigen muß – wie das bisher der Fall war –, so hat sie die vermehrte Möglichkeit, sich mit der bestehenden Bau- und Stadtsubstanz auseinanderzusetzen. In diesem bestehenden Rahmen sind die irrationalen Faktoren zum Teil bereits vorhanden oder *noch* vorhanden. Die Aufgabe oder die Beschränkung der Planung wird, neben der Bewältigung der Bedürfnisse, darin bestehen, daß sie den freien Spielraum für diese irrationalen Faktoren gewährleistet, heißen diese nun Zufall, Unperfektes, Spontaneität oder Intuition. Praktisch heißt das, daß eine städtebauliche oder architektonische Ordnung nicht so stark sein darf, daß sie nicht durchbrochen oder überspielt werden kann, daß die engere und weitere Umwelt des Bewohners, die Wohnung, die Fassade, der Vorgarten, der Platz und die Straße, wieder *durch das Individuum und durch seine emotionellen Bedürfnisse mitgeprägt werden darf.* Das bedeutet auch, daß bei einer unbestrittenen Notwendigkeit der Raumplanung Schweiz die Planung nicht nur von oben nach unten, sondern ebenso stark von unten, vom Individuum, nach oben erfolgen sollte, wobei in Kauf genommen werden muß, daß die planerische Effizienz und die angestrebte Ordnung darunter leiden.»

Architektonischer Perfektionismus gegen spontane Lebensfülle: Bei aller aesthetischen Ausgewogenheit hat die abgebildete moderne Einkaufsstraße (linke Bilder) auch etwas Glattes und Steriles an sich, das den Besucher gleichsam abprallen läßt. Dagegen üben die formal vielleicht zu be-

mängelnden Zufallsbildungen wie der enge, heterogene aber reizvolle Straßenzug rechts oben oder die improvisierten Marktstände rechts unten eine viel größere Anziehungskraft aus, ja, gerade durch ihren unfertigen Zustand scheinen sie sich dem Menschen zu öffnen und ihn gleichsam einzusaugen.

bar ist. Der Raum will mit qualitativen Werten erfüllt sein, die nur über die Kräfte des Erlebens gezeugt und wiederempfunden werden können, er ruft nach *Gestaltung*. Eine solche Gestaltung kann nicht von außen herangetragen oder künstlich aufgesetzt werden. Wie im Bereich der schaffenden Natur und der Künste kann auch hier die lebendige Form nicht eine nachträgliche Zutat sein, sondern muß als Ergebnis eines inneren Wachstumsprozesses entstehen. Sie ist weder aus technischen Grundregeln noch aus mehr oder weniger willkürlichen ästhetischen Prinzipien zu gewinnen, sondern nur durch liebevolle Einfühlung in die menschlichen Lebensvorgänge und Erlebnisquellen sowie durch die mitschöpferische Beteiligung der von der Planung betroffenen Individuen.

Nur so wird es möglich, ein Wohlbefinden zu fördern, das sich selbst genügt und keiner Ersatzbefriedigungen bedarf. Erst dann wird auch der Bruch zu überwinden sein, der sich heute zwischen Bauendem und Wohnendem, zwischen Planendem und Beplantem aufgetan hat und den Menschen mit seiner Umwelt hat uneins werden lassen. Bevor sich dieser Riß nicht wieder zutut, bevor der Mensch nicht wieder in Einklang mit seiner selbst errichteten Umwelt steht, wird es keine echte Bereinigung der Umweltprobleme geben. Denn der Mensch, der gezwungen ist, seinem selbst geschaffenen Lebensraum zu entfliehen, wird sich dadurch immer weiteren Teilen seiner gegebenen Umwelt entfremden, und der Fortschritt, den er auf diese Weise begeht, muß sich immer zerstörerischer auf die Naturgrundlagen auswirken. Raumplanung und Ökologie stehen hier in unauflöslichem Zusammenhang, denn eine gute Umweltgestaltung bietet die besten Voraussetzungen zur nachhaltigen Lösung vieler ökologischer Probleme.

4. Wege zu einem erneuerten Naturverständnis

Seit Jahrtausenden haben Sammler, Jäger und Ackerbauer in und mit der Natur gelebt, und wenn sie sich auch gegen ihre Gewalten auflehnten oder sie zu überlisten suchten, blieben sie doch ihren Gesetzen unterworfen. Die Anpassung des Menschen an die Natur und ihre Kreisläufe spiegelt sich deutlich im Bild der naturnahen Kulturlandschaft und der traditionellen Siedlungsformen, die im Laufe der Jahrtausende die Landschaft vielerorts umgestaltet, aber sie mit wenigen Ausnahmen nicht *gegen* die Naturgesetze verändert haben. Dadurch ist das in traditioneller Weise bebaute Land durch das Zusammenwirken von Mensch und Natur reich und mannigfaltig geworden. Äcker, Wälder und Feldgehölze, Moore und Sümpfe, Siedlungen, Dörfer und Städte haben sich zu einem Gebilde gefügt, das über die Summe seiner Bestandteile hinaus ein lebendiger Organismus ist, wo jedes mit jedem in unablässiger Wechselbeziehung steht. Auch die Schönheit, die uns beim Anblick einer solchen Kulturlandschaft berührt, ist nichts Geplantes, nichts Gewolltes, sondern der Ausdruck eines inneren Einverständnisses zwischen Mensch und Natur, eines gegenseitigen Gebens und Nehmens, das weniger auf einseitigen Nutzen als auf Harmonie ausgerichtet ist. So hat sich auch das Bauwesen dem Boden, dem Gestein und dem Wuchs der Vegetation verbunden gefühlt, hat mit ihnen gearbeitet, hat das natürliche Gelände durch seine eigenen Schöpfungen überhöht und die im Boden angelegten Reize zur Entfaltung gebracht.

Mit dem Aufstieg der industriellen Zivilisation ist in diesem alten Verhältnis des Menschen zur Natur ein grundlegender Wandel eingetreten, eine Umkehr, die als einer der größten Einschnitte in der Geschichte der Menschheit bezeichnet werden kann. Die früher übermächtige Gewalt der Natur wurde gebrochen, der Mensch hat sich durch seine technischen Erfindungen weitgehend von der Natur abgehoben, hat sie für die eigenen Zwecke in Dienst genommen. Naturschätze und Landschaftsräume wurden als lebloses, frei verfügbares Rohmaterial für zivilisatorische Prozesse angesehen und ausgebeutet, und auch die Siedlungsformen paßten sich immer weniger der Landschaft an, sondern lösten sich von ihr ab, wurden nach eigenen, von der Natur unabhängigen Gesetzmäßigkeiten erstellt. Den epochalen Wandel im Denken und Handeln, der auf diese Weise stattgefunden hat und der die Erdoberfläche in weniger als zwei Jahrhunderten stärker verändert hat als in den vorangegangenen Jahrtausenden menschlicher Kulturgeschichte, wollen wir mit den Worten des Historikers Hans Freyer *(33)* beschreiben:

«Die auf Wissenschaft fundierte Technik, mit der das industrielle Zeitalter arbeitet, ist eben nicht nur dem Grad, sondern der Art nach etwas Neues, ebenso wie schon die neuzeitliche Wissenschaft selber in der Denkgeschichte der Menschheit einen neuen Typus des Erkenntniswillens und des methodischen Zugriffs darstellt. Während die alten Techniken, mit denen die Menschheit, auch die Hochkulturen, bis 1800 ausgekommen sind, die Natur zwar nicht durchweg stehenließen, wie sie war, aber mit ihr rechneten, wie sie war, sich immer nur ihrer Vorgaben bedienten, nur ihre ärgsten Widrigkeiten abwehrten und ihre großen Vorgänge im Kleinen nachahmten, reißt die industrielle Technik die Natur dort auf, wo ihre innersten Strukturen verborgen sind und wo ihre latenten Energien schlummern. Die natürlichen Bestände werden von ihr nicht einfach genützt, auch nicht bloß veredelt, sondern in abstrakte Elemente zerlegt, in die sie sich von selbst nie zerlegen würden, und nach neuen Bauplänen konstruktiv zusammengesetzt, auch zu Materien, die in der Natur nicht vorkommen. Energien werden aufgestaut, die sich von allein an dieser Stelle nie aufgeladen hätten, und sie werden auf Wirkungsbahnen geleitet, die genauso künstlich sind. Auch vor den von der Natur wohlgehüteten Geheimnissen des Lebens machen Wissenschaft und Technik nicht mehr halt. Sie greifen experimentierend und manipulierend in organische Abläufe und seelische Prozesse ein. Mit alledem macht sich das industrielle System zwar nicht unabhängig von den Vorgegebenheiten der natürlichen Erde – irgendwie muß es auf sie zurückgreifen –, aber es löst sie aus ihren Zusammenhängen los und rafft sie in Zwecke hinein, die es selber setzt.

Der industrielle Produktionsprozeß löst sich von der Landschaft ab, mit jedem technischen Fortschritt wird seine Bindung an sie loser, seine Selbstherrlichkeit größer, bis zu dem Grenzwert hin, daß die Landschaft zu der bloßen Standfläche wird, die nach rein industriellen Erwägungen frei gewählt werden kann. Wie beziehungsreich war die gewerbliche Wirtschaft, noch bis in die Anfänge des industriellen Zeitalters hinein, über die Gebirgstäler, die Stadtbezirke und die Landschaften der schiffbaren Flüsse verteilt und in sie eingegliedert! Diese konkreten Bindungen – Goethe schildert sie im 3. Buch der Wanderjahre – lockern sich mehr und mehr; großenteils sind sie schon dahin. Perfekte Industrie kann auf jedem Grunde stehen. Sie legt den Grund, auf dem sie steht, selber: planierend, regulierend, zum Teil unterirdisch. Sie löst sich sogar von den bodengebundenen Energiereserven ab, und dieser Abstraktionsvorgang ist besonders merkwürdig, denn anfangs massierten sich die Fabriken eben doch auf bestimmten Naturgrundlagen: auf den Kohlenlagern, die, aus den Sumpfmoorwäldern des Paläozoikums gebildet, das Heizmaterial in sich bargen, mit dem die

Maschinen des regnum hominis betrieben wurden. Doch auch das war keine endgültige Bindung. (...)

Diese seine Abstraktheit gegenüber der Landschaft ist natürlich der eigentliche Grund dafür, daß sich das industrielle System in so hohem Grade als übertragbar, als expansiv erweist, wie wir das in unseren Tagen erleben. Sein Ursprung liegt ja doch in ganz wenigen, relativ kleinen Landschaften West- und Mitteleuropas, und noch das ganze 19. Jahrhundert hindurch konnte der Industrialismus als Hochleistung und als Sonderschicksal der europäischen Altländer erscheinen. In der Epoche der Weltkriege aber ist der industrielle Prozeß universal geworden; eine Grenze, an der er haltmachen könnte, ist nicht mehr erkennbar. Auch Räume, die nie eine Hochkultur und nicht einmal eine dichtere Besiedlung getragen haben, übergreift er, oder er hat sie schon übergriffen, sie sogar mit besonderer Vehemenz. (...)

Dieser abstrakt disponierende, in funktionalen Beziehungen denkende Blick auf die Landschaft ist zwar als solcher nichts absolut Neues. Es hat ihn, wenn man so will, schon immer gegeben (wie denn in der Geschichte nicht nur alles immer noch da ist, sondern auch alles immer schon da war). Er war da bei den Führern der großen Fernwanderungen, die ihre Trecks aus Menschen, Tieren und Wagen so in die Falten des Geländes legen und so in die Pässe der Hochgebirge einschleusen mußten, daß er nicht steckenblieb und nicht verdurstete. Er war da bei den Seefahrern und Kolonisten, die ihre Schiffe so ankern und ihre Niederlassungen so plazieren mußten, daß sie weder den Stürmen noch den Seeräubern zur Beute fielen. Er war da, wenn von den Hauptstädten der alten Reiche aus das System der Fernstraßen entworfen wurde, mit dem sich ihre Herrschaft in dem größeren Raum allgegenwärtig machte.

In der Industriekultur aber ist dieser Blick, der die Landschaft unter Zwecke subsumiert, dominant geworden. Wo sich der industrielle Produktionsapparat mit seinen Anlagen und Zubringersystemen auf ihr festsetzt, denkt er die Landschaft in diesem Sinne um: ihre Wälder in Reserven für seinen Bedarf an Zellulose, ihre Gewässer in den verfügbaren und rational zu bewirtschaftenden Vorrat an Trink- und Nutzwasser, ihre verkehrsgünstig gelegenen Freiflächen in Standorte für neue Werksanlagen, ihre Berge und Täler in Erholungsgebiete für die Städter. In den Neuländern ergibt das die charakteristischen, sozusagen glasklaren Siedlungsbilder, die ohne historisches Fundament von vornherein auf den industriellen Zweck hin entworfen sind. In den alten Kulturländern aber hat das Kategoriensystem der Industriekultur in die älteren Schichten, die mit großer Mächtigkeit auf ihnen lagen, hineingeplant werden müssen, und es ist nicht zu verwundern, daß diese Schichten wie in einer geologischen Revolution, die nur eben von oben her gekommen ist, angegriffen, zerrissen und verworfen worden sind.

In dem ausgewogenen Haushalt, der in jenen älteren Schichten herrscht, spielen viele Faktoren mit, die funktional nicht verrechnet und willentlich nicht intendiert werden können. Nun aber wird eine Logik, die durchgängig funktional denkt und alles als intendierbar voraussetzt, auf sie angewandt. Das gilt sowohl für die Bestände der bäuerlich bestellten Landschaft wie auch für die Werkwelten der alten Städte. Daß ein Fluß, außer daß er Wasser und Fische spendet, ein Kraftwerk speisen und zudem als Vorflut für die Abwässer der Industrie dienen solle, war in keiner der beiden Landschaften vorgesehen, nun aber wird es ihm angesonnen. Doch schließlich ist auch der Markt einer alten Stadt, dem die Parochialkirche ihr Hauptportal und die Bürgerhäuser ihre Giebel zukehren, nicht dazu bestimmt gewesen, mit weißen Schrägstrichen bemalt zu werden, die den Autos vorschreiben, wie sie zu parken haben; nun aber wird er und werden die Gassen, die in ihn einmünden, daraufhin funktionalisiert. Am reichsten aus vielfältigen Elementen zusammengesetzt ist der innere Haushalt der Landschaften, die durch einen geschlossenen Bewuchs, sei es auch durch einen menschlich kultivierten, charakterisiert sind. In ihnen sind natürliche Kreisläufe am Werk, die ihr Gleichgewicht aufrechterhalten, sofern sie nicht durch künstliche Eingriffe unterbunden werden. Das lehrt jede noch nicht in die Vollrationalisierung einbezogene Dorfflur mit ihren scheinbar unnützen, in Wahrheit höchst heilsamen Einsprengseln, mit ihren Hecken, Gebüschen und Gehölzen, mit dem Uferbewuchs ihrer Rinnsale und ihrem Kleingetier. Und das lehrt jeder Wald, der mit seinem Blätterdach, seinem Unterholz, Moosbelag und Wurzelgrund seinen Wasserspiegel hält und seinen Humus selber erzeugt. Gerade diese Kreisläufe sind aber auch empfindlich, nicht so sehr gegen Natureinwirkungen, aber gegen die Zugriffe der Industriekultur. Sie werden dann nicht nur verwirrt, sondern außer Kraft gesetzt, und diese Veränderungen greifen an das Herz der Landschaft.»

Der Griff an das Herz der Landschaft, wie ihn Freyer beschreibt, hat auch Gegenkräfte ausgelöst: Heute besinnt sich der von der Zivilisation übersättigte Mensch auf Werte und Schönheiten der Landschaft zurück, die früher so selbstverständlich waren, daß sie selten ausdrücklich erwähnt wurden. Der drohende Verlust kostbarer Naturlandschaften hat ein neues Bewußtsein geweckt, das sich im Ruf nach Naturschutzgebieten und nach Freihaltezonen äußert. Nie vorher ist der Mensch auf den Gedanken gekommen, die Natur in Schutz nehmen zu müssen. Erst die übermäßige Entfernung von den natürlichen Grundlagen hat ihn dazu gebracht, die Natur aus neuem Blickwinkel zu sehen und zu suchen. Aus dem Abstand, in den er sich begeben hat, erkennt er, daß die zivilisatorische Nachschöpfung, in die er eingespannt ist, nicht hinreicht, daß er der Elemente der Urschöpfung bedarf, um sein menschliches Dasein verwirklichen zu können. Denn gerade die Künstlichkeit der in den letzten Jahrzehnten entstandenen «Zivilisationslandschaft» nötigt ihn dazu, Ausgleich und Erholung im naturnahen Landschaftsraum zu suchen, in Wäldern, Fluren, Seen und Gebirgen, die noch nicht von der technischen Zivilisation geprägt sind und gerade deshalb besondere Kostbarkeit erlangen.

Diese für unsere moderne Zivilisation typische, in solchem Ausmaß noch nie dagewesene Zweiteilung zwischen Menschenwelt und Natur, zwischen Arbeit und Erholung, ist wegen der wesensmäßigen Divergenz von Natur und moderner Technik grundsätzlich wohl kaum mehr aufzuheben. Dennoch bleibt die Hoffnung, daß die wachsende Erkenntnis der Werte des Naturraums den Menschen zu einem neuen Verhältnis zur Landschaft zu bestimmen vermag. Das wesentlichste Merkmal einer solchen Wende wäre darin zu sehen, daß sich der Mensch neu darum bemühte, *mit* der Natur und nicht *wider* die Natur zu leben, zu pflanzen und zu gestalten. Das damit einhergehende Umdenken könnte ähnliche Züge aufweisen wie der Gesinnungswandel des Jünglings, wenn er ins Mannesalter tritt: Wie dieser aufhört, seine Kraft an den Eltern zu messen, wie sich seine Reife gerade darin kundtut, daß er die Eltern, im Vollbesitz seiner Kräfte, rücksichtsvoll behandelt, so muß auch der Mensch des 20. Jahrhunderts lernen, daß es heute – im Gegensatz zu früher – keine Herausforderung mehr ist, die Natur zu unterjochen. Anspruchsvoller und zugleich lohnender erscheint es, den schonenden, behutsamen Umgang mit der Natur zu suchen und statt der Natur die Auswüchse der technischen Zivilisation zu bändigen: der planlos wuchernden Besiedlung und ihrem willkürlich ausgreifenden Straßennetz Einhalt zu gebieten, die Monokulturen und die maschinelle Versteppung und Verödung der Landschaft in Grenzen zu halten, den hemmungslosen Energieeinsatz mit seinen die Landschaft prägenden Kennzeichen zu bremsen, den Ehrgeiz nach technischen Höchstleistungen zu zügeln, die auf Kosten der Natur gehen.

Einstweilen ist unsere Gesellschaft freilich noch weit davon entfernt, die Berechtigung einer solchen Denkungsart nicht nur partiell – etwa in den eigens ausgeschiedenen Naturschutzgebieten –, sondern in umfassender Weise anzuerkennen. Um dies festzustellen, braucht man nur die Selbstverständlichkeit zu beobachten, mit der heute noch viele technische Erfindungen zur Beherrschung der Natur in der Öffentlichkeit bejaht und hingenommen werden. Weiterhin werden uns verschiedenartigste zivilisatorische Neuerungen als Fortschritt gepriesen, die alle das eine gemeinsam haben, daß sie sinnvolle natürliche Verfahren durch teilweise absurde mechanische Prozesse ersetzen, die oft einen erheblichen künstlichen Energieaufwand bedingen. Ob es sich hierbei um moderne Feldtrockner handle, die anstelle der natürlichen Sonneneinstrahlung das gemähte Gras innerhalb von Minuten zu Heu verwandeln, ob es um Verfahren gehe, welche die herkömmliche Art des Abdeckens frostgefährdeter Rebstöcke durch eine künstliche Beheizung des ganzen Rebberges ersetzen wollen, ob es um die unmenschliche Stapelung von Tieren in intensiven Tierhaltungseinrichtungen gehe oder ob die massive künstliche Nebelvernichtung in Flughafengebieten zur Diskussion stehe – die Absicht ist immer die gleiche: die naturgegebene Schicksalsbestimmung durch eigenmächtige Planungsmechanismen zu ersetzen, natürliche Vorgänge durch künstliche Prozesse zu vertauschen und menschliche Anpassungsfähigkeit und menschliche Arbeitskraft zu erübrigen – man könnte auch sagen, menschliche Naturverbundenheit zu beheben. Daß dadurch notwendigerweise völlig naturfremde Spielregeln zum Zuge kommen, daß neue ökologische Probleme geschaffen werden und daß so die Trennung zwischen dem Menschen und der belebten Natur – die auch die Trennung des Menschen von seiner Innenwelt ist – vollends besiegelt wird, scheint jene wenig zu bekümmern, die nur einseitige wirtschaftliche Beweggründe anzuerkennen vermögen.

Ähnliche Einstellungen sind auch im modernen Bauwesen – trotz des allmählich eintretenden Umdenkens – heute noch gang und gäbe. Wie viele Straßenbauten, Flußkorrekturen, Waldrandbegradigungen, Uferverbauungen und Geländeverschiebungen be-

Die Verbauung der Naturlandschaft: Ein Stück der Aare-Landschaft in ihrem natürlichen Zustand (oben) und nach der Verbauung durch ein Kraftwerk (unten). Die Vielfalt der Vegetation und der Uferformen, die überraschenden kleinräumlichen Windungen, Buchten und Inseln der Flußlandschaft sind zerstört und lassen sich auch durch Neubepflanzung nicht wiederherstellen. Der Fluß scheint erstarrt zu sein und vermag nicht mehr die sinnlichen Wahrnehmungsreize auszustrahlen, die eine Erholungslandschaft in sich bergen muß.

ruhen immer noch auf diesem unbedachten und unwissenden Voranstellen funktionaler technischer Überlegungen und scheinbarer Bedürfnisse, wie viele solche Entscheide sind nur möglich auf Grund der Blindheit gegenüber den Werten und den Eigenheiten der Landschaft und ihrer Pflanzen- und Tierwelt, die doch die älteren Rechte besitzt! Das Übergewicht, das die technische Zivilisation heute zu gewinnen im Begriffe ist, macht es aber zusehends unmöglicher, über solche Fehlleistungen als harmlose Versehen hinwegzugehen. Eine realistische Planung kann es sich deshalb nicht mehr leisten, weiterhin auf solche Art die Zukunft zu verbauen, sondern hat von den unverrückbaren Naturgegebenheiten auszugehen: vom beschränkten und unwiederbringlichen Schatz der Naturgüter, der nicht willkürlich angegriffen werden darf.

Daraus ergeben sich neue Anforderungen für die Planung des Lebensraums, neue Zielsetzungen für den Ingenieur und Architekten: Nicht mehr die bedenkenlose Unterwerfung der Natur unter die zivilisatorischen Bedürfnisse, nicht die selbstverständliche Anpassung der Natur an die einseitigen und unersättlichen Wünsche des marktorientierten Menschen sind gefordert, sondern umgekehrt die rücksichtsvolle Anpassung menschlicher Ansprüche an die begrenzten Möglichkeiten der Natur. Also nicht nur Schutz des Menschen vor den Naturgewalten, sondern neuerdings auch Schutz der Natur vor den übersetzten und immer grobschlächtigeren technischen Eingriffen des Menschen. Unter dieser neuen Zielvorstellung kann «Entwicklung» nicht mehr einen unabhängigen, nach eigenen Gesetzmäßigkeiten ablaufenden Prozeß meinen, sondern die Erforschung der Möglichkeiten, wie die von der Natur angebotenen Güter am schonendsten zu gebrauchen sind – kurz, ein weises Haushalten und geschicktes Nutzen innerhalb naturgegebener Grenzen.

Das Ziel einer umfassenden Lebensraumgestaltung wird es deshalb sein, nicht nur Räume für zivilisatorische Aktivitäten auszuscheiden und die Art ihrer Nutzungen zu bestimmen, sondern den Bestand und den Gebrauch des Naturraums gesamthaft zu überdenken. Dabei darf der Naturraum nicht nur als Landreserve für zukünftige Besiedlung oder als erschließbarer Erholungsraum in Rechnung gestellt werden, sondern ist umfassend zu betrachten: als ein *Potential*, das eine physische, eine psychische und eine ökologische Dimension aufweist. Als physisches Potential bewahrt er die Landreserven und die Nahrungsquellen kommender Generationen. Als psychisches Potential dient er dem Erlebnis und der seelischen Kraftschöpfung. Als ökologisches Potential hütet er die biologischen, chemischen und klimatischen Elemente von Fauna und Flora, auf deren Ausgewogenheit wir in Zukunft angewiesen sind. In der Landschaftsplanung müssen diese drei Faktoren gesamthaft berücksichtigt werden, auch wenn sie sich nicht direkt mit wirtschaftlichen Erträgen verrechnen lassen.

Wir sind uns bewußt, daß die Erhaltung der ökologischen und der sinnlich-seelisch zu erlebenden Werte des Naturraums dem alten wirtschaftlichen Nutzdenken sehr entgegengesetzt sein kann. Zudem sind ökologische «Nischen» und landschaftliche Schönheiten wegen ihrer Reize gerade die verletzbarsten und am meisten dem Erschließungsdruck ausgesetzten Elemente des Lebensraums. Die Verzichte, die uns hier die neuen, der Bewahrung der Natur verpflichteten Zielsetzungen auferlegen, sind aber Verzichte nur aus unserer gegenwärtigen, dem kurzfristigen Gewinn verhafteten Optik. Sie werden aufgewogen durch die Harmonie und Beständigkeit des Lebens in einer naturgerechten und menschengerechten Umwelt. Die Erhaltung oder die Rückgewinnung eines harmonischen Lebensraums ist allerdings erst dann möglich, wenn diese Werte allgemein als reale Lebensnotwendigkeiten anerkannt werden; wenn die Verunreinigung von Luft, Gewässer und Boden nicht mehr als Schönheitsfehler abgetan, sondern als grundsätzliche Fehlentwicklung gewertet wird, wenn schließlich die Schaffenskraft, Erfindungsgabe und Ausdauer, die uns einst den gewaltigen Triumph über die Kräfte der Natur ermöglicht haben, in gleichem Maße den neuen Aufgaben zugewendet werden. Die Schonung der Natur wird sich dabei auch als Schonung des Menschen erweisen, denn ohne Ehrfurcht vor der

Natur ist auch keine Achtung vor dem Menschlichen denkbar, und ohne Anerkennung einer umfassenden Lebensgemeinschaft von Mensch, Tier und Pflanze läuft unser Handeln Gefahr, seine eigenen menschlichen Voraussetzungen zu mißachten. Wo diese Voraussetzungen der Menschlichkeit liegen, davon mögen die Schlußworte eines Vortrages sprechen, den Friederich Georg Jünger zum Thema der Planung gehalten hat *(34)*:

«Daß eine Pflanze, ein Tier, ein Bach, eine Landschaft abseits der Verrechnung des Nutzens da sind und Achtung verdienen, setzt einen dankbaren Menschen voraus. Es liegt Pietät darin, daß ein alter Baum oder ein Stein, die zum Wahrzeichen der Landschaft geworden sind, nicht gefällt oder gesprengt werden, daß ein Hügel, ein Berg, an die sich geschichtliche Erinnerungen knüpfen, nicht in ein Zementwerk verwandelt werden. Wer einen Weg sieht, der sich schlängelt und windet, sollte nicht gleich auf den Gedanken kommen, ihn zu asphaltieren, denn der Mensch braucht diese Bewegung. Wer einen Bach sieht, der sich schlängelt und windet, sollte nicht gleich auf den Gedanken kommen, ihn zu begradigen, zu betonieren und zu zementieren. Der Bach braucht diese Bewegung für sein Leben, und das Bachleben geht unter, wenn er zum Graben wird. Was ist von einer Wasserwirtschaft zu halten, die nur die mechanischen Gesetze des Ablaufs und der Stauung bedenkt, nie aber das Wasser selbst? Der Gedanke, daß das Wasser heilig ist, ist ganz verlorengegangen. Daß Tier und Pflanze große, stellvertretende Opfer für den Menschen bringen, wird nicht bedacht. Es darf aber nie vergessen werden. Die Achtung vor allem Lebendigen darf nie verlorengehen. Die Achtlosigkeit wirkt auf den Menschen zurück, als Leiden, das ihm zusetzt. Darum möchte ich nicht schließen, ohne zu sagen, daß denen, die sich in uneigennütziger Weise um Schutz und Schonung bemühen, unsere Achtung und unser Dank gilt. Uneigennützigkeit ist schon eine Spende, ein Opfer.»

V. Teil: Umbesinnung auf neue Werte

1. Freiheit und Bindung des Menschen

Die Geschichte der zivilisatorischen Entwicklung kann als ein dauerndes Ausweiten der physischen Freiheitsbereiche des Menschen interpretiert werden. Aus dieser Perspektive ließe sich der technische Fortschritt seit der industriellen Revolution als mehr oder weniger ungebrochener Siegeszug darstellen. Die Befreiung des Menschen von vorgegebenen Zwängen wurde zu einem maßgebenden Ziel der neuzeitlichen Zivilisation. So war in der Urzeit die menschliche Bewegungsfreiheit durch die Leistungskraft des menschlichen Organismus begrenzt. Dank der Erfindung des Rades, durch den Bau von Wagen und Schiffen, dann von Eisenbahnen, Autos und Flugzeugen, wurden diese Schranken mit der Zeit erweitert. Nicht nur ist die oberflächengebundene Erschließung aller Längen- und Breitengrade dauernd fortgeschritten, sondern auch das Erdinnere, die Meerestiefen und der Luftraum sind sukzessive zugänglich geworden, und mit den immer weiter gesteckten Bewegungsgrenzen wuchsen auch die Mengen der transportierten Personen und Güter an.

Bewußt oder unbewußt wurden solche Ausweitungen des zugänglichen Raumes und der Mobilität als segensreich empfunden und als Höchstleistungen gefeiert. Bis vor wenigen Jahren wurden Begriffe wie «schneller», «weiter», «höher» als selbstverständliche Indikatoren des menschlichen Fortschritts akzeptiert, und jeder Versuch, diese mit technischen Mitteln erschlossene Freiheit zu begrenzen, wurde mit Entrüstung zurückgewiesen, weil es unzulässig schien, den Fortschritt aufzuhalten. Diese schicksalshafte Art von Fortschrittsglauben beginnt heute zu wanken und einem langsamen, wohl epochalen Gesinnungswandel Platz zu machen. Erste Anzeichen dafür finden sich etwa in den Ratsdebatten über die Entwicklung des Überschall-Verkehrsflugzeugs in den USA; aber auch in der Schweiz geben öffentliche Auseinandersetzungen wie jene über die Geschwindigkeitsbeschränkungen im Straßenverkehr und die Begrenzung der Lastwagengewichte gewisse Anhaltspunkte für einen Wechsel in der Volksmeinung.

Die tieferen Gründe für diesen geschichtlichen Einschnitt sind bereits dargelegt worden: Sie liegen im steigenden Druck, den unser begrenzter Lebensraum den zunehmenden zivilisatorischen Tätigkeiten und Ansprüchen einer immer größeren Bevölkerungsmasse entgegensetzt. Die Einschränkungen, die sich daraus ergeben, sind durch menschliche Erfindungen und Kraftanstrengungen nur noch in sehr begrenztem Maße zu umgehen. Realistischerweise haben wir also davon auszugehen, daß der zunehmende Druck, der sich als Rückstau zunehmender zivilisatorischer Aktivitäten und zunehmender Bewegungsdichte innerhalb des Lebensraumes ergibt, unausweichlich ist und in gleichem Maße zunimmt, wie die zivilisatorischen Tätigkeiten selbst anwachsen. Daraus ergibt sich auch die Zwiespältigkeit, die der zivilisatorische Fortschritt annimmt, sobald er die von der Natur gegebenen Grenzen überschreitet. Denn in dem Moment, wo die menschliche Tätigkeit an die Grenzen des Lebensraumes stößt, tritt eine Umkehr in den bestehenden Verhältnissen ein: Die Freiheitsbereiche einzelner Menschen oder Gruppen beginnen sich aneinander zu reiben, die Bewegungsfreiheit des Einzelnen kann nicht mehr wachsen, sondern wird von den Mitmenschen beschnitten. Die Freiheit der einen kann sich plötzlich als Störung der andern erweisen, so daß wir jenseits dieser Grenzsituation auch von *zerstörerischer* Freiheit sprechen dürfen.

Betrachten wir vorerst die zwischenmenschlichen Aspekte der zerstörerischen Freiheit, und halten wir uns dazu ein alltägliches Beispiel vor Augen: Wenn an einem sommerlichen Sonntag Tausende von Menschen an einem Flußlauf Ruhe und Erholung suchen und ihnen dieses Vergnügen durch ein paar wenige Motorboote vergällt wird, so steht der Freiheit des einen, das heißt des Motorbootfahrers, die Freiheit einer großen Zahl von Badenden gegenüber. Der Fall ruft uns den bewährten Rechtsgrundsatz in Erinnerung, wonach die Freiheit des Einzelnen ihre Grenze am Freiheitsanspruch des Mitmenschen findet. Wo soll nun aber die Scheidelinie zwischen dem Freiheitsbereich des Motorbootfahrers und demjenigen des unmotorisierten Badestrandbesuchers gezogen werden?*

In der Regel beansprucht ein mit größerem Material- und Energieaufwand verbundenes Vergnügen einen größeren Anteil am verfügbaren Lebensraum als ein mit bescheidenem Aufwand betriebenes. In dieser Rangfolge steht der «unbewaffnete» Mensch, ob er sich nun als Fußgänger, Schwimmer oder Träumer präsentiere, am bescheidensten da. Wenn nun die Enge des Raumes eine Rolle zu spielen beginnt, wenn das Ausweichen immer schwieriger wird, erscheint es als ein Postulat der Gerechtigkeit, derjenigen «Partei» den Vorrang zu geben, welche die geringste Raumbelastung verursacht.

In diesem Zusammenhang wird deutlich, wie die Technik nicht nur den Arm des Kulturschaffenden verlängert. Auch gedankenlose und gleichgültige, rücksichtslose oder zerstörerische Tätigkeiten werden durch den technischen Hebelarm kräftiger und mächtiger. Ergibt sich daraus nicht, daß die Gesellschaft im Zweifelsfall zugunsten des weniger gewalttätigen, des ökologisch anspruchsloseren Menschen entscheiden sollte, um so mehr, als die hergebrachten technisch-wirtschaftlichen Prioritäten meist ein Gefälle zugunsten des anderen erzeugen? Wenn beispielsweise die Durchfahrtsrechte für Automobile durch Verfassung und Bundesgesetze geschützt sind, läßt sich dann angesichts der beginnenden Umschichtung von Prioritäten nicht auch ein Grundrecht ableiten, wonach jedes Individuum die Möglichkeit haben sollte, sich zu Fuß

---

*Das folgende Zitat mag ein Beispiel für die Doppelbödigkeit des Freiheitsbegriffs geben, wie er heute im Gebrauch ist:

«Die bloße Androhung eines Verbots des motorisierten Bootssports setzt uns alle, liebe Freunde, in hellen Aufruhr. Wo ist da die vielgepriesene Freiheit, die Gleichberechtigung, der Schutz der Minderheit, usw., fragen Sie mit uns. Im Jahre 1291 haben unsere Vorfahren die Bevogtung abgelehnt und die Vögte verjagt; haben wir dies im Jahre 1973 vergessen, oder wollen wir mit aller Entschiedenheit gegen die Bedrohung der Sportausübung in Freiheit auftreten?» (Aus einem Rundschreiben einer Gemeinschaft von Motorbootbesitzern, April 1973.)

oder mittels Muskelkraft und Rad von Ort zu Ort zu bewegen? Solche Privilegien hatte man früher im Überfluß, heute aber sind diese Möglichkeiten durch den Vorrang der material- und energie-verzehrenden Verkehrsmittel stark geschwunden.

Die zweite, vielleicht die umfassendste und auffälligste Form zerstörerischer Freiheit, liegt in der Verschmutzung der Umwelt durch einzelne Individuen – seien es Produzenten oder Konsu-menten – oder durch ganze Interessengruppen. Die physikalisch-chemischen Schädigungen von Boden, Luft und Gewässer oder die sinnlich wahrnehmbaren Beeinträchtigungen des Lebensraums, die dadurch verursacht werden, können unbeabsichtigt sein; entschei-dend aber ist, daß die Verursacher durch übermäßige Nutzung ihrer Freiheit und ihrer technischen Machthebel die Interessen der Allgemeinheit oder einer überwiegenden Mehrheit schädigen. Es entstehen dadurch die sogenannten sozialen Kosten, das heißt die Freiheit einer Minderheit hat sich auf Kosten einer Mehrheit der Gesellschaft betätigt.

Wirtschaftliche Vorgänge sind deshalb nicht mehr bloß nach dem direkten marktwirtschaftlichen Nutzen zu betrachten, den sie dem Begünstigten abwerfen, sondern müssen auch im Hinblick auf die schädlichen Auswirkungen beurteilt werden, die sie für die Allgemeinheit oder für die ökologischen Lebensgrundlagen haben. Im Verkehrswesen bedeutet dies beispielsweise, daß nicht nur die Kosten des Straßen- oder Pistenbaus in Rechnung gestellt werden sollten, sondern auch der Schaden, den die von den Auswirkungen des entstehenden Verkehrs Betroffenen erleiden. Marktwirtschaftlich gesprochen heißt dies, daß die sozialen Kosten vermehrt internali-siert werden müßten[*]. Käme eine solche Betrachtungsweise zum Durchbruch, so könnte mit wirtschaftlichen Lenkungsinstrumenten auf eine umweltgerechtere Funktion der Wirtschaft hingearbeitet werden. Allerdings bedürfte diese Internalisierung der Kosten eines

---

[*]Eine umfassende Theorie hiezu hat K.W. Kapp bereits anfangs der fünfziger Jahre geliefert, vor allem durch sein Werk: «Über die volkswirtschaft-lichen Kosten der Privatwirtschaft». (35)

weiten Anwendungsbereiches, denn viele wirtschaftliche Prozesse sind nur deshalb «lohnend», weil die langfristigen Kosten, die dadurch der Gemeinschaft entstehen, unberücksichtigt bleiben.

Daß Umweltverschmutzung heute als eine Schädigung der Allgemeinheit anerkannt wird, entspricht der wachsenden Einsicht, daß das körperliche und seelische Wohlbefinden des Menschen eng mit dem Zustand seines Lebensraums verknüpft ist. Dadurch ergeben sich gewisse Schranken für die menschliche Betätigung, die freilich weniger einfach zu bestimmen sind als der zuvor genannte Grundsatz, wonach die eigene Freiheit durch den Freiheitsbereich der Mitmenschen begrenzt ist. In diesem Falle befehden sich nämlich nicht zwei gleichgeartete und vergleichbare Gegner, sondern der Mensch tritt mit der stummen Natur in Konflikt, die angesichts des heutigen technischen Zerstörungspotentials eines schützenden Anwalts bedarf.

Fragt man sich, wer diesen Dienst des Anwalts versehen müßte, so kann der Kreis der Betroffenen nicht weit genug gezogen werden. Es ist sowohl der einzelne Bürger angesprochen als auch der handelnde Politiker und nicht zuletzt die kulturellen und politischen Vereinigungen. Entscheidendes Gewicht kommt dem Ingenieur, dem Architekten und dem Planer zu, die alle zwischen den technischen Wissenschaften und den politischen Entscheidungsträgern vermitteln und zugleich an der Ausführung der zivilisatorischen Eingriffe beteiligt sind. Wenn sie sich um ein tieferes Verständnis für die Folgen der Umweltgestaltung bemühen, und wenn sie zugleich empfindsam sind für den Wandel gesellschaftlicher Wertvorstellungen, so kommt ihnen die hohe Aufgabe des Vermittlers zwischen Mensch und Umwelt zu. Ihr Einfluß darf aber nicht überschätzt werden. Sie können im besten Fall Überblick verschaffen über die Zusammenhänge von Ursache und Wirkung; die Entscheidung selbst und die Pflicht, für deren Folgen einzustehen, bleibt aber nach wie vor der Gesellschaft und ihren Vertretern überlassen – eine Verantwortung, die ihnen niemand abnehmen kann und die durch keinerlei Bezahlung abzutragen ist.

Ein dritter und letzter Aspekt der zerstörerischen Freiheit

ist in der Vorwegnahme der Zukunft zu erblicken, wie sie heute durch voreilige Ausschöpfung des Naturpotentials stattfindet. Die Beschränkung, die hier not tut, läßt sich auf das uralte sittliche Gebot abstützen, wonach jedermann sich so verhalten soll, wie er selbst begegnet werden möchte, wobei wir diesmal den Mitmenschen nicht im Zeitgenossen, sondern im Nachfahren zu sehen haben. Es ist also die Verantwortung für die Lebensgrundlagen der nächsten Generation, die den heutigen Freiheitsbereich beschränkt. Hiebei braucht und soll man sich nicht auf Spekulationen über den Stand der technischen Möglichkeiten in zwanzig oder vierzig Jahren einlassen. Es genügt, wenn wir uns hier und heute bereitfinden, die bleibenden Werte unseres Lebensraums zu erhalten und ungeschmälert zu überliefern.

Vorläufig führt noch kein Weltpräsident die Abschreibungen in der öffentlichen Buchhaltung nach, die durch den einmaligen Verbrauch von Metallen oder Brennstoffen, die unwiderrufliche Zerstörung von Tropenwäldern oder den Verlust an landschaftlichen Schönheiten notwendig wären. Nur das wachsende Bewußtsein möglichst vieler, daß der wahre Wert eines Lebensraums für dessen Besitzer und Erben in der Rente liegt, die er abwirft, vermag die fehlende Autorität zu ersetzen. Je höher und sicherer diese Rente ist, um so wertvoller und kostbarer ist der Lebensraum. Damit nähern wir uns aus ökologischer Sicht der alten biblischen Vorstellung vom Menschen als Treuhänder eines ihm anvertrauten Gutes. Mit diesem Recht der Nutznießung ist der Auftrag des Pflegens verbunden, also die Pflicht, das überlassene Leben in gesundem und lebensfähigem Zustand an die Nachfahren weiterzugeben.

Muß diese traditionelle Ethik den Heutigen als eine hoffnungslose Überforderung der menschlichen Sittlichkeit erscheinen? Wir glauben das verneinen zu dürfen. Die Aufopferungsbereitschaft für die Nachkommenschaft war und ist für jede Elterngeneration ein wesentliches Motiv für uneigennütziges Handeln. Eben diese Einsatzbereitschaft erfordert nun heute, angesichts sich wandelnder Fortschrittsziele, auch eine andere Ausgestaltung: Früher war es mit dem sittlichen Anliegen vereinbar, Ländereien zu erschließen, Güter zu mehren, Geräte und Bauten zu schaffen, mehr Energie freizusetzen. In Zukunft wird der sittliche Auftrag folgerichtigerweise darin bestehen, Ruhezonen zu gewinnen und zu erhalten, Wälder, Gewässer und lebensfreundliche Kulturlandschaften zu pflegen, und allgemein das Kulturgut anstelle der Zivilisationsgüter zu wahren und zu mehren.

Das Phänomen der zerstörerischen Freiheit erinnert uns daran, daß der Mensch des 20. Jahrhunderts erstmals auf einen Stand gelangt ist, wo ihm Wissenschaft und Technik mehr Wege öffnen als sinnvollerweise begangen werden dürfen. Ein erster Schritt, um die Auswüchse der zerstörerischen Freiheit einzudämmen, besteht in der Anpassung der geltenden Rechtsmittel an die veränderte Situation. Einige wenige Hinweise mögen genügen, um die Art der Lösungen anzudeuten, die heute bereits verwirklicht oder noch gesucht werden.

Für die Schweiz ist vorab das im Entstehen begriffene Bundesgesetz über den Umweltschutz zu erwähnen. Es stützt sich auf einen Verfassungsartikel ab, der am 6. Juni 1971 mit einem Stimmenverhältnis von eins zu zwölf angenommen worden ist — ein Resultat, das seit Bestehen des Bundesstaates erst einmal (im Ersten Weltkrieg) übertroffen wurde. Mit diesem Gesetz wird der Versuch unternommen, die schädlichen und lästigen Auswirkungen der zivilisatorischen Tätigkeiten zum Stillstand zu bringen und womöglich zu vermindern; es soll also vor allem der ökologische Wirkungsgrad verbessert werden, während die Hauptfaktoren der zunehmenden Umweltbelastung (Bevölkerungswachstum, wachsender Material- und Energiefluß) dadurch noch nicht berührt werden. Trotzdem ist zu hoffen, daß die Zeit, die durch technologische und planerische Verbesserungen des Wirkungsgrades gewonnen werden kann, für eine grundlegende Umbesinnung genutzt wird.

Ein Rechtsinstrument, das die zukünftige Entwicklung schon wesentlich stärker zu beeinflussen vermag, ist das seit dem Jahre 1970 in den USA gebäuchliche «Environmental Impact Statement». Es handelt sich hiebei um einen Nachweis der Umweltverträglichkeit, der für neu geplante Maßnahmen und Projekte zu erbringen ist. Dieser Bericht muß vor der Verwirklichung aller großen technischen und baulichen Projekte erstellt und von der zuständigen Umweltschutzbehörde genehmigt werden. Vorerst beschränkt sich diese Verpflichtung allerdings auf die Projekte der öffentlichen Körperschaften.

Noch weiter gehen die zur Zeit in den USA und Deutschland laufenden Bemühungen zur Gründung von Institutionen, welche die Auswirkungen neuer Technologien abschätzen sollen (Technology Assessment). Mit einer solchen Institution möchte man frühzeitig analysieren, welches die möglichen schädlichen Folgen einer neuen Technologie oder eines neuen Produktes sein werden. Alternative Lösungen werden miteinander verglichen und auf ihre Auswirkungen im ökologischen und sozialen Bereich abgeschätzt. Damit hofft man, unerwünschten Entwicklungen vorbeugen zu können, statt ihnen erst in einem Stadium entgegenzutreten, wo sie bereits Schaden gestiftet haben und nur mit schwerwiegenden Folgen zu bremsen sind.

Was aber vor allem noch aussteht, ist ein umfassendes Gesetz zur sparsamen und haushälterischen Bewirtschaftung von beschränkt vorhandenen Ressourcen, denn bisher sind erst einzelne Teilbereiche der natürlichen Lebensgrundlagen erfaßt worden*. Freilich wäre eine solche Regelung aussichtslos, solange nicht alle industrialisierten Nationen ähnliche Bestimmungen erlassen. Denn ein Großteil der unvermehrbaren Naturgüter ist nicht territorial gebunden, und der Welthandel besorgt eine Verteilung, die vorläufig nur den Gesetzen von Angebot und Nachfrage unterworfen ist.

---

*Wie im 2. Kapitel des III. Teiles ausgeführt wurde, ist der Wald seit über siebzig Jahren durch das Eidgenössische Forstpolizeigesetz geschützt. Zu einer sparsameren Verwendung des Bodens soll das neue Raumplanungsgesetz verhelfen. Im Bundesgesetz über den Natur- und Heimatschutz vom Jahre 1966 werden vorab die Kantone angehalten, gewisse (kleine) Teile des heimatlichen Landschafts- und Ortsbildes, der geschichtlichen Stätten, der Natur- und Kunstdenkmäler, sowie bedrohte Tier- und Pflanzenarten zu schützen.

Bei aller Wünschbarkeit solcher Rechtsmittel muß aber auch darauf hingewiesen werden, daß durch neue juristische Instrumente *allein* den Auswüchsen der zerstörerischen Freiheit kaum vollständig beizukommen sein wird. Gesetze und Verordnungen sind ihrer Natur nach Sperren, die einem unerwünschten Fluß zur Abwehr entgegengesetzt werden; sie vermögen aber nicht die Kräfte und die Richtung des Flusses von innen her zu bestimmen. Dies ist nur durch neue Gesinnungen und Verhaltensweisen möglich. So konnte Plato beim Entwurf seines idealen Staatswesens auch die These äußern, daß gesetzliche Verordnungen in einer wohl bestellten Gemeinschaft überflüssig seien, weil der innere Halt äußere Regelungen erübrige, während sie in einer schlecht bestellten Gemeinschaft vergeblich seien, weil die Schlechtigkeit immer Mittel und Wege finde, sich über den Wortlaut des Gesetzes hinwegzusetzen («Staat», viertes Buch). Wenn wir auch von einer solchen idealistischen Überspitzung absehen müssen, ist doch die Tatsache nicht zu verkennen, daß auch die besten Gesetze von einer starken allgemeinen Gesinnung gestützt werden müssen, um sinnvoll zur Anwendung zu gelangen.

Die neuen individuellen Haltungen und Gesinnungen, die heute verlangt sind, lassen sich aber nicht willkürlich erzeugen, sondern sind nur auf dem langsamen und stetigen Weg der *Erziehung* und der Menschenbildung hervorzubringen. Der Beitrag, den Eltern und Erzieher, Schulen und Hochschulen dazu leisten können, darf nicht unterschätzt werden. Angesichts der gegenwärtigen Situation sind es besonders die Schulen, vorab die technischen Hochschulen, von denen ein maßgebliches Umdenken erhofft werden muß. Vor allem in dem Sinne, daß sie die Fachausbildung der werdenden Naturwissenschafter, Ingenieure und Architekten, die die Umwelt von morgen mitbestimmen werden, in weitere Zusammenhänge stellen; daß sie sich nicht damit begnügen, Technokraten und Funktionäre auszubilden, sondern Menschen, die um die Bezüge und die Verantwortung ihrer Tätigkeit wissen. Zu einer solchen umfassenderen Ausbildung haben die Geisteswissenschaften einen bedeutsamen Beitrag zu leisten, die sich teils allzusehr auf schöngeistige Randgebiete haben abdrängen lassen. Aus ihrer Isolation heraustretend, vermöchten sie vielleicht die in sich selbst befangenen technischen Wissenschaften ins Offene zurückzuführen, könnten mit dazu verhelfen, jenen «Ort der inneren Freiheit» (*36*) zu gewinnen, aus dem heraus der Mensch erst wieder ursprünglich und neu zu schauen, zu denken und zu handeln vermag. Diese Freiheit aber ist die Voraussetzung dafür, daß eine echte Umbesinnung vor sich gehen kann und daß wir frei in der Wahl der neu einzugehenden Bindungen sind.

2. Die Grenzen des technologischen Umweltschutzes

Angesichts der gegenwärtigen Lage erhebt sich immer wieder die Frage, wie weit die Begrenzungen des Lebensraums und seiner freien Güter durch neue technologische Hilfsmittel erweitert oder aufgehoben werden können und auch wie weit sie erweitert werden *dürfen*, ohne daß spätere, nicht voll voraussehbare Rückwirkungen zu befürchten sind. Wenn man die technische Entwicklung als Triebkraft des zivilisatorischen Fortschritts ansehen will, müßte die Frage etwa lauten: Können die schädlichen Auswirkungen der Technik durch neue technische Einrichtungen und einen erhöhten technologischen Organisationsgrad fortlaufend behoben und verhütet werden? Oder auch: Wie weit ist die mangelnde Verträglichkeit technischer Prozesse durch Veränderungen und möglicherweise Verbesserungen im eigenen Bereich zu beheben, und wie weit bedarf es eines grundsätzlichen Wechsels in ihren Annahmen und Voraussetzungen, also eines ganzen Gesinnungswandels?

Unter dem Gesichtspunkt dieser Fragestellung sollen die gegenwärtigen Handlungsmöglichkeiten im Bereich des Umweltschutzes näher beleuchtet werden. Wir sind uns dabei bewußt, daß eine solche Betrachtung ohne einen offenen oder versteckten Ansatz von Wertmaßstäben nicht möglich ist, denn bei jeder derartigen Auseinandersetzung, sei sie noch so «sachlich», stehen sich menschliche Gesinnungen und Wertvorstellungen, ja Glaubenssätze gegenüber. So ist der extreme Technologe überzeugt von der Machbarkeit einer gesunden industriellen Wohlstandwelt und von der Vollkommenheit seiner organisatorischen Lösungen. Der Skeptiker – auch die Verfasser bekennen sich dazu – sieht dagegen im Glauben des Technologen eine Utopie, die sich zwar höchst rationaler Mittel und Verfahren bedient, aber gerade durch ihre rationale Einseitigkeit ins Irrationale umzuschlagen droht und durch ihre mangelnde Einordnung in größere Zusammenhänge den Boden der Realität zu verlieren beginnt.

Drei Aspekte des Umweltschutzes mögen uns konkreteren Aufschluß über Sinn und Grenzen der technologischen Schutzmaßnahmen geben. Betrachten wir als erstes den Aspekt der *Verwirklichung* von Umweltschutzmaßnahmen. Unbestreitbar ist, daß die Technik an sich in der Lage wäre, einen bedeutenden Beitrag zur Reduktion der Umweltbelastung zu leisten. Die entscheidende Frage, auf die auch der Technologe keinen Einfluß hat, ist jedoch, wie weit der Staat und die Gesellschaft willig und fähig sind, solche Filtermaßnahmen wie die Erhöhung des technischen Wirkungsgrades durchzusetzen und zu bezahlen. So besteht die Gefahr, daß technologische Umweltschutzmaßnahmen, die zur Legitimation eines weiteren Wirtschaftswachstums angeführt werden, nur unvollkommen oder überhaupt nicht durchzusetzen sind. Ein beeindruckendes Beispiel ist der Gewässerschutz: Seit über zwanzig Jahren hat man das Problem allgemein erkannt; trotzdem ist die Gewässerqualität, landesweit gesehen, in stetigem Sinken begriffen – eine Entwicklung, die durch bloße Vermehrung von Kläranlagen nicht wesentlich aufgehalten werden kann.
Die größte Gefahr technologisch orientierter Umweltschutzmaßnahmen liegt jedoch in der Einseitigkeit und Beschränktheit ihres Ausblicks. Wer nur technische Kriterien sieht, erliegt leicht dem Mißverständnis, daß Umweltschutz bloß in der nachträglichen Beseitigung oder der Behandlung der sich anhäufenden Abfälle aus Produktion und Konsum bestehe, daß es also nur um die Errichtung von Kläranlagen, Müllverbrennungseinrichtungen und um

den Einbau von Luftfiltern über rauchenden Kaminen gehe. Bei aller technischen Folgerichtigkeit im Einzelnen führt dies sehr oft zu einem hohen Grad von Ineffizienz im Gesamten, denn einerseits werden wirksamere Möglichkeiten zur ursächlichen Senkung der Umweltbelastung übersehen und nicht untersucht, und anderseits verursachen diese Zusatzgeräte wieder einen zusätzlichen Aufwand an Material, Energie und Transportwegen.

Dazu kommt, daß nachträgliche Schutzmaßnahmen in ihrer Wirkung selten ganzheitlich angelegt sind und oft eine unerwünschte Verlagerung der Belastung auf andere Bereiche mit sich bringen. So verursacht etwa die Müllverbrennung auch einen höheren Grad der Luftverschmutzung, und mit Kläranlagen wird – wiederum mit großem Aufwand an Energie und technischen Einrichtungen – Gewässerbelastung in Klärschlamm verwandelt, der anschließend wieder verbrannt oder abgelagert werden muß. Bei all diesen Bemühungen bleibt ein Zeitgewinn unbestritten. Die langfristig wirksameren und in ihrer neuen Rahmenbedingung auch wirtschaftlicheren Beiträge zur Herabsetzung der Belastung sind aber nicht so sehr von der nachträglichen Abfall- und Schadstoffbehandlung zu erwarten, sondern viel eher von der Änderung der Produktionsprozesse und Konsumgewohnheiten.

Es müßte also schon der Entwicklungsingenieur von neuen Produkten und Verfahren die Umweltauswirkungen in seine Überlegungen miteinbeziehen. Er könnte dadurch die Voraussetzungen schaffen für eine Verwertung von anfallenden Nebenprodukten, für die Nutzung der Abwärme und für eine spätere Rezirkulation von Materialien. Freilich befindet er sich in einer ähnlichen Situation wie der Ingenieur, Architekt oder Planer. Alles Wissen und alle Erfindungskraft nützen wenig, wenn der Markt – und damit ist auch der Konsument mit seinen Gewohnheiten gemeint – den notwendigen Gesinnungswandel nicht vollzieht.

Detaillierte zahlenmäßige Untersuchungen der amerikanischen Wirtschaft haben ergeben, daß reine Abfallbehandlungsmethoden oft sehr viel teurer zu stehen kommen als die Umstellungen im technischen Herstellungsprozeß, die notwendig sind, um die gleiche Reduktion der Umweltbelastung zu erzielen (*37*). Die Tatsache, daß trotzdem in den meisten Ländern fast nur konventionelle Behandlungsmethoden zur Abfallbeseitigung angewendet werden, hat ihren Grund in der herkömmlichen staatlichen Umweltschutzpolitik, deren hauptsächliche Steuerungsmaßnahmen in der Subventionierung von Kläranlagen, Müllverwertungsanlagen und ähnlichen Einrichtungen bestehen. Eine wesentliche Reduktion der Umweltbelastung bedingt aber tiefergreifende Lenkungsmaßnahmen von politischer Seite.

Wünschenswert wäre vor allem ein Rechtsinstrument, das es gestatten würde, die Wiedergutmachungskosten von ökologischen Schäden auf den Verursacher zu überwälzen. Zusammen mit einer tatsächlichen Kontrolle von Emissionsgrenzwerten würde sich die Industrie dadurch gezwungen sehen, die entsprechenden präventiven Technologien zu entwickeln und anzuwenden*, ebenso wie der Konsument sich gewöhnen müßte, keine ökologisch extravaganten Ansprüche an die Konsumgüter zu stellen. Die ideale Technologie wäre also jene, die sich selbst überflüssig zu machen verstünde, und der ideale Technologe jener, der durch seinen Erfindungsgeist und seinen Blick für die Zusammenhänge von Fall zu Fall angepaßte Lösungen im Kleinen zu erarbeiten vermöchte – Lösungen, die zu einer Senkung des materiellen und energiemäßigen Aufwandes führen, und nicht solche, die immer gewaltigere Maschinerien zum Schutz der Umwelt nötig werden lassen. Denn immer aufwendigere technische Einrichtungen bedingen auch immer größere Investitionssummen, die ihrerseits immer stärkere wirtschaftliche Abhängigkeiten nach sich ziehen**.

---

*B.T. Bower führt als Beispiel eine öffentliche Wäscherei in Springfield, Missouri, an, die erst in dem Moment auf die Idee kam, einen Wärmeaustauscher in ihrem Betrieb zu verwenden, als sie konkret mit einer Kausalabgabe für Gewässerbelastung konfrontiert wurde. Zu ihrem Erstaunen stellte sie nachträglich fest, daß sich diese Änderung dank der eingesparten Energiekosten nicht negativ, sondern positiv auf ihre Betriebsrechnung auswirkte! (*38*)

**Die Vorteile einer gut dosierbaren Kleintechnologie («Small Technology») gewinnen besonderes Gewicht angesichts des gegenwärtig stattfinden-

Wenn anderseits die Technologie fortfährt, den wirtschaftlichen Prozessen und Zwängen nachzuhinken, ohne die technisch-wirtschaftlichen Mechanismen grundsätzlich in Frage stellen zu können, wird sie durch die zunehmende Wucht industrieller Prozesse zu immer massiveren Einsätzen gezwungen. Es müßte dann ein sinnloser Wettlauf der überwachenden mit der produzierenden Technik beginnen, unter deren gemeinsamem Druck alle außerhalb der Technik stehenden menschlichen Werte immer weiter an den Rand gedrängt würden. So sachlich und wertfrei dabei die technologischen Maßnahmen erscheinen mögen, zeigt es sich doch, daß sie gerade durch die Umgehung der Frage nach dem tieferen Sinn ihres Einsatzes entscheidende Eingriffe in das Wertgefüge des menschlichen Daseins bringen. Damit werden technologische Entscheide – willentlich oder unwillentlich – zu einem entscheidenden Faktor auch im politischen und gesellschaftlichen Bereich.

Die Gefahr des gegenseitigen Hochschraubens technologischer Zwänge, die uns hier begegnet, bringt uns auf einen zweiten Aspekt des Umweltschutzes, auf die Frage des für die Zukunft eingegangenen *Risikos*. Technische Produktionsprozesse und technologische Schutzmaßnahmen befreien den Menschen von den Gesetzen der Natur, indem sie natürliche Prozesse künstlich verstärken, sie durch eigene Mechanismen ersetzen oder organische Kontrollfunktion übernehmen. Damit wechselt die Abhängigkeit des Menschen: Statt der Natur folgen zu müssen, unterliegt er nun zunehmend den Auflagen des selbstgeschaffenen künstlichen Systems, das jedoch begrenzteren Kräften und Motiven entsprungen ist als die schöpferische Natur und zugleich auf unlösbare Weise mit den jeweiligen menschlichen Zuständen verknüpft ist. Interne Störun-

---

den Exportes von industriellem «Know-How» in die Dritte Welt. Denn mit ihrer massiven Technologie exportieren die zivilisierten Völker auch ihre Umweltprobleme in die von solchen Problemen noch weniger belasteten Entwicklungsländer, die angesichts des westlichen «Vorbildes» einen gewaltigen Nachholbedarf an zivilisatorischen Gütern entwickeln.

gen, also gesellschaftliche Umtriebe, politische Ereignisse, emotionale Impulse können dieses System, in dem der Mensch Subjekt und Objekt zugleich ist, sehr viel stärker treffen als die Natur, die übermenschlichen Quellen entstammt. Aber auch gegenüber äußeren Störungen und Erschütterungen ist das zivilisatorische Netzwerk technischer Einrichtungen und Prozesse sehr viel anfälliger als ein gesunder Naturhaushalt, der in den Jahrtausenden seiner evolutionären Entwicklung die selbsttätigen Regelmechanismen ausgebildet hat, die ihm zur Erhaltung seiner Stabilität dienen.

Wenn nun eine Zivilisation im Laufe ihrer technisch-wirtschaftlichen Entwicklung den Punkt erreicht, wo sie sich überwiegend auf die Funktionstüchtigkeit ihrer technischen Surrogate verlassen muß und nicht mehr auf das bereits geminderte Naturpotential vertrauen darf, läuft sie immer mehr Gefahr, in einen labilen Zustand der Unsicherheit zu geraten. Menschliche Schwächen, das heißt menschliche Handlungen, die sich den rationalen Anforderungen der Technik nicht mehr fügen wollen, oder auch ein bloßes technisches Versagen, können zu immer größeren Rückschlägen führen. Man kann sich fragen, ob die Risiken einer solchen Entwicklung im Gedanken hinzunehmen sind, daß der Mensch auch im Umgang mit der Technik erst einen Lernprozeß durchzustehen habe. Dagegen spricht allerdings die Überlegung, daß mit dem fortgesetzten Abtausch von natürlichen Ordnungen gegen technische Systeme ein Prozeß abläuft, der – wie die Erfahrung zeigt – nur schwer rückgängig zu machen ist. So läßt sich rückblickend auch feststellen, daß sich der Mensch mit jeder Erhöhung des technischen Einsatzes immer stärker in seinem eigenen Netzwerk verfangen hat, eine Entwicklung, die uns bei weiterer gedankenloser Eskalation in unauflösliche Verstrickung führen könnte.

Gewisse Anhaltspunkte für das Ausmaß solcher Risiken gibt uns eine langfristige Überlegung im Bereich der Energiewirtschaft: Wenn wir uns heute für einen verstärkten technologischen Durchbruch entscheiden, also ein anhaltendes quantitatives Wachstum der Zivilisationsmaschine erzwingen wollten, ist es nicht auszuschließen, daß sich in 10, 20 oder 30 Jahren dennoch eine Bremsung als notwendig erweist. Daß in jenem Moment der Umkehr aber sehr viel größere Trägheitsmomente aufgefangen und stärkere Umstellungen vorgenommen werden müßten, kann man sich leicht anhand eines Zahlenbeispiels vor Augen führen: Wenn wir annehmen, daß wir heute schon begännen, unsere jährliche Wachstumsrate im Energieverbrauch sukzessive auf Null zu reduzieren, um innerhalb von 50 Jahren zu einem stationären Zustand zu gelangen, so würde sich unser Energieverbrauch bis dahin, wegen der Trägheit des gleitenden Übergangs, um das Fünffache steigern (Figur 15). Wenn wir aber bis zum Jahre 2000 ein anhaltendes Wachstum des Energieverbrauchs verfolgen und erst dann den Zwang erkennen, einen stationären Zustand herzustellen, so würde im Verlauf des gleichen Bremsmanövers das *zwanzig*fache Energieniveau von heute erreicht (*39*). Da dies kaum mehr eine zulässige Größenordnung ist, hieße das, daß wir nicht innerhalb von 50 Jahren, sondern in einer sehr viel kürzeren Zeitspanne zum Nullwachstum des Energieverbrauchs übergehen müßten. Das wäre offensichtlich mit viel härteren sozialen und wirtschaftlichen Konsequenzen verbunden, als wir sie heute in Kauf zu nehmen hätten. Je größere Wucht wir unserer Zivilisationsmaschine verleihen, um so wahrscheinlicher wird also die Notwendigkeit eines harten Einschnittes, und um so virulenter müßten die Konsequenzen sein, denen wir gegenwärtig noch durch ein Festhalten am hergebrachten Wachstum ängstlich auszuweichen suchen.

Freilich ist auch die Beurteilung des technologischen Risikos weitgehend eine Frage der Werte, zu denen sich der Einzelne bekennt. Der gläubige Technologe stuft unüberblickbare Risiken gering ein oder vernachlässigt sie ganz, während ihnen der Skeptiker sehr viel höheres Gewicht beimißt. Jener nimmt von vornherein an, daß der Mensch die wachsenden technischen Machtmittel immer nur zu seinem Besten verwendet; dieser sieht das wachsende Bedrohungspotential, das der menschlichen Willkür erschlossen wird. Wissenschaftlich ist dieser Konflikt nicht zu lösen, weil weder der eine noch der andere Beweismittel in bezug auf die Zukunft hat, sondern nur einen stärkeren oder geringeren *Glauben*

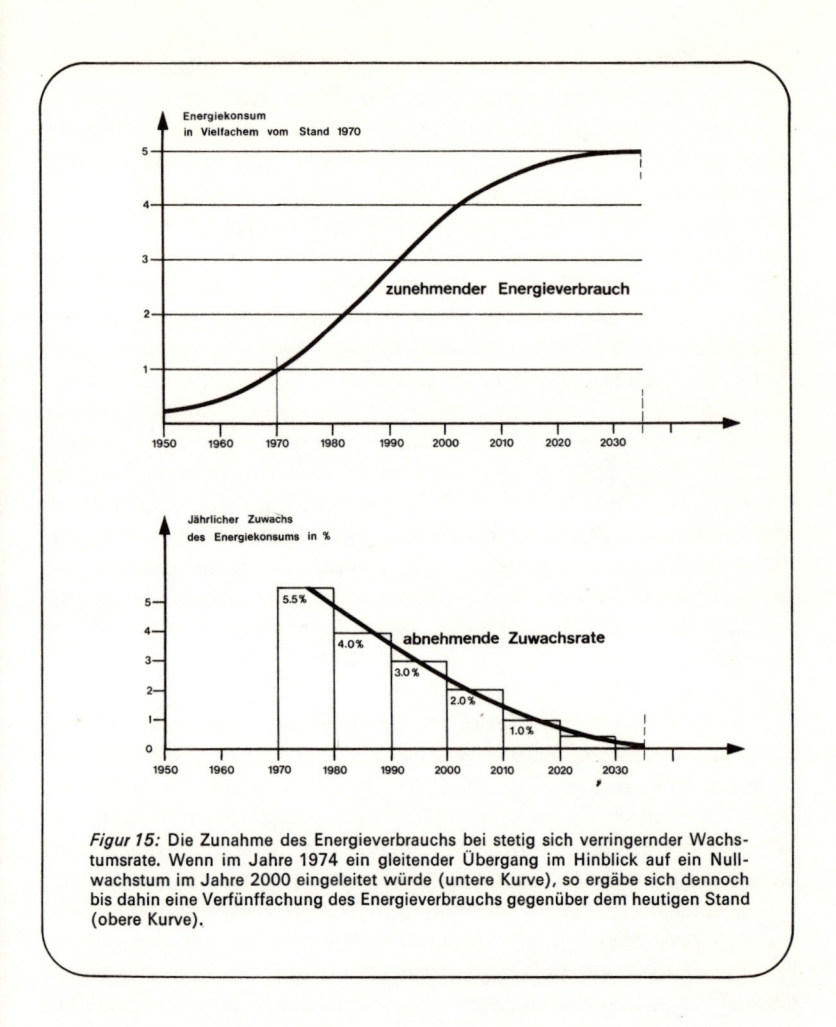

Figur 15: Die Zunahme des Energieverbrauchs bei stetig sich verringernder Wachstumsrate. Wenn im Jahre 1974 ein gleitender Übergang im Hinblick auf ein Nullwachstum im Jahre 2000 eingeleitet würde (untere Kurve), so ergäbe sich dennoch bis dahin eine Verfünffachung des Energieverbrauchs gegenüber dem heutigen Stand (obere Kurve).

an die Möglichkeiten der Technik. Dennoch bleiben gewisse unwiderlegbare Sachverhalte, die zugunsten des Skeptikers sprechen: Einmal kann die Naturwissenschaft die ökologischen Auswirkungen künftiger Umweltbelastungen weder vollständig noch mit voller Sicherheit voraussehen. Sie läßt sich auch auf ihre beschränkten Aussagen nicht behaften. Zudem ist es ungewiß, ob unser gesellschaftliches und politisches System fähig wäre, die notwendigen technischen und administrativen Maßnahmen zum Schutze der biophysischen Umwelt immer rechtzeitig durchzuführen, selbst wenn sie technisch möglich wären. Unzulässig ist auch die Voraussetzung des Technologen, daß der Mensch als Ganzes ebenso berechenbar und ebenso vernünftig sei wie die von ihm erfundenen und bedienten technischen Einrichtungen. Vielmehr kann gerade deren rationales Wesen unberechenbare Reaktionen in ihm hervorrufen und irrationale Beweggründe in einem Maße freilegen, daß ihnen der Mensch schonungslos ausgeliefert ist. Schließlich besteht auch die Gefahr, daß ein allzu großes Vertrauen in die Möglichkeiten der Technologie zu einem unrealistischen Verhalten führt. Allzugerne lassen wir uns dadurch verleiten, dringende Aufgaben der Gegenwart aufzuschieben und sie einer utopischen Zukunft zur Lösung zu überlassen – einer Zukunft, in der sie sich als sehr viel schwieriger zu bewältigen oder gar als unlösbar erweisen könnten.

Selbst wenn die Probleme der Verwirklichung und des Risikos als gelöst betrachtet werden könnten, bliebe dennoch ein dritter Aspekt des technologischen Umweltschutzes zu beachten, dem besonderes Gewicht zukommt: die Frage des menschlichen Wohlbefindens, der *Lebensqualität* in einer technologisch gestalteten Umwelt. Der extreme Technologe vertritt die Ansicht, daß es dank neuer technischer Einrichtungen und mit vermehrter Energieproduktion (vor allem durch Kernkraftwerke) möglich sei, das gegenwärtige Wirtschaftswachstum fortzusetzen und zugleich die physische Reinhaltung der Umwelt zu gewährleisten. Um dieser Ansicht entgegenzutreten, braucht man sich nicht auf Auseinandersetzungen darüber einzulassen, wie weit diese teilweise noch umstrittenen Möglichkeiten tatsächlich gegeben sind, ob sie so gefahrlos sind, wie ihre Vertreter glauben, und ob die möglichen Konsequenzen des wachsenden Energieumsatzes (wie die entstehende Abwärme) in tragbarem Rahmen bleiben. Wir können uns darauf beschränken, den wesensmäßigen und grundsätzlichen Gegensatz solcher technologischer Strukturen zu den Gesetzlichkeiten der organischen Natur festzustellen:

Der Lebensraum ist nicht nur ein mechanistisches System von physischen und chemischen Prozessen, die beliebig zu manipulieren sind, sondern eine Schöpfung höherer Ordnung, ein Ganzes, das auch den Menschen mit seinen körperlichen, seelischen und geistigen Aspekten einschließt. Dementsprechend wäre es eine Illusion, zu glauben, daß massive Eingriffe zur künstlichen Erhöhung der Tragfähigkeit des Lebensraums ohne Rückwirkungen blieben. Selbst wenn die äußerlichen, naturwissenschaftlich feststellbaren Rückwirkungen beherrscht werden könnten, würde sich doch nur eine Verlagerung des Druckes nach innen ergeben, nämlich auf das Seelenleben des Menschen, der innerhalb einer vorwiegend technologisch geregelten Umwelt zu leben hat. Hier stoßen wir aber auf neue Grenzen, die technologisch nicht zu erweitern sind, es sei denn, man wolle auch noch genetische Manipulationen der Erbsubstanz in Betracht ziehen und damit den Weg der dauernden Erhöhung der Risiken vollends ausschreiten.

Was unter der sozialen und psychischen Lebensqualität verstanden werden kann, die hier als begrenzender Faktor in Erscheinung tritt, darüber wird sich keine abschließende Einigung erzielen lassen. Doch kann mit Sicherheit festgestellt werden, daß der Begriff der Lebensqualität auf Vorstellungen von Lebenswerten und Menschenwürde beruht, die im Konzept des technologischen Umweltschutzes nicht inbegriffen und ihm teilweise entgegengesetzt sind. Die Folgen eines unter diesem Schutz sich fortsetzenden Wachstums wären in der zunehmenden quantitativen und qualitativen Zerstückelung des Lebensraums zu suchen: Der steigende materielle Lebensstandard und die zunehmenden zivilisatorischen Aktivitäten einer wachsenden Bevölkerung würden den Lebensraum mit immer mehr und immer schlechter genutzten Bauten, Straßen und öffentlichen Einrichtungen überziehen, würden zum Ausgleich immer größere Freiräume und Erholungseinrichtungen beanspruchen, würden immer größere Anlagen zur Stromerzeugung und Stromübertragung erfordern; sie würden auf der andern Seite einen wachsenden Bedarf an technischen Schutzeinrichtungen, an mechanischen Installationen und Abfallbeseitigungsanlagen zeitigen, die alle den Raum und das sich darin abspielende Menschenleben auf ihre Weise prägen müßten.

Die Konsequenzen eines solchen «Fortschritts» in Hinsicht auf die Lebensqualität sind leicht auszumalen: Der Mensch wäre in einen nicht mehr übersehbaren technologischen Apparat eingespannt, der seine ganze Lebensführung entscheidend bestimmen, ja recht eigentlich kanalisieren müßte. Spontane Regungen, zweckfreies Handeln, menschlicher Überschwang, freies Empfinden und Gestalten wären in einem solchen System nicht mehr erwünscht und vielleicht auch nicht mehr möglich. Indem sich die gefühlsmäßige Verwurzelung in einer solchen Umwelt erschwert, würden auch die Beziehungen unter den Menschen selbst wie auch zwischen Mensch und Natur bis zur völligen Entfremdung abgebaut. Das Dasein müßte sich in immer abstrakteren Regionen bewegen, das Sinnenleben des Menschen, das sich erst im Kontakt mit der Natur entfalten kann, müßte verkümmern und mit ihm auch die künstlerische Ausdruckskraft, die einen nicht zu vernachlässigenden Anteil an der Lebensqualität hat. Ebenso müßten die geistigen Anschauungen immer mehr zu rationalen Zerrbildern erstarren und in immer weitere Entfernung vom Schöpferischen geraten.

Es gibt Anzeichen, die darauf hinweisen, daß wir uns heute schon in Richtung auf eine solche Zukunft bewegen. Drückende Verkehrszustände, einschneidende Straßenprojekte, der Schwund der Wohnlichkeit in den Städten, der zunehmende Verschleiß der Erholungsräume, die Verstellung der Landschaft durch die Wahrzeichen unseres zunehmenden Energieverbrauchs, sie alle mahnen uns, daß *beides* – die Erhaltung der gegenwärtigen materiellen Expansion und die Erhaltung eines menschenwürdigen Lebensraums – unter den heutigen Umständen unvereinbar ist. So befinden wir uns in einem zwangsläufigen Konflikt, der nur durch eine echte Entscheidung lösbar ist.

Wenn in diesem Konflikt der Erhaltung des natürlichen Lebensraums Vorrang gegeben werden soll, so bedarf es nicht in erster Linie technologischer Retouchen und Notlösungen – solche können nur der Überbrückung dienen –, sondern einer grundlegenden Umbesinnung, die sich auf alle Lebensbereiche erstrecken muß. Gerade die Frage nach der Qualität des Lebens kann uns zur Erkenntnis führen, daß sich die «Grenzen des Wachstums» nicht allein aus der Berechnung physischer Grenzwerte ableiten lassen, sondern einer gesamthaften, auf die physisch-psychische Totalität des menschlichen Daseins ausgerichteten Betrachtung unterzogen werden müssen. Denn die Voraussetzung für eine umfassende Lebensqualität ist der Bestand eines vollwertigen Menschenbildes. Ein solches muß aber dahinfallen, wo der Mensch nur als funktioneller Teil eines technisch-wirtschaftlichen Systems verstanden wird. In diesem Sinne muß von Wissenschaft und Technik gefordert werden, daß sie wieder ihre eigenen Begrenzungen erkennen lernen, daß sie fähig werden, ihre Tätigkeit in bezug auf ein übergeordnetes Sinngebäude zu relativieren. Man kann diese Notwendigkeit kaum deutlicher aussprechen, als dies der Naturwissenschafter A. Portmann mit seinen auf jede Art wissenschaftlicher und technischer Planung gemünzten Worten tut *(40)*:

«Wahre Planung muß von einem umfassenderen Denken über den Menschen genährt werden, als es die Wissenschaft allein leisten kann, die ihre großen Erfolge einer weisen Bescheidung verdankt, einem klaren Wissen um den Geltungsbereich der Methoden, mit denen sie arbeitet. Die Meinung ist heute weit verbreitet – und viele Wissenschafter fördern sie –, es sei die Welt und insbesondere das irdische Leben etwas Durchschaubares. Viele Planungen leben von der Überzeugung, die Wissenschaft sei im Begriffe, unser Dasein völlig zu verstehen. Man vergißt, daß auch die Wissenschaft als Geistwerk von einem Ursprung her geleistet wird, den wir selbst weder geschaffen haben noch je schaffen werden.»

3. Blick auf die immateriellen Lebenswerte

Wie der Mensch das körperliche Wohlbefinden als Voraussetzung zur Entfaltung seiner seelischen und geistigen Möglichkeiten braucht, so ist auch der materielle Wohlstand die erwünschte Basis, nicht aber eine zureichende Bedingung für die Gewährleistung einer umfassenden Lebensqualität, wenn wir unter diesem Begriff allgemein die Möglichkeit zur ganzheitlichen Entfaltung und Verwirklichung des Menschen verstehen wollen. Der Vergleich des körperlichen Wohlbefindens mit dem materiellen Wohlstand ist allerdings nur in bedingtem Maße richtig: Denn die Gesundheit – als Maß des körperlichen Wohlbefindens – ist ein feststehender Wert, über dessen Stand hinaus keine Steigerung möglich ist, während der materielle Reichtum von der Überschreitung des Existenzminimums an nur noch als relativer Wert empfunden wird, der keine Sättigung kennt. Materieller Reichtum bedeutet, wie Franz Kafka einmal gesagt hat (41), eine «materialisierte Unsicherheit», nämlich die Abhängigkeit von Dingen, die man besitzt und die man durch neuen Besitz, also durch neue Abhängigkeiten, dauernd vor der Gefahr des Dahinschwindens schützen muß. So ist dem materiellen Trieb ein unersättliches Streben eigen, das eine Überzahl menschlicher Kräfte an sich bindet und verbraucht, sobald es dominant geworden ist. Das Ungleichgewicht, das dadurch entsteht – Überfluß auf der einen, Mangelerscheinungen auf der andern Seite – ist ein wesentliches Moment der sinkenden Lebensqualität, denn je schneller sich ein einseitiges materielles Wachstum vollzieht, um so heftiger wird es früher oder später an die Grenzen des Sinnlosen stoßen. Um so eher muß es sich dann erweisen, daß es auch im Bereich der immateriellen, der seelischen und geistigen Lebenswerte ein elementares Existenzminimum gibt, das nicht unterschritten werden darf.

Ein solcher Wendepunkt, wo eine einstmals gerechtfertigte in eine sinnlose Entwicklung umschlägt, ist heute in vielen Lebensbereichen absehbar geworden, die mit materiellen und zivilisatorischen Errungenschaften verbunden sind. Dies gilt besonders stark für die zunehmende Motorisierung und Mechanisierung vieler Lebensprozesse, wie sie durch die Ausschöpfung neuer Energiequellen möglich geworden ist. Die dadurch erzielten Erleichterungen beginnen sich – sobald sie allzu stark in Anspruch genommen werden – so sehr als Erschwerungen auszuwirken, daß das ursprünglich angestrebte Ziel illusorisch wird. Dies gilt ebenso für die motorisiert betriebene Freizeitgestaltung, die in letzter Konsequenz die Erholung verunmöglicht, wie für die mechanisierte Arbeit, die den Arbeitenden schließlich einem sehr viel härteren Druck unterwerfen kann, als es die naturgewollte körperlich-geistige Anstrengung ist. Es gilt nicht minder für die Mechanisierung der sozialen Kontakte und sinnlichen Wahrnehmungen, wie sie heute durch unsere technischen Kommunikationsmittel vollzogen wird. Führt bereits die quantitative Überfülle mechanisch vermittelter Beziehungen, Bilder und Nachrichten zu einer inneren Abstumpfung, so erst recht der qualitative Aspekt dieser Art von Übermittlung, die das unmittelbare Erlebnis verflacht und den lebendigen Bezug zur überschaubaren und erfahrbaren Wirklichkeit schwächt.

Allgemein darf man deshalb feststellen, daß mechanische Lebenshilfen aller Art nur solange echte Erleichterung bringen können, als sie einem sinnhaltigen Gesamtvorgang des Lebens eingeordnet bleiben. Sobald sie zum Selbstzweck werden, tragen sie nicht mehr zur Lebensfreude und zur Lebenserleichterung bei, sondern dienen nur dazu, das durch Verdrängung ursprünglicher Bedürfnisse erzeugte Vakuum zu besetzen, ohne es wahrhaft erfüllen zu können. Durch ihre mangelnde Sinnhaltigkeit rufen sie dann das Gegenteil dessen hervor, was sie erreichen wollten: Überdruß und Langeweile statt vertieften Erlebens, Hilflosigkeit und Untätigkeit statt gesteigerter Initiative.

Die innere Lähmung, die hier als Resultat eines übermäßigen und unbesonnenen Gebrauchs technischer Hilfsmittel in Erscheinung tritt, ist aber auch das Spiegelbild der äußeren Unfreiheit, in die wir uns zu begeben drohen. Denn die scheinbar unbegrenzte Verfügbarkeit der immer noch so «billigen» künstlichen Arbeitskraft hat den Menschen dazu verleitet, sich allzu stark auf sie zu verlassen. Sie kann ihn an unnatürliche Einrichtungen und Zustände gewöhnen, die nur noch durch unablässige Energiezufuhr aufrecht zu erhalten sind. Damit hat die so verlockend erschienene Bewegungsfreiheit einen zwanghaften Zustand neuer Abhängigkeit herbeigeführt, der nur schwer wieder aufzuheben ist. Es könnte sich erweisen, daß die Bürde solcher Abhängigkeiten schwerer wiegt als alle physischen Lasten, die uns das technische Zeitalter abgenommen hat.

Bedenken wir zum Schluß noch den zunehmenden technischen Organisationsgrad, der dem modernen Menschen durch sein Streben nach materiellem Komfort aufgezwungen wird. Technische Annehmlichkeiten, die ja innerhalb des demokratischen Systems nicht Einzelnen, sondern der gesamten Bevölkerung zukommen sollen, bedingen weitverzweigte Infrastrukturen und hohe staatliche Investitionen. Mit steigender Komfortstufe wird hier oft der Punkt erreicht, wo das organisatorische und administrative Netz der lebensverwaltenden Institutionen als Erstarrung und Beengung empfunden wird. Der institutionalisierte Komfort, mit dem Druck wirtschaftlicher Prozesse gekoppelt, läßt dem Menschen immer weniger die Freiheit, ihn anzunehmen oder ihn abzulehnen.

Durch übersteigerte Ansprüche und Erwartungen kann hier ein Zustand des bequemen Zwangs entstehen, der seine gesellschaftlichen Schattenseiten hat. Der Einzelne stellt immer höhere Ansprüche an den Staat und gewöhnt sich daran, Gemeinschaftsleistungen durch Steuergelder zu bezahlen. Der Staat übernimmt immer mehr soziale Versorgungsdienste, auch solche, die von kleineren sozialen Gruppen wie der Gemeinde, der Wohngemeinschaft oder der Familie sehr viel sinnvoller und menschenwürdiger erfüllt werden können. Der Ersatz zwischenmenschlicher Dienstleistungen und sozialer Verpflichtungen durch überdimensionierte künstliche Verwaltungsapparate und Versorgungsanstalten mündet schließlich in einer zunehmenden Verplanung des Menschenlebens: Individuelle Regungen und Entfaltungsbedürfnisse, die das Wohlbefinden fördern könnten, werden langsam erstickt, wogegen an den Staat eine Heilserwartung geknüpft wird, die er niemals zu erfüllen vermag. Damit werden auch die wahren Freiheitsrechte absurd, zu denen der Wohlstand beitragen sollte, weil ein in Passivität verharrender Wohlstandsbürger sie nicht mehr wahrzunehmen vermag.

Die erwähnten Beispiele mögen zur Bestätigung dienen, daß der Weg zur Hebung der Lebensqualität heute nicht mehr über die endlose und einseitige Steigerung des materiellen Wohlstands gehen kann. In der Tat tritt die Einseitigkeit, ja die Unmenschlichkeit des gedankenlosen wirtschaftlichen Wettrennens wohl nirgends deutlicher zutage als in der Art, wie die moderne Wohlstandsgesellschaft alle ihr ungemäßen oder unbequemen Aspekte des Lebens verdrängt: die Erscheinungen der Liebe, der Hingabe und des Verzichts, viele Formen künstlerischer Tätigkeit, die Aspekte der Jugend, des Wachsens und des Reifens, aber auch der Krankheit und des Todes, die in ihrem der meßbaren Leistung ergebenen System keinen Raum finden. Im Einbezug gerade dieser immateriellen Gefühls- und Geisteswerte liegt aber der Keim der Umbesinnung, die heute not tut. Sie leugnen oder sie absterben lassen hieße, uns jener Kräfte zu berauben, deren wir zur Umlenkung oder zur sinnvollen Erweiterung unseres alten Fortschrittsdenkens dringend bedürfen.

Welche Wandlungen hätte nun der alte Wohlstandsbegriff in Richtung auf eine umfassende Wohlfahrt hin zu vollziehen? Als Erstes wäre wohl das materielle Zweckdenken vom Einzelnen wie von der Gesellschaft in größere Zusammenhänge einzustufen. Die Erkenntnis, daß das Dasein nicht allein aus der Erfüllung von zweckgerichteten Funktionen besteht, daß Lebensfreude und scheinbar zwecklose Gefühlswerte, Sinnesfreuden und Geistesgüter eine wichtige Aufgabe im inneren Leben des Menschen erfüllen, ist der erste Schritt zur Durchbrechung des materiellen Teufelskreises. Die Erweiterung, die hier zu vollziehen wäre, müßte darauf ausgehen, die immateriellen Werte in das Lebensgebäude einzulassen, und zwar nicht nur am Rande oder *neben* den materiellen Werten, sondern mit ihnen und in ihnen wirkend. Nur so können sich die Lebensfülle und die Rundung ergeben, die ein wesentliches Merkmal der Lebensqualität sind. Wie der Mensch zu vollem Ausdruck erst durch das Ineinander und Miteinander des Körpers, der Seele und des Geistes gelangen kann, so ist auch sein Wohlbefinden vom Zusammenspiel materieller und immaterieller Faktoren abhängig, einem Zusammenspiel, das dem materiellen Tun seinen Sinn und den immateriellen Elementen ihre Wirklichkeit verleiht. Die Möglichkeit, lebend und handelnd die Einheit zwischen diesen Bereichen herzustellen, ist die Grundlage für eine umfassende Qualität des Lebens.

So einschneidend der Übergang aus unserem eingleisigen Fortschrittsstreben zu einem erweiterten Begriff der Lebensqualität vorerst erscheinen mag, so stehen uns gerade durch den Abtausch von quantitativen gegen qualitative Werte neue Freiheitsbereiche offen. In der Tat könnte der ökologische Druck den industrialisierten Menschen aus seinem einseitigen Streben nach Leistung, Fortschritt und Wachstum befreien und die Voraussetzungen schaffen für die Wiederentdeckung jener geistigen, gesellschaftlichen, künstlerischen und sportlichen Aktivitäten, die es erst rechtfertigen, von Kultur zu sprechen. Deren Genuß könnte aber dem Menschen oft sinnvollere und befriedigendere Erlebnisse verschaffen als die mit motorischer Energie und entsprechendem Naturverschleiß verbundenen Tätigkeiten, denen der heutige Arbeits- und Freizeitmensch vielfach unterliegt. Aus dieser Sicht gehören zur Wohlfahrt alle Möglichkeiten geistiger Betätigung, seelischer Erfahrung und sinnlicher Empfindung, nicht zuletzt auch scheinbar nebensächliche Dinge wie das Erlebnis von frischer Luft, reinem Wasser und unverschmutzter Landschaften, der Genuß der Ruhe und der Privatsphäre, die Verbundenheit mit den Mitmenschen und der belebten Natur.

Man mag hier mit Recht einwenden, daß der europäische Mensch im allgemeinen nicht so leicht und plötzlich zur veränderten Lebensgestaltung und zu einer sinnvollen Erfüllung auch der Freizeit zu bewegen ist. Dennoch liegt gerade hier die große Herausforderung an das Individuum wie an die Gesellschaft. In der

Tat geht es heute nicht nur um ein Abbremsen, also eine Drosse-lung der Produktionsprozesse oder um vermehrte Enthaltsamkeit in der Konsumation von Gütern, sondern vielmehr um eine aktive Umgestaltung des Wirtschaftslebens: um den Versuch, jene Berufe und Tätigkeiten zu fördern, die dem Menschen sinnvollere Arbeit und vermehrte innere Befriedigung zu geben vermögen und zugleich umweltschonend sind. In diesem Sinne wäre es zum Beispiel denk-bar, daß die Arbeitsplätze in den Basisindustrien allmählich ver-ringert oder umgestaltet würden, während den pflegenden und ge-stalterischen Berufen, so etwa dem Landwirt, dem Gärtner und Landschaftspfleger, aber auch Handwerkern, Lehrern, Architekten und Landschaftsgestaltern wichtige neue Aufgaben zufielen. Eine ähnliche, ebenso bedeutsame Umlagerung hätte in der wissenschaft-lichen Forschung und im Feld der angewandten Technik zu ge-schehen. Dadurch, daß sie sich nicht mehr der bloßen Beherr-schung der Natur, sondern ihrer Erhaltung dienstbar machten, könnten sie neue Inhalte gewinnen und ihren Tätigkeitsbereich zum Wohl der Gesellschaft noch erweitern.

Freilich wäre es eine Illusion zu glauben, das Rad der Ge-schichte ließe sich zurückdrehen, und die wenn auch noch so zweifelhaften Segnungen des technischen Zeitalters ließen sich mit einemmal über Bord werfen. Keine natürliche Entwicklung, sei es auch ein entscheidender Umbruch, kann das Vorangegangene rück-gängig machen; sie muß darauf aufbauen und das Alte zu über-höhen und zu überholen suchen. So kann auch der Ausweg aus dem verfahrenen materiellen Zweckdenken der Gegenwart nur darin bestehen, seinen Anspruch auf Alleingültigkeit und End-gültigkeit zu brechen und es in einer größeren Auffassung von Welt und Mensch einzuschließen. Die gesellschaftlichen Wertmaß-stäbe, die dazu gefunden werden müssen, sollten sich auf den *glücklichen* Menschen ausrichten und nicht nur auf den materiell erfolgreichen, wie dies heute noch weitgehend der Fall ist. Vor allem aber muß die Befriedigung des Menschen im Vordergrund stehen und nicht die systematische Weckung neuer Bedürfnisse, die in keiner Beziehung mehr zu den Lebensnotwendigkeiten stehen.

Zugleich mit dieser Verlagerung, ja als Vorbedingung dazu, wäre ein Wachstum nach innen zu suchen, vor allem in Richtung einer verstärkten Rückbesinnung des Menschen auf die immateriellen Güter des Lebens, seien dies menschliche Bindungen, künstlerische Erlebnisse, Gefühls- und Geisteswerte oder die Schönheiten der organischen Natur. Erst wenn wir diese inneren Werte wieder in ihre Rechte einsetzen, können sich die Quellen der Freude und des Erlebnisreichtums öffnen, die durch das übersteigerte materielle Wachstum verschüttet worden sind, erst so wird es möglich, die Kräfte der Liebe und der Ehrfurcht vor dem Lebendigen zu wecken, ohne die auf die Dauer kein menschliches Dasein und kein Schutz der natürlichen Umwelt denkbar sind. Dann würde vielleicht auch wieder der tiefere Lebenssinn faßbar, den alle materielle Zielstrebigkeit nicht zu erreichen vermag, und es bestünde die Hoffnung, daß der Schutz unseres Lebensraums nicht nur aus Angst vor der Katastrophe oder unter hartem Druck der Gesetze betrieben wird, sondern aus spontanem innerem Antrieb. Erst wenn dies erreicht ist, können die Bemühungen zum Schutz der Umwelt aus dem kleinlichen Feilschen um materielle Vorteile oder Nachteile heraustreten; dann kann auch der Wille wachsen, nicht nur das Erzwungene, sondern das zuinnerst Wünschbare zu tun.

Anhang

Mathematische Hilfsmittel

1. Geometrische Reihe (Zinseszins) und Exponentialfunktion

Das Modell des exponentiellen Wachstums läßt sich aus zwei verschiedenen Ansätzen herleiten. Beide sind nützlich für ein besseres Verständnis unseres Fortschrittsstrebens. Der erste Ansatz ergibt sich aus der Definition der dem Exponentialgesetz zu Grunde liegenden Differentialgleichung: Wenn eine (Wachstums-) Funktion $q = q(t)$ die Bedingung erfüllt, daß ihre zeitbezogene Zuwachsrate proportional ist zum bereits erreichten Wert, also $q' = \alpha q$, wobei α konstant ist, dann ist $q(t)$ eine Exponentialfunktion von der Form

$$q(t) = q_0 e^{\alpha t} \text{ wobei } q(t = o) = q_0 \qquad \text{(Gl. 1)}$$

Eine zweite Herleitung, die dem Ökonomen vielleicht vertrauter ist, ergibt sich aus einem Zinseszins-Ansatz. Es sei q_0 der gegenwärtige Jahreskonsum einer bestimmten Ressource und p die Zunahme dieses Konsums in Teilen des jeweils aktuellen Betrages. Nach n Jahren wächst diese Konsumintensität an auf einen Wert

$$q_n = q_0 (1 + p)^n \qquad \text{(Gl. 2)}$$

Der totale Konsum $Q(n)$ in den nächsten n Jahren ergibt sich als die Summe einer geometrischen Reihe:

$$Q(n) = q_0 + q_1 + q_2 + \cdots q_{n-1} \qquad \text{(Gl. 3)}$$

wobei jedes nachfolgende Glied um einen Faktor $(1+p)$ mal größer ist als das vorangehende. Nach der bekannten Summenformel für geometrische Reihen errechnet sich

$$Q(n) = q_0 \frac{(1 + p)^n - 1}{(1 + p) - 1} = \frac{q_0}{p} [(1 + p)^n - 1] \qquad \text{(Gl. 4)}$$

2. Herleitung des Verknappungsindex

Bezeichnen wir die kritische Zeitspanne, nach der die Vorräte Q_k erschöpft sein werden, mit t_k (in Jahren), so läßt sich aus der Summenformel, Gleichung 4, folgende Bestimmungsgleichung für t_k anschreiben:

$$Q_k = \frac{q_0}{p}\left[(1+p)^{t_k} - 1\right]$$

(Gl. 5)

Durch Umformen ergibt sich

$$(1 + p)^{t_k} = \frac{p \cdot Q_k}{q_0} + 1$$

(Gl. 6)

Durch Logarithmieren dieser Gleichung errechnet sich die Zeitdauer t_k (in Jahren) zu

$$t_k = \frac{\log\left[1 + \dfrac{p \cdot Q_k}{q_0}\right]}{\log(1 + p)}$$

(Gl. 7)

Wir wollen nun dieselben Größen Q_k und t_k noch bestimmen unter der Annahme eines kontinuierlichen Wachstumsmodells. Wenn der Zuwachs des Konsums nun statt einmal jährlich in immer kürzeren Intervallen zum bereits vorhandenen Wert geschlagen wird, beispielsweise m mal während eines Jahres, dann wächst die analog zu Gleichung 2 definierte Konsumintensität auf einen Wert

$$q_n = q_0\left(1 + \frac{p}{m}\right)^{mn}$$

(Gl. 8)

Mit einem Grenzübergang läßt sich zeigen, daß für unendlich kleine Intervalle beziehungsweise wenn m gegen unendlich strebt, diese diskrete geometrische Reihe in eine Exponentialfunktion übergeht von der Form

$$q_n = q_0 e^{pn}$$

(Gl. 9)

Die Zahl e ist hiebei wie in Gleichung 1 wiederum die Basis des natürlichen Logarithmus, $e = 2{,}718$. Gleichung 9 ist identisch mit Gleichung 1, wenn anstelle von n die kontinuierliche Zeitvariable t gesetzt und der Exponent α durch die Zuwachsrate p substituiert wird.

Entsprechend Gleichung 3 gibt sich mit diesem Modell der totale Konsum aus der Integration der Verbrauchsintensität q über eine gewisse Zeitspanne t. Insbesondere errechnet sich der bis heute (q = 0) akkumulierte Verbrauch zu

$$Q_0 = q_0 \int_{-\infty}^{0} e^{pt}\, dt = \frac{q_0}{p} \qquad \text{(Gl. 10)}$$

In t weiteren Jahren wird eine Menge Q (t) verbraucht:

$$Q(t) = q_0 \int_{0}^{t} e^{pt}\, dt = \frac{q_0}{p} \left[e^{pt} - 1 \right] \qquad \text{(Gl. 11)}$$

Bezeichnen wir analog Gleichung 5 die kritische Zeitspanne bis zum Erschöpfen der Vorräte Q_k mit t_k, so ergibt sich in Analogie zu Gleichung 6

$$e^{pt_k} = 1 + \frac{p \cdot Q_k}{q_0} = 1 + \frac{Q_k}{Q_0} \qquad \text{(Gl. 12)}$$

und entsprechend Gleichung 7 errechnet sich die kritische Zeitdauer t_k zu

$$t_k = \frac{\log \left[1 + \dfrac{pQ_k}{q_0} \right]}{p \log e} \qquad \text{(Gl. 13)}$$

Setzen wir für die jährliche Zuwachsrate p ihren 100fachen Wert ein, also in Prozent statt in Bruchteilen der Einheit, für log e den Wert 0,434 und als mittlere Generationsdauer 25,6 Jahre (um runde Zahlen zu erhalten), dann ergibt sich aus Gleichung 16 der Verknappungsindex

$$g_k = \frac{9}{p} \log \left(1 + \frac{Q_k}{Q_0} \right) \qquad \text{(Gl. 14)}$$

wobei q_0: p gemäß Gleichung 10 auch durch Q_0 ersetzt worden ist. Der Index stimmt um so genauer, je kleiner die Wachstumsrate beziehungsweise die Zeiträume sind. Für unsere Betrachtung ist er genau genug, solange $gp^2 < 400$ ist. Dabei sind g in Anzahl Generationen und die jährliche Zuwachsrate p in Prozenten einzusetzen.

Korrekterweise sollte der in Gleichung 14 eingesetzte Wert für die «bisher verbrauchte Menge» Q_0 immer aus einem Mittelwert der momentanen Verbrauchsintensität q_0, also mittels Gleichung 10 bestimmt werden. Der Grund dafür liegt darin, daß die für die Prognose relevante Aussage sich immer auf das «heutige» Wachstum bezieht und die Ur-Geschichte des Konsums nur insofern von Bedeutung ist, als dadurch die noch vorhandenen Reserven Q_k beeinflußt werden.

Wenn es sich nun anstelle eines Verbrauchs von Kapitalgütern um die Annäherung an eine Grenze der Umweltbeanspruchung handelt, zum Beispiel die natürliche Regenerationsfähigkeit eines Sees oder die Toleranzgrenze von abbaubaren Giftstoffen, dann spielt nur die pro Zeiteinheit bezogene Umsatz-intensität q (t) eine Rolle. Wiederum nehmen wir an, daß der heutige Jahresumsatz q_0 bekannt sei sowie eine Vorstellung besteht über die noch tolerierbare Intensitätssteigerung q_k, bis zu einem kritischen Wert $q_0 + q_k$, dann errechnet sich die kritische Zeitdauer aus dem Ansatz

$$q(t_k) = q_0 + q_k = q_0\, e^{p t_k} \qquad\qquad \text{(Gl. 15)}$$

Durch Umgliedern ergibt sich ein zu Gleichung 12 analoger Ansatz:

$$e^{p t_k} = 1 + \frac{q_k}{q_0} \qquad\qquad \text{(Gl. 16)}$$

Dieselben Umwandlungen und Zahlenwerte, die zu Gleichung 14 geführt haben, ergeben die kritische prognostizierte Zeitspanne bis zu einer untolerierbaren Umweltbelastung in Generationen

$$g_k = \frac{9}{p} \log\left(1 + \frac{q_k}{q_0}\right) \qquad\qquad \text{(Gl. 17)}$$

3. Falsch eingeschätztes Tragvermögen

Wenn wir auf Gleichung 7 oder 13 zurückgreifen, errechnet sich die Zeit bis zum Zusammenbruch eines Systems bei gegebenem oberem Grenzwert Q_∞ zu

$$t_{gr} = \log\left(\frac{Q_\infty}{Q_0}\right) \cdot \frac{230\ [\text{Jahre}]}{p\ [\text{in \%}]} \qquad\qquad \text{(Gl. 18)}$$

Diese Grenzzeit ergibt sich aus dem Schnittpunkt der Exponential-kurve mit dem oberen Grenzwert Q_∞ und fällt ziemlich genau mit dem steilen Abfall des Bevölkerungswachstums in den Diagrammen der M.I.T. Studie zusammen. Auch Gleichung 18 läßt sich gebrauchen, um die Zeit abzuschätzen, die vergeht, bis eine untolerierbare Umweltbelastung eintritt. Es ist dann anstelle der gesamten Rohstoffmenge Q_∞ das letztmögliche Tragvermögen q_∞, also eine Belastungsintensität zu setzen und statt der bisher verbrauchten Güter Q_0 der gegenwärtige Wert der Umweltbelastung. Wir nehmen also an, daß wir die gegenwärtige Umweltbelastung Q_0 kennen, zum Beispiel die mittlere Staubmenge in der Luft oder den Phosphatgehalt eines Sees usw. Ebenso seien uns die gegenwärtigen jährlichen Zuwachsraten p dieser Größen bekannt. Unsicher sei aber die Einschätzung des «zulässigen oberen Grenzwertes q_∞» dieser Belastungsgrößen. Der richtige Wert könne um einen Faktor f höher oder niedriger liegen. Wie groß ist damit die zeitliche Abweichung $\triangle t$ des richtigen Wertes t_r vom geschätzten t_g?

Der geschätzte Wert ergibt $\quad t_g = \log\left(\dfrac{q_\infty}{q_0}\right) \cdot \dfrac{1}{p \cdot \log e}$

Der richtige Wert ergibt $\quad t_r = \log\left(\dfrac{q_\infty \cdot f}{q_0}\right) \cdot \dfrac{1}{p \cdot \log e} = \log\left(\dfrac{q_\infty}{q_0}\right) \cdot \dfrac{1}{p \cdot \log e} + \dfrac{\log f}{p \cdot \log e}$

Somit ist $\quad \triangle t = t_r - t_g = \dfrac{1}{p} \log\left(\dfrac{f}{e}\right) = \log f \cdot \dfrac{230 \ [\text{Jahre}]}{p \ [\text{in } \%]}$

Bei 4prozentigem Wachstum p pro Jahr beträgt zum Beispiel die zeitliche Abweichung: $\log f \cdot 58$ (Jahre). Wenn der Fehler im Einschätzen der Tragfähigkeitsgrenze einen Faktor 2 betrug, haben wir die «Zeit bis zur Katastrophe» um 17 Jahre falsch eingeschätzt; haben wir uns um eine ganze Größenordnung, also um einen Faktor 10 geirrt, so wird die zugehörige Zeit um 58 Jahre, etwas mehr als zwei Generationen, verschoben.

4. Extrapolation mittels Zinseszinsformel oder Exponentialfunktion?

Es stellt sich in diesem Zusammenhang noch die Frage, bis zu welchem Zeithorizont wir die bequemer zu handhabenden Formeln des exponentiellen Wachstumsmodells verwenden dürfen, obwohl wir die Zuwachsraten aus Buchhaltungen entnehmen, die – wie bei der Kapitalverzinsung – nur die Jahreszuschüsse messen.

Der dafür eingehandelte Fehler ist für die hier dargelegten Bedürfnisse klein oder gar vernachlässigbar. Wohl wird der Unterschied in der extrapolierten Konsummenge nach Gleichung 4 beziehungsweise Gleichung 11 immer größer mit wachsendem Zeithorizont t und vor allem mit größeren Wachstumsraten p. Das nach dem Exponentialgesetz errechnete Quantum (Gleichung 11) ist bereits rund 60% größer als der nach einer Zinseszinsformel bestimmte Wert (Gleichung 4), wenn

$$tp^2 = 1 \qquad\qquad\qquad\qquad \text{(Gl. 19)}$$

Das heißt, die Abweichung bleibt in diesen Grenzen, wenn zum Beispiel $p \leq 0,05$, also 5%, und der Zeithorizont $t \leq 400$ Jahre ist. Wird die Zeit in Generationen zu 25 Jahren ausgedrückt und die Zuwachsrate in Prozent, so ergibt sich wiederum $gp^2 < 400$.

Sind wir nur an der kritischen Zeitdauer t interessiert, so läßt sich aus den Gleichungen 13 und 7 das Verhältnis der mit dem Exponentialgesetz ermittelten Zeit t_{exp} zu dem aus der geometrischen Reihe bestimmten Wert t_{geom} anschreiben zu

$$\frac{t_{exp}}{t_{geom}} = \frac{\log (1 + p)}{p \log e} = \frac{\ln (1 + p)}{p} \qquad\qquad \text{(Gl. 20)}$$

Aus einer Reihenentwicklung des natürlichen Logarithmus $1 + p$ und Vernachlässigung der Glieder höherer Ordnung ergibt sich

$$\frac{t_{exp}}{t_{geom}} \leq 1 - \frac{p}{2} \quad \text{oder} \quad p \leq 2 \left(1 - \frac{t_{exp}}{t_{geom}} \right) \qquad \text{(Gl. 21)}$$

Wir schließen daraus, daß die Differenz im Resultat und damit im gesuchten Index nur von der Größe der jährlichen Zuwachsrate p abhängt und nicht von den Quantitäten Q_o oder Q_k beeinflußt wird. Je größer diese Zuwachsrate, um so größer die Differenz. Für $p = 0,10$ oder 10% beträgt das Verhältnis $t_{exp} : t_{geom} = 0,95$, was einer 5prozentigen Abweichung entspricht und somit für unsere Belange noch tolerierbar ist. Bei noch größeren Wachstumsraten sollte aber Gleichung 14 durch Gleichung 7 substituiert werden, welche im ganzen Bereich genau stimmt. In der Gleichung 14, welche den Vorteil hat, daß sie einfacher als Gleichung 7 ist, wird fälschlicherweise mit einer jährlichen Zuwachsrate gerechnet, die etwas größer ist als p. Das sehen wir leicht, wenn wir die Zunahme im ersten Jahr nach Gleichung 9 ermitteln und e^p in eine Reihe entwickeln:

$$q_1 = q_0\, e^p = q_0 \left(1 + p + \frac{p^2}{2!} + \frac{p^3}{3!} + \cdots\right) \qquad \text{(Gl. 22)}$$

Damit wir auch mit dem Exponentialgesetz exakte Ergebnisse erhalten, müssen wir in den Formeln 9 und folgenden p durch p_{exp} ersetzen welches sich durch Logarithmieren von Gleichung 22 berechnen läßt:

$$q_1 = q_0\, e^{p_{exp}} = q_0\, (1 + p) \qquad \text{(Gl. 23)}$$

$$p_{exp} = \frac{\log (1 + p)}{\log e} = \ln (1 + p) \qquad \text{(Gl. 24)}$$

Mit p_{exp} statt p in der Exponentialfunktion verschwindet die Differenz zwischen dieser und der geometrischen Reihe; Gleichungen 7 und 15 werden identisch, das heißt $t_{exp} = t_{geom}$, was auch in Gleichung 20 überprüft werden kann.

5. Eigenschaften des exponentiellen Wachstums

Nach den Ausführungen des vorangehenden Abschnittes werden wir uns fortan mit der einfacher zu handhabenden Exponentialfunktion begnügen, selbst wenn die Zuwachsraten aus Statistiken entnommen werden, für die eine Zinseszinsrechnung und damit eine geometrische Reihe korrekter wäre.

Eine erste eindrückliche Eigenschaft des exponentiellen Wachstums besteht darin, daß sich die Wachstumsgröße in konstanten Zeitintervallen vervielfacht.

Die Zeit t_v die es braucht, bis sich die Wachstumsgröße $q(t)$ um einen Faktor v vervielfacht hat, errechnet sich aus Gleichung 1 beziehungsweise 9.

$$v = \frac{q(t_v)}{q(t=o)} = \frac{q_0 e^{p t_v}}{q_0} = e^{p t_v} \qquad \text{(Gl. 26)}$$

Daraus folgt die konstante Vervielfachungszeit

186

$$t_v = \frac{1}{p} \cdot \frac{\log v}{\log z} = \frac{2,30}{p} \log v \qquad \text{(Gl. 27)}$$

Für den speziellen Fall der Verdoppelung, also $v = 2$, ergibt sich der bekannte Zusammenhang

$$t_{(2)} = \frac{0,69}{p} = \frac{69 \, [\text{Jahre}]}{p \, [\text{in} \, \%]} \qquad \text{(Gl. 28)}$$

Für eine Verzehnfachung beträgt die entsprechende Formel

$$t_{(10)} = \frac{230 \, [\text{Jahre}]}{p \, [\text{in} \, \%]} \qquad \text{(Gl. 29)}$$

Für die Ermittlung von mittleren jährlichen Zuwachsraten p aus zwei gegebenen Werten Q_2 und Q_1 und einem dazwischenliegenden Zeitintervall t ergibt sich analog die Formel

$$p \, [\text{in} \, \%] = \frac{230 \, [\text{Jahre}]}{t \, [\text{Jahre}]} \cdot \log\left(\frac{Q_2}{Q_1}\right) \qquad \text{(Gl. 30)}$$

6. Täuschungsfaktoren

Der Täuschungsfaktor, der entsteht, falls in einem exponentiellen Wachstumsmodell die «Vergangenheit» linear in die Zukunft extrapoliert wird, läßt sich mit der Notation der nachstehenden Figur 16 berechnen:

Die mutmaßliche Zeit t_2, die es braucht, bis eine kritische Wachstumsgröße erreicht ist, ergibt sich aus einer einfachen geometrischen Beziehung zu

$$t_2 = -\frac{b}{1-a} t_1 \qquad \text{(Gl. 31)}$$

Aus den beiden Werten für Q_1 und Q_0 errechnet sich der Exponent p mittels Gleichung 30 zu

$$p = \frac{1}{t_1} \cdot \frac{\log a}{\log e} \qquad \text{(Gl. 32)}$$

Durch Substitution von Gleichung 32 in Gleichung 12 erhalten wir eine Bestimmungsgleichung für die richtige Zeit t bis zur kritischen Grenze

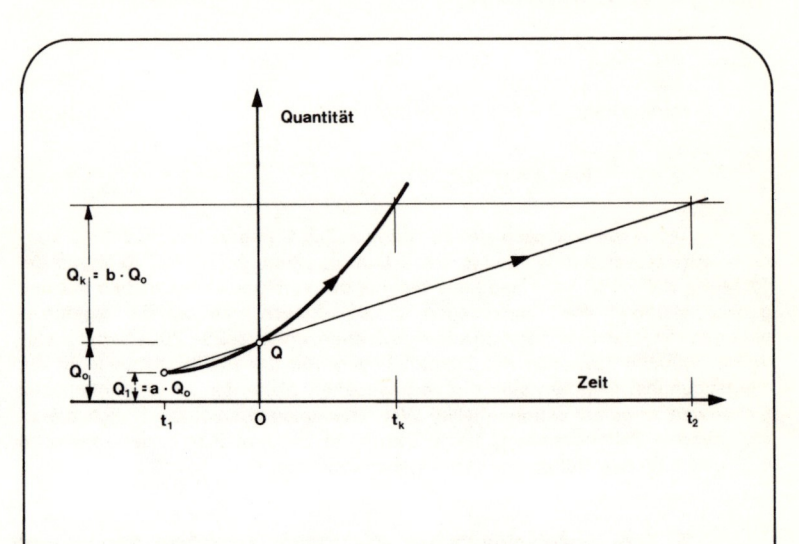

Figur 16: Modell zur Bestimmung des Täuschungsfaktors, der sich ergibt, wenn aus dem gegenwärtigen Wert Q_o und vergangenem Q_1 auf die zukünftige Zeitdauer bis zum Erreichen eines kritischen Grenzwertes geschlossen wird. Die gefühlsmäßige lineare Extrapolation führt immer auf viel größere Zeiträume als die mathematisch richtige. Der frühere Wert Q_1 und der noch vorhandene Wert Q_k werden als vielfaches a bzw. b des gegenwärtigen Betrages Q_o ausgedrückt.

$$t_k = t_1 \frac{\log(1 + b)}{\log a} \qquad \text{(Gl. 33)}$$

Entsprechend gibt sich der «Täuschungsfaktor» als Vielfaches der geschätzten linearen Extrapolationszeit t_2 zur vorhandenen Zeit t_k zu

$$\frac{t_2}{t_k} = \frac{b}{(1-a)} \cdot \frac{\log a}{\log (1+b)} \qquad \text{(Gl. 34)}$$

Die «Verkürzung der Zukunft» nach Figur 11 errechnet sich aus den beiden gleichen Zuwachsraten $\triangle Q$

$$\triangle Q = Q_0 - Q_0\, e^{pt_1} = Q_0\, e^{pt_2} - Q_0$$

daraus folgt $\quad 2 - e^{pt_1} = e^{pt_2}\quad$ und somit $\qquad$ (Gl. 35)

$$t_2 = \frac{2,3}{p} \cdot \log (2 - e^{pt_1})$$

Wenn wir nur nach der zukünftigen Zeit t_2 fragen, bis die zehn-, hundert- oder tausendfache Menge eines Gutes verbraucht ist, bei Kenntnis der Tatsache, daß es t_1 Jahre gedauert hat, bis der Verbrauch vom halben auf den ganzen heutigen Wert angestiegen ist, so ergeben sich bei der «gefühlsmäßigen» linearen Extrapolation künftige Zeithorizonte, die 20-, 200- beziehungsweise 2000mal soweit in der Zukunft liegen wie der Halbwertsbetrag in der Vergangenheit. Gehören aber die vorgegebenen Werte der Vergangenheit und Gegenwart zu einem exponentiellen Wachstumsmodell, so ergeben sich die zu erwartenden Zeithorizonte t_2 nach Gleichung 35 zum 3,3- beziehungsweise 6,6- und 10fachen Betrag der vergangenen Zeitdauer t_1.

7. Zum unterschiedlichen Wachstum zwischen armen und reichen Ländern

Seit dem berühmten – und für die Umweltprobleme so tragischen – Disput über «growthmanship» zwischen den Supermächten zu Beginn der 1960er Jahre ist es den meisten Beobachtern klargeworden, daß die Differenz von zwei exponentiellen Wachstumsgrößen auch immer größer wird. Genaugenommen wächst sie auch exponentiell, vorausgesetzt, daß beide Wachstumsmodelle die gleichen jährlichen Zuwachsraten aufweisen. Wenn heute beispielsweise je ein unterentwickeltes Land mit einem Sozialprodukt Q_1 und ein industrialisiertes Land mit einem entsprechenden Wert Q_2 sich «weiterentwickeln» mit denselben jährlichen Wachstumsraten p, so beträgt die Differenz $\triangle Q$ in der Zukunft nicht mehr nur den gegenwärtigen Wert $Q_2 - Q_1$, sondern ein Mehrfaches davon, denn

$$\triangle Q\,(t) = Q_2\,(t) - Q_1\,(t) = (Q_2 - Q_1)\, e^{pt} = \triangle Q_0\, e^{pt} \qquad \text{(Gl. 36)}$$

8. Differenz von Neubauten und Abbruch

Beim Ersatz von Altem durch Neues ist – bei exponentiellem Wachstum – auch keine Sättigung des Vorhandenen erreichbar. Wenn sich beispielsweise das vorhandene Bauvolumen Q_v als Differenz einer Neubauproduktion $q_n(t)$ und einer Abbruchrate $q_v(t)$ von Altbauten ergibt, so errechnet sich diese Differenz als Funktion des durchschnittlichen Gebäudealters t_a wie folgt (für Notation siehe Figur 17):

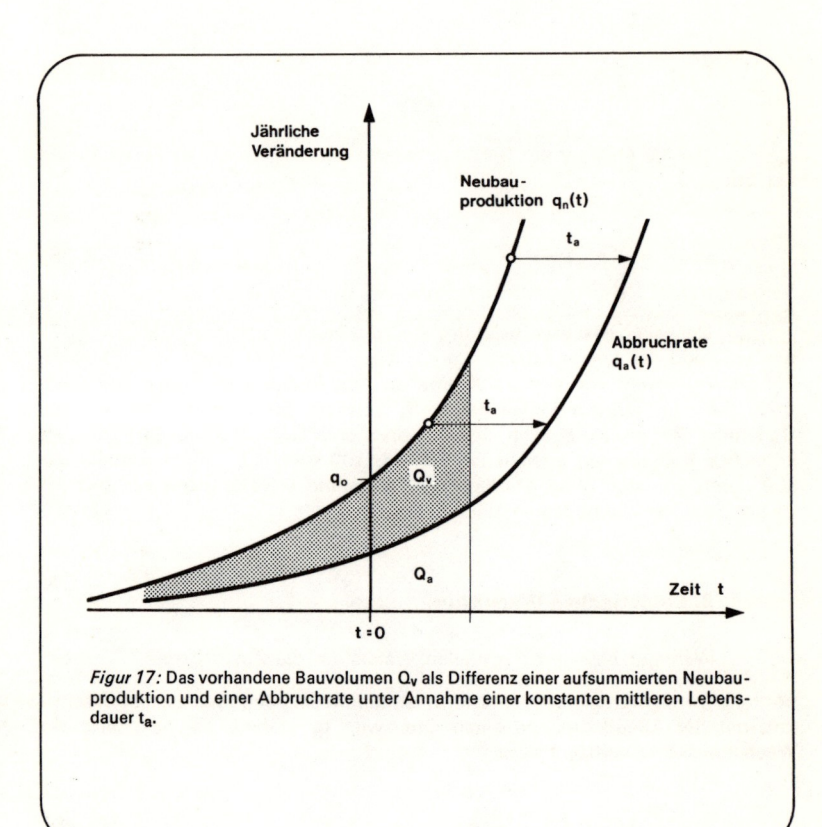

Figur 17: Das vorhandene Bauvolumen Q_v als Differenz einer aufsummierten Neubauproduktion und einer Abbruchrate unter Annahme einer konstanten mittleren Lebensdauer t_a.

Die bisherige und zukünftige jährliche Produktion an Neubauten $q_o(t) = Q_o e^{pt}$ wächst nach Gleichung 11 in t Jahren an zu

$$Q_n(t) = \frac{q_0}{p} e^{pt} \qquad \text{(Gl. 37)}$$

Im gleichen Zeitraum wurden jährlich die zum Beispiel 70 Jahre alten (t_a alten) Bauten abgebrochen:

$$Q_a(t) = \frac{q_0}{p} e^{p(t-t_a)} \qquad \text{(Gl. 38)}$$

Daraus entsteht ein Nettobauvolumen $Q_v = Q_n - Q_a$ als Funktion der Zeit zu:

$$Q_v(t) = \frac{q_0}{p} e^{pt} \{1 - e^{-pt_a}\} \qquad \text{(Gl. 39)}$$

Der erste Teil dieser Gleichung stellt das Neubauvolumen (Gleichung 37) dar, während der zweite einem — konstanten — Reduktionsfaktor gleichkommt. Für ein Wachstum von p = 3,0 % ergeben sich Reduktionsfaktoren von 0,88, 0,78, 0,60 für mittlere Lebensdauern t_a von 70, 50 oder 30 Jahren. Aus Gleichung 37 errechnet sich der entsprechend längere Zeitbedarf, bis ein kritisches Bauvolumen erreicht ist, zu 104, 109 und 117 Jahren anstelle der 100 Jahre, die sich ohne Abbruch von Altbauten ergäbe, wenn zur Zeit ein Zwanzigstel der überbaubaren Fläche belegt ist.

9. Logistisches Wachstum

Während beim exponentiellen Wachstum die Zuwachsrate $\frac{dq}{dt}$ proportional zum bereits erreichten Wert q ist, nimmt sie beim logistischen Wachstum mit der Annäherung an einen Grenzwert q_k ständig ab; das heißt die Wachstumskurve verflacht sich:

$$\frac{dq}{dt} = \alpha q \left(1 - \frac{q}{q_k}\right) \qquad \text{(Gl. 40)}$$

Solange der Quotient $\dfrac{q}{q_k}$ klein ist, der Funktionswert q also noch weit entfernt vom Grenzwert q_k ist, gleicht der Funktionsverlauf einer Exponentialkurve. Den Wert q (t) erhält man durch Integration der Gleichung 40, wenn zur Zeit t = o eine Menge q_o definiert wird:

$$q(t) = \frac{q_o \cdot e^{\alpha t}}{1 + \dfrac{q_o}{q_k}\left(e^{\alpha t} - 1\right)} \qquad \text{(Gl. 41)}$$

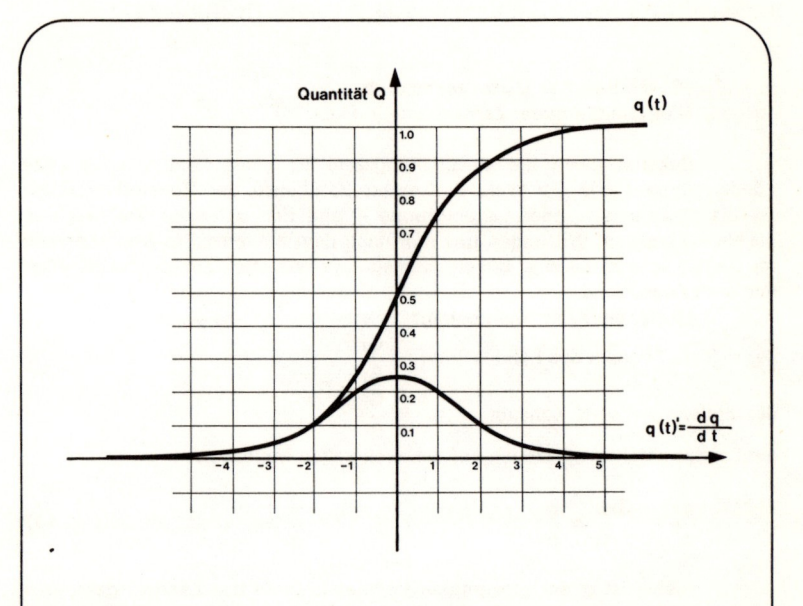

Figur 18: Darstellung einer dimensionslosen logistischen Funktion q (t) und der ersten Ableitung $\dfrac{dq}{dt}$, das heißt der Wachstumsrate. Die Funktion q′ (t) hat ihr Maximum auf der Höhe des Wendepunktes der Funktion q (t).

Die Halbwertszeit $t_{1/2}$, das heißt die Zeitdauer, die benötigt wird, bis der Funktionswert $q = \dfrac{q_k}{2}$ wird, bis also die Umkehr einsetzt, kann aus Gleichung 41 hergleitet werden:

$$t_{1/2} = \frac{1}{\alpha} \ln \left(\frac{q_k}{q_o} - 1 \right) = \frac{2{,}30}{\alpha} \cdot \log \left(\frac{q_k}{q_o} - 1 \right) \qquad \text{(Gl. 42)}$$

Besonders interessant, aber in diesem Zusammenhang zu kompliziert darzustellen, wäre die Herleitung des stetigen Übergangs aus einer bestehenden Exponentialkurve in ein logistisches Wachstum. Der Interessent sei dazu auf den entsprechenden Aufsatz von Theo Ginsburg verwiesen («Exponentiales und logistisches Wachstum», in: Umweltpolitik in Europa, Frauenfeld 1973).

10. Ungleicher Güterverbrauch
(Zur Ermittlung der Zahlenwerte in Figur 13)

Bekannt seien die Bevölkerungszahl B_1 eines Landes oder einer Ländergruppe sowie die Weltbevölkerung B. Ebenso der Rohstoffverbrauch G_1 dieses Landes – oder Ländergruppe – und der weltweite Verbrauch in gleichen Einheiten. Wir fragen uns nun nach dem mittleren Pro-Kopf-Konsum m_1 der zu untersuchenden Bevölkerungsgruppe, bezogen auf den weltweiten mittleren Konsum m.

Mit diesen Annahmen beträgt

der mittlere Konsum des Landes $\qquad m_1 = \dfrac{G_1}{B_1}$

der mittlere weltweite Konsum $\qquad m = \dfrac{G}{B}$

der Landesmittelwert, bezogen auf den weltweiten Mittelwert

$$\frac{m_1}{m} = \frac{G_1 B}{B_1 G} = \frac{g}{b} \qquad \text{(Gl. 43)}$$

Hiebei ist g der prozentuale Verbrauchsanteil des Landes, gemessen am weltweiten Konsum eines Gutes, und b der prozentuale Anteil der Bevölkerung, gemessen an der Weltbevölkerung.

Literaturangaben

(1) De Salla Price: «Little Science, Big Science», Columbia University Press, 1963.

(2) Singer, Holmyard and Williams: «A History of Technology», Harvard University Press, 1958.

(3) Sworykin, Osmowa, Tschernyschew, Schucharding: «Geschichte der Technik», VEB Fachbuchverlag, Leipzig 1964.

(4) «Meyers Handbuch über die Technik», Bibliographisches Institut, Mannheim, 1971.

(5) «Guiness Book of Records», Guiness Superlatives Ltd., Enfield, Middx. (GB), 1973.

(6) Historical Statistics of the U.S.: «Colonial Times to 1957», U.S. Census Bureau, Washington D.C., 1960.

(7) Kahn und Wiener: «The Year 2000», MacMillan, London, 1967.

(8) F. Kneschaurek: «Entwicklungsperspektiven der schweizerischen Volkswirtschaft bis zum Jahre 2000», Handelshochschule St. Gallen, 1970.

(9) W. Stumm: «Manipulation der Umwelt durch den Menschen», Einführungsvorlesung, Neue Zürcher Zeitung, 22. September 1971.

(10) D. Meadows (Hrsg.): «The Limits to Growth», Potomac Associates, London, 1972.

(11) M. King Hubbert: «Energy Resources», in «Resources of Man», NAS Committee on Resources and Man, W.H. Freeman & Co., San Francisco, 1969.

(12) E. Basler: «Knappheitsindex. Ein Beitrag zum Thema der Lebensraumverknappung», in «Wirtschaft und Recht», Heft 1, 1972, Orell Füssli, Zürich.

(13) M. King Hubbert: «Energy Resources», in «Resources of Man», NAS Committe on Resources and Man, W.H. Freeman & Co., San Francisco, 1969.

(14) E. Basler: «Umweltprobleme aus der Sicht der technischen Entwicklung», in Symposiumsbericht «Schutz unseres Lebensraumes», Verlag Huber, Frauenfeld, 1971.

(15) R. Meyer-Gonzenbach: «Die Beanspruchung der Umwelt durch die Besiedlung», in Symposiumsbericht «Schutz unseres Lebensraumes», Verlag Huber, Frauenfeld, 1971.

(16) F. Baldinger: «Ziele des Gewässerschutzes in der Schweiz», in Symposiumsbericht «Schutz unseres Lebensraumes», Verlag Huber, Frauenfeld, 1971.

(17) E.P. Odum: «Fundamentals of Ecology», W.B. Saunders Company, Philadelphia, 1971.

(18) H.T. Odum: «Environment, Power and Society», Wiley Interscience, New York, 1971.

(19) H.T. Odum: «Environment, Power and Society», Wiley Interscience, New York, 1971.

(20) W.S. Brœcker: «Man's Oxygene Reserves», in «Science», Heft 168, Jahrgang 1970.

(21) W. Stumm: «Der Mensch und die Kreisläufe der Natur», Vortrag an der ETH, WS 72/73.

(22) U. Zürcher: «Die Idee der Nachhaltigkeit unter spezieller Berücksichtigung der Gesichtspunkte der Forsteinrichtung», Mitteilungen der Schweizerischen Anstalt für das forstliche Versuchswesen, Band 41, Heft 4, 1965.

(23) H. Leibundgut: «Landschaftsschutz und Umweltpflege», Verlag Huber, Frauenfeld, 1974.

(24) A. Barthelmeß: «Wald – Umwelt des Menschen», Verlag Alber, Freiburg, 1972.

(25) H. Leibundgut: «Forstwirtschaft in Bedrängnis», Neue Zürcher Zeitung vom 17.3.74.

(26) E. Basler: «Strategie des Fortschritts», Verlag Huber, Frauenfeld, 1972.

(27) W. Stumm: «Einfache Modelle im Umweltschutz: Der Mensch und die hydrogeochemischen Kreisläufe», Jahrbuch «Vom Wasser», Band 38, Verlag Chemie GmbH, Weinheim, BRD, 1971.

(28) M. Piperek: «Grundaspekte einer Baupsychologie», Forschungsgesellschaft für Wohnen, Bauen und Planen, Wien, o.J.

(29) H.v. Hofmannsthal: «Buch der Freunde», Insel-Verlag, Frankfurt a.M.,1960.

(30) A. Portmann: «Wir sind ein Stück Natur», Hannoversche Allgemeine Zeitung, 1966.

(31) R. Keller: «Bauen als Umweltzerstörung», Artemis-Verlag, Zürich, 1973.

(32) B. Huber: «Irrationale Faktoren in der Stadtplanung», Einführungsvorlesung an der ETH, Neue Zürcher Zeitung vom 11. 8. 74.

(33) H. Freyer: «Landschaft und Geschichte», in «Mensch und Landschaft im technischen Zeitalter», Verlag Oldenbourg, München, 1966.

(34) F.G. Jünger: «Wachstum und Planung», in «Mensch und Landschaft im technischen Zeitalter», Verlag Oldenbourg, München, 1966.

(35) K.W. Kapp: «Social Costs of Business Enterprise», Asia Publishing House, London, 1950.

(36) R. Fahrner: «Geisteswissenschaften an der technischen Hochschule», Einführungsvortrag, TH Karlsruhe, WS 1960/61.

(37) Vortrag von B.T. Bower (Resources of the Future Inc., Washington) in einem internen Seminar der Planungsgruppe des Büros Basler und Hofmann, Sommer 1973.

(38) A.V. Kneese/B.T. Bower: «Die Wassergütewirtschaft», Verlag Oldenbourg, München, 1973.

(39) S.P. Mauch: «Wie objektiv sind die Grenzen des Wachstums?» Vortrag Symposium der ETH «Technik für oder gegen den Menschen?» (November 1973).

(40) A. Portmann: «Der Mensch im Bereich der Planung», in: «Mensch und Landschaft im technischen Zeitalter», Verlag Oldenbourg, München, 1966.

(41) G. Janouch: «Gespräche mit Franz Kafka», Fischer Verlag, Frankfurt, 1951.

Bildverzeichnis

Seite 67: Luftaufnahme der Basler City. Foto Comet, Zürich

Seite 69: Oben: Naturnahe Kulturlandschaft bei Trin Mulin im Bündnerland. Foto H. Weiß. Unten: Streubauweise im Bündner Kurort Davos. Foto H. Furter. (Mit Genehmigung der Schweizerischen Stiftung für Landschaftsschutz, Bern.)

Seite 114: Oben: Altstadt von Lenzburg. Foto Schweizerische Verkehrszentrale. Unten: Siedlung in Brasilia. Aus «Bauen als Umweltzerstörung», von R. Keller (Artemis-Verlag).

Seite 115: Oben: Bäuerlich gepflegte Landschaft im Kanton Thurgau. Foto H. Baumgartner. Unten: Die Bayrische Roggensteppe im Donaumoos. Foto A. Seifert.

Seite 121: Der Zürcher Neumarkt. Foto S. Bianca.

Seite 123: «Die Spitalgasse zu Bern», Federzeichnung von Wilhelm Stettler (1643–1708), Privatbesitz Steffisburg. Foto K. Buri.

Seite 129: Der Dorfkern von Grono (Tessin). Foto Photopreß, Zürich.

Seite 130: Durchfahrt durch das Dorf Gümmenen-Mühleberg (Kanton Bern), vor und nach der «Sanierung». Foto P. Aebi.

Seite 133: Deutsche Straßenräume aus der Gründerzeit und den nachfolgenden Jahrzehnten im heutigen Zustand. Aus «Bauen darf nicht länger Ware sein», von Lienhard Wawrzyn und Dieter Kramer (Luchterhand-Verlag).

Seite 136: Links: Moderne Einkaufsstraße im wiederaufgebauten Rotterdam. Foto S. Bianca. Rechts: Straßenzug aus dem Zentrum von Amsterdam. Foto S. Bianca.

Seite 137: Links: Vitrinen der Rotterdamer Einkaufsstraße. Foto S. Bianca. Rechts: Gemüsemarkt in der Amsterdamer Innenstadt. Foto S. Bianca.

Seite 145: Oben: Aarelandschaft von Berken vor dem Bau des Kraftwerks (1964). Foto M. Byland. Unten: Dieselbe Landschaft nach dem Bau des Kraftwerks. Foto M. Byland.